中华国学文库

鬼谷子集校集注

许富宏 撰

中华书局

图书在版编目(CIP)数据

鬼谷子集校集注/许富宏撰. —北京:中华书局,2018.6(2024.5 重印)
(中华国学文库)
ISBN 978-7-101-13224-3

Ⅰ.鬼… Ⅱ.许… Ⅲ.①纵横家②《鬼谷子》-注释 Ⅳ.B228

中国版本图书馆 CIP 数据核字(2018)第 092481 号

书　　名　鬼谷子集校集注
撰　　者　许富宏
丛 书 名　中华国学文库
责任编辑　石　玉
责任印制　管　斌
出版发行　中华书局
　　　　　(北京市丰台区太平桥西里 38 号　100073)
　　　　　http://www.zhbc.com.cn
　　　　　E-mail:zhbc@zhbc.com.cn
印　　刷　河北新华第一印刷有限责任公司
版　　次　2018 年 6 月第 1 版
　　　　　2024 年 5 月第 5 次印刷
规　　格　开本/880×1230 毫米　1/32
　　　　　印张 11⅝　插页 2　字数 300 千字
印　　数　22001-24000 册
国际书号　ISBN 978-7-101-13224-3
定　　价　48.00 元

中华国学文库出版缘起

《中华国学文库》的出版缘起，要从九十年前说起。

1920年，中华书局在创办人陆费伯鸿先生的主持下，开始编纂《四部备要》。这套汇集三百三十六种典籍的大型丛书，精选经史子集的"最要之书"，校订成"通行善本"，以精雅的仿宋体铅字排印。一经推出，即以其选目实用、文字准确、品相精美、价格低廉的鲜明特点，最大限度地满足了国人研治学问、阅读典籍的需要，广受欢迎。丛书中的许多品种，至今仍为常用之书。

新中国成立之后，党和国家倡导系统整理中国传统文献典籍。六十余年来，在新的学术理念和新的整理方法的指导下，数千种古籍得到了系统整理，并涌现出许多精校精注整理本，已成为超越前代的新善本，为学界所必备。

同时，随着中华民族以前所未有的自信快速发展，全社会对中国固有的学术文化——国学，也表现出前所未有的关注和重视。让中华文化的优秀成果得到继承和创新，并在世界范围内进行传播和弘扬，普惠全人类，已经成为中华民族的历史使命。当此之时，符合当代国民阅读需要的权威的国学经典读本的出现，实为当务之急。于是，《中华国学文库》应运而生。

《中华国学文库》是我们追慕前贤、服务当代的产物，因此，它自当具备以下三个基本特点：

一、《文库》所选均为中国学术文化的“最要之书”。举凡哲学、历史、文学、宗教、科学、艺术等各类基本典籍，只要是公认的国学经典，皆在此列。

二、《文库》所选均为代表当代最新学术水平的“最善之本”，即经过精校精注的最有品质的整理本。其中既有传统旧注本的点校整理本，如朱熹《四书章句集注》，也有获得学界定评的新校新注本，如余嘉锡《世说新语笺疏》。总之，不以新旧为别，惟以善本是求。

三、《文库》所选均以新式标点、简体横排刊印。中国古籍向以繁体竖排为标准样式。时至当代，繁体竖排的标准古籍整理方式仍通行于学术界，但绝大多数国人早已习惯于现代通行的简体横排的图书样式。《文库》作为服务当代公众的国学读本，标准简体字横排本自当是恰当的选择。

《中华国学文库》将逐年分辑出版，每辑十种，一次推出；期以十年，以毕其功。在此，我们诚挚希望得到学术界、出版界同仁的襄助和广大读者的支持。

中华书局自 1912 年成立，至今已近百岁。我们将《中华国学文库》当作向中华书局百年诞辰敬献的一份贺礼，更是向致力于中华民族和平崛起、实现复兴大业的全国人民敬献的一份厚礼。我们自当努力，让《中华国学文库》当得起这份重任，这份荣誉。

中华书局编辑部

2010 年 12 月

目　录

序 言

鬼谷子一书是先秦纵横家的理论著作，也是对春秋以来行人游说、谏说的经验技巧和此类文章写作经验与技巧的总结。它不仅在我国论说文发展史上占有重要的地位，而且在我国古代心理学和人际关系、组织管理与策划等学科的研究上，也具有重要的意义。

自然，中国古代并没有心理学、人际关系学、管理与策划学这些学科，谈到人际关系，也是“君君、臣臣、父父、子子”等来自儒家伦理学说和“礼”学的一套理论，对君对父，都讲“死谏”；对兄弟、亲朋，只讲诚信。但君、父中也有凶暴不听正确的劝谏者，师友、弟兄、亲戚中也有固执不接受有益的建议甚至心胸狭隘、多疑好忌者；儒家重视识人与择友，但人在社会上也难免要和修养较差甚至品质低劣的人打交道。对这些问题，儒家经典中找不到答案。西汉以来的两千多年中，一直是儒家思想占统治地位，作为其补充，在朝者以法家为用，在野者以道家为旨趣，读书人少有知经世致用之理者。唐代士人“求知己”和“温卷”所奉，诗歌之外，便是传奇小说（参文献通考选举考），均不关乎世事。儒生只习经书诗赋，不一定能处好社会各方面的关系。不要说一般士子，就是儒家的大圣人孔子，虽然也说“志有之：‘言以足志，文以足言。’不言，谁知其志”(春秋经传集解第十七),也说“名不正则言不顺,言不顺则事不成”(论语子路),也讲“不知言,无以知人也”(论语尧曰),“小不忍,则乱大谋”(论语卫灵公),但他奔忙于诸侯间数十年,先后罢官于鲁,冷遇于卫,拘畏于匡,斥逐于蒲,困厄于陈、蔡,危难于宋、郑,受阻于晋、楚,真如庄子盗跖所说“不容于天下”,谋求仕进以企推行仁政,而其愿望终究未能实现。子路是孔门中以政事而著称的,也是孔子最忠实的弟子,当他听到孔子说为政“必先正名”时,竟脱口而出地说道:“子之迂也。”(论语子路)孔子的另一个以政事出名的弟子冉求则说:“非不说子之道,力不足也。”(论语雍也)由于冉求在任季氏家臣时的一些做法与孔子的意见不合,孔子曾说:“非吾徒也,小子鸣鼓而攻之可也。”(论语先进)这反映出孔子的理论同当时的社会实践存在一定的差距。儒家的亚圣孟轲说:“岂好辩哉!予不得已也。”(孟子滕文公下)他奔走于邹、齐、鲁、宋、薛、滕、魏等国,高谈阔论,意气风发,力驳雄辩,横扫千军。然而将近二十年的游说,一无成功,所遇君主不是“勃然乎变色”,便是“顾左右而言他”,或者以“吾惛,不能进于是矣”之类的客气话委婉加以拒绝,甚者,竟毫不遮掩地说:“寡人有疾,寡人好货。”“寡人有疾,寡人好色。”使他无法再说下去。孟子说:“当今之世,舍我其谁。”(孟子公孙丑下)他和孔子一样有着消除社会战乱、维护社会正常秩序、拯救贫苦百姓于水火的历史责任感和社会使命感,因而抱着积极的入世态度,但也同样未能取得成功。这是因为孔子、孟子都只从社会的政治、道德方面考虑问题,而没有考虑在中国当时的社会制度下,一个国家的君主和掌权的卿大夫的意愿便是这个国家政治行为的唯一准则,无民主可言,此后两千多年的封建专制社会一直如此。要达到能参与政治的目的,首先要专权者能听信你,任用你,接受你的建议或意见。人们在这样的社会环境之中求生存、谋发展，必然会有一些经验与教训产生，即使没有人把它写成书，这些经验也总会流传下来，逐步积累，慢慢形成一些理论。鬼谷子这部书就正是这方面经验与理论的总结，也是先秦时代在这方面进行深入探讨的唯一理论著作。

鬼谷子对过去学者们所忽略了的很多现象进行总结、概括，悟出一些道理，总结出一套理论。“捭阖”、“反应”、“内揵”、“抵巇”、“飞箝”、“忤合”、“符言”等都是以前诸子之书未见的概念（虞氏春秋中有揣摩等篇，韩非子中有“揣情”之语，但都是战国末年人的著作），为战国中期以前士人闻所未闻。当然，这部书只能产生在礼崩乐坏、诸侯攻伐、士人奔波于各国之间以言谈、计谋取官爵地位的战国时代，因而其中也留下了深刻的时代烙印。

应该说，鬼谷子中的一些理论，是在春秋以来从政士人的实践活动中不断积累形成的。春秋时代的行人在诸侯国之间进行交结、盟会，为了本国的利益，总要千方百计说动或压服对方，不讲究写文章（书信、上书、陈辞、外交辞令等）和说话应对的技巧不行，也不能不了解对方国家的基本情况及国君和主政卿大夫的地位、经历、能力、学问、嗜好、性格等。左传襄公三十一年说郑国著名的行人子羽（公孙挥）“能知四国之为，而辨于其大夫之族姓、班位、贵贱、能否，而又善为辞令”，这就同孔子、孟子的只考虑自己的政治理想、伦理道德理论等，自说自话，不考虑了解游说国家及其有关人员的具体情况，不考虑其国君、主政卿大夫的真实想法的情形大不相同。当然，这也正是孔子之所以为孔子、孟子之所以为孟子的原因。他们的历史地位是由于他们在思想史和教育史上的卓越贡献，由于他们不凡的人格力量形成的。从社会政治的实践方面说，他们是失败者。孔子的学生也有出仕者，如冉求、子贡等，但有的为卿大夫的家臣，有的也仅仅是一般的行人，还未能进入到政治决策的机构中去，只能是在既成的政治主张和运行框架下发挥一些作用。墨子的时代已经表现出士人在某些诸侯国政治军事活动中的重要作用，但基本状况没有变。虽然这样，从孔子的某些弟子（如上举冉求）和墨子来看，一些士人已经意识到在一方面是礼崩乐坏，诸侯、卿大夫专权，另一方面基本上还维持着诸侯、卿大夫世袭地位的社会中，说话的技巧和办事的方式是很重要的，它往往决定着事情的成败。荀子子道中有一段文字：

> 子路问于孔子曰："鲁大夫练而床，礼邪？"孔子曰："吾不知也。"子路出，谓子贡曰："吾以夫子为无所不知，夫子徒有所不知。"子贡曰："女何问哉？"子路曰："由问：'鲁大夫练而床，礼邪？'夫子曰：'吾不知也。'"子贡曰："吾将为女问之。"子贡问曰："练而床，礼邪？"孔子曰："非礼也。"子贡出，谓子路曰："女谓夫子为有所不知乎？夫子徒无所不知。女问非也。礼，居是邑，不非其大夫。"

这里表现出子贡不仅会提问题，而且对孔子的思想、为人有着深刻的了解，对孔子心理状况也有所掌握。因为他们居于鲁国，从礼的方面说，不能非议鲁大夫。论语述而中还记了一件事：冉求想了解孔子对卫出公与其父蒯聩争夺王位一事的态度。他没有直接去问孔子，而是对子贡说，由子贡去问。子贡不直接问此事，而问："伯夷、叔齐何人也？"孔子回答说："古之贤人也。"子贡又问："怨乎？"孔子曰："求仁而得仁，又何怨！"子贡出来后对冉求说：夫子是不赞成卫出公的做法的。子贡为什么会作出这样的判断呢？因为伯夷、叔齐二人互让君位，从孔子赞扬伯夷、叔齐的语气中就可以知道孔子是不赞成儿子同老子争王位的。由这些事例可以看出，子贡以言语著称，不仅在于善于言辞，还在于对各方面情况包括对方思想、作风、性格以至心理的了解。孔子说："辞达而已矣。"（论语卫灵公)但要做到这个“达”,只靠能说会道是不行的。正如仪礼聘礼所说:“辞苟足以达,义之至也。”孔子曾经说:“博而不要,非所察也;繁辞富说,非所听也。”(孔丛子嘉言)他对巧言令色的人评价很低。可见,在孔子的思想中,要提高言语的表达水平,也包括其他相关素质的培养。孔子曾说:“可与言而不与之言,失人;不可与言而与之言,失言。”(论语卫灵公)可见,孔子也是注意观察人,了解与之交际者的有关情况,甚至推度对方的思想、心理的。

尽管在孔子的思想与其教育学生的实践中注重对人的了解、识别和对一些人言行用意的推度,但孔子在交际中更注重对人的选择,所谓“道不同,不相为谋”(论语卫灵公),而后来之士人考虑的则是如何同各种人打交道。墨子说,时当“世乱”,“今求善者寡。不强说人,人莫之知也”,故主张“虽不扣必鸣”(墨子公孟)。墨子也专门研究论辩、游说的方法和技巧,至墨家后学,更总结概括出“或”、“假”、“效”、“辟”、“侔”、“援”、“推”诸理论(参墨子小取)。这不仅在古代论说文发展史上具有重要意义,在我国语法学、修辞学、逻辑学史上也具有重要意义。应该说,这是由老子、孔子时代,即私学初创时期的圣人作风,向私学发展、士人势力扩大、士人普遍争取走上政治舞台的战国时代过渡的过程中,社会精英思想作风转变的表现。战国时期,诸侯们不再是在承认周天子存在的情况下搞“尊王攘夷”的把戏,争当霸主,而是都希望统一全国。“一天下”成了当时有远见的政治家的共识,也成了各个诸侯国都希望达到的目标。道家看透了那些诸侯、卿大夫相互争夺的实质,也看透了儒家末流借着仁义道德作统治阶级帮凶的本质,所以对当时的社会失去了信心。儒家的思孟学派将孔子的思想向心性方面发展,在如何实现其政治理想方面,并没有拿出有效的办法。战国之末的荀况,曾两至齐国的稷下,接受了法家的某些思想,也受了一些纵横家的影响,在楚国春申君时代的政治上也还发挥了一点作用。真正认真总结春秋以来行人活动的实践经验和战国初期以来士人参与政治活动的经验与教训,对于士人在封建专制制度下如何才能走上政治舞台、在君主专权的情况下如何才能发挥政治作用、如何在事业上取得成功进行认真探讨的著作,是鬼谷子这部书。

鬼谷子实际上是继承了部分老子、庄子的思想,又总结了包括孔子、子贡、墨子在内的一些知识分子游说从政的经验教训,以及孔子之前叔孙豹、晏婴、子产、叔向、子大叔等人进行外交活动、外事交涉、陈述辞令、劝谏君主等等的经验。比如它说的"欲高反下,欲取反与"的理论,就同老子第三十六章说的"将与夺之,必固与之"一致。明杨慎鬼谷子序引鬼谷子中"神之为长"数句、"心气一则神不徨"数句、"无为而求"数句,又引庄子"无听之以耳,而听之以心;无听之以心,而听之以气"等语加以比较,以为"鬼谷子其有得于是说"。上文所举子贡向孔子问对卫出公的态度,却不直接提出卫出公,而问他对伯夷、叔齐的看法,正是用了鬼谷子中所说的"捭阖"、"飞箝"之法,只是当时未提出这些名称而已。其摩篇云:"古之善摩者,如操钩而临深渊,饵而投之,必得鱼焉。"其揣篇云:"古之善用天下者,必量天下之权而揣诸侯之情。"均明言有取于古人之经验。权篇云:"古人有言曰:'口可以食,不可以言。'言者有忌讳也;'众口铄金',言有曲故也。"谋篇云:"故先王之道阴,言有之曰……。"均引述古人之语立论。至于其中化用老子、易传之处,亦复不少。这些都反映出这部书是在总结此前长期积累的社会经验的基础上完成的。

鬼谷子一书前人多评价不高,如柳宗元言其"险盭峭薄,恐其妄言乱世,难信,学者宜其不道"(鬼谷子辨)。宋濂云:"是皆小夫蛇鼠之智，家用之则家亡，国用之则国偾，天下用之则失天下，学士大夫宜唾去不道。”（诸子辨）胡应麟则评其“浅而陋”（四部正伪）。所以正统文人大都对其不屑一顾。其实，这部书除了上面所谈社会交际方面的应用价值和政治心理学等方面的开拓性研究之外，从哲学的层面上看也有值得称道之处。可以说，这部书中充满了辩证法思想。

首先，它认为世界上的事物都存在对立统一的两个方面。仅第一篇捭阖提到对立概念的句子就有“或阴或阳，或柔或刚；或开或闭，或弛或张”，“贤不肖、智愚、勇怯”，“乃可捭，乃可阖；乃可进，乃可退；乃可贱，乃可贵”等等。书中似乎还体现了这样一种思想：任何国家，任何群体，任何地方，矛盾总是存在的。抵巇篇说：“自天地之合离、终始，必有巇隙，不可不察也。”这实际上也是这本书立论的基础之一。

其次，它认为事物是变化的，不是一成不变的。捭阖篇说：“变化无穷，各有所归。”“阳动而行，阴止而藏。阳动而出，阴隐而入。阳还终阴，阴极反阳。”忤合篇说：“世无常贵，事无常师。”都反映出这种思想。

再次，它认为事物之间是相互联系的，不是孤立的。鬼谷子一书的很多理论都是建立在这个认识之上的，不烦举例。

同时，鬼谷子书中的思想也表现出一定程度上的唯物主义因素。固然，整体上来说，此书以道为“天地之始”，属于客观唯心主义，但在具体论述中，特别强调对现实的了解，要求人的思想要合乎实际，要求注重事物发展的客观规律。比如飞箝中说：“将欲用之于天下，必度权量能，见天时之盛衰，制地形之广狭，岨崄之难易，人民货财之多少，诸侯之交孰亲孰疏、孰爱孰憎。心意之虑怀，审其意，知其所好恶，乃就说其所重。”揣篇等都反复讲这个道理。

鬼谷子书中有很多篇属于交际和处世方面的理论，基于该书的著述目的，以论如何处理君臣关系的内容为多。如权篇云："故与智者言，依于博；与博者言，依于辨；与辨者言，依于要；与贵者言，依于势；与富者言，依于高；与贫者言，依于利；与贱者言，依于谦；与勇者言，依于敢；与愚者言，依于锐。此其术也，而人常反之。"这比卡耐基人性的弱点中的相关理论早两千多年，在生活中，尤其在专制的封建社会中，不是毫无意义的。再如谋篇云："其身内，其言外者疏；其身外，其言深者危。"韩非子说难等篇关于这个道理论之甚详。这同人们平时所说的"交深言浅"、"交浅言深"利害关系是同一个道理。

公正地说，鬼谷子一书并非完全是讲阴谋诡计、教人坏良心的，其实有些地方与儒、道、法等家的著作相通，如高似孙子略所摘引"知性则寡累，知命则不忧"等同儒家思想一致，只是儒、法等注重讲目的、讲理想、讲理论，而鬼谷子一书则重视主客观的条件，更多地着眼于达到某一目的的方法和途径。比如孔子说："君子疾没世而名不称焉。"（论语卫灵公）鬼谷子也讲成名，它说："是以圣人居天地之间，立身、御世、施教、扬声、明名也，必因事物之会，观天时之宜，因知所多所少，以此先知之，与之转化。""不悉心见情，不能成名。"（忤合）这就是说，关键要对客观实际有全面、准确的把握，根据不同情况采取不同的办法。这就同孔子所称赞的"邦有道则知，邦无道则愚"（论语公冶长）的做法大不一样。按照孔子所称赞的那个办法，碰到昏暴愚昧之君便毫无办法，只有装傻。鬼谷子抵巇云：

天下纷错，士无明主，公侯无道德，则小人谗贼；贤人不用，圣人窜匿，贪利诈伪者作；君臣相惑，土崩瓦解而相伐射；父子离散，乖乱反目，是谓萌芽巇罅。圣人见萌芽巇罅，则抵之以法。世可以治则抵而塞之,不可治则抵而得之。

这种积极入世的思想,似乎更有利于社会的发展。“世可以治则抵而塞之,不可治则抵而得之”,真是惊世骇俗的反传统之论。在先秦诸子中,只有孟子的“闻诛一夫纣矣,未闻弑君也”、“取之而燕民悦,则取之。古之人有行之者,武王是也”(孟子梁惠王下)与之相近,多少体现了一种同封建正统思想相对立的民主精神。在鬼谷子中找不到传统的“忠君爱国”思想的影子,这也是人们评价纵横家时常说到的思想缺陷之一。固然,像春秋时楚国的莫敖大心、申包胥,郑国的弦高,战国时屈原那样的爱国精神,我们应该弘扬,但当时的国家毕竟不同于近代国家之概念,他们“爱国”的思想内涵同林则徐、贝青乔等人的毕竟大不相同,所以才有“楚材晋用”的事实。战国末年楚国的屈原投汨罗而死,屈景则远走燕国,我们固然特别称赞屈原的爱国精神,但也不能对屈景过分苛求,各人的认识不同而已。至于忠君思想,则是中国封建文化中最大的糟粕,是应该彻底批判的,古代有的思想家,如孟子、黄宗羲等都对它进行批判,所以,我们也不能因此而鄙视鬼谷子一书。

鬼谷子一书中也讲德,也讲善讲美,也并不排斥“道德、仁义、礼乐、忠信”(内揵),只是它将这些同法、术、势等同等看待,并不特别地倾向哪一个方面,也同等利用,不以哪一家为敌而加以摒弃,也就是说,它只是探索在当时的社会条件下达到一种目的的方法与途径。

鬼谷子一书,既是历史的必然产物,也是应运而生的。刘勰文心雕龙论说云:

> 伊尹以论味隆殷,太公以辨钓兴周;及烛武行而纾郑,端木出而存鲁,亦其美也。暨战国争雄,辨士云踊,从横参谋,长短角势。转丸骋其巧辞,飞箝伏其精术。一人之辨,重于九鼎

之宝;三寸之舌,强于百万之师。六印磊落以佩,五都隐赈而封。

这里既列举了历史上几个著名的因论说技巧之独特与高超而成功的案例,也指出了战国时游说之风的普遍及游说成功对个人荣辱和当时形势所产生的巨大影响。刘知几史通言语亦云:

战国虎争,驰说云踊,人持"弄丸"之辩,家挟"飞钳"之术,剧谈者以谲诳为宗,利口者以寓言为主。若史记载苏秦合从、张仪连横、范雎反间以相秦、鲁连解纷而全赵是也。

这是对当时社会风气和士人心态的准确概括。当时,一方面由于士人普遍积极参与各国的政治活动,尤其是参与各国的决策活动,产生了不少成功的经验,需要总结,另一方面,从历史的发展趋势上说,将有更多的士人争取登上政治舞台,也需要一部全面介绍纵横家的经验、对它们进行理论概括的著作。

在先秦诸学中,鬼谷子是一部十分独特的书。它的特殊之处除了和先秦儒、道、法、名等各家著作一样,表现了与他家不同的思想、主张之外,主要在于它探讨了各家都不涉及的一些方法问题,也涉及对接受者心理的揣摩和利用。从这一点说,它与战国中期的墨辩与名家相近。鬼谷子同墨辩、名家在同一时期产生,这是值得思考和研究的。战国末期产生的韩非子中的难言、扬权、孤愤、说难、和氏、解老、功名等篇,则不仅主旨、内容与鬼谷子相近,思想上也有相通处,即都体现了"贵制人,而不贵见制于人"(鬼谷子中经)的思想。但从整体上来说,韩非子多论君主如何重势立法以御臣下,而鬼谷子专论士人如何对付各种各样的君主、如何取得君主的信任而成其事。

鬼谷子同先秦的兵家、农家、方技、阴阳家的著作一样,在古代是具有应用价值的著作。抛开历代儒家学者造成的偏见,在先秦诸子中，它也是独树一帜的。纵横家是先秦诸子中重要的一家，研究先秦诸子而将鬼谷子排除在外，是不应该的。

从鬼谷子同张仪的关系看，鬼谷子其人应是战国中期人物。史记张仪列传云："始尝与苏秦俱事鬼谷先生学术，苏秦自以为不及张仪。"张仪卒于秦武王二年，即公元前三〇九年，较苏秦年长（史记记载以二人年相若，有误，上世纪七十年代出土战国纵横家书已证明这一点），苏秦学业初成之时以为不及张仪，也是自然的。以孔子弟子例之，年龄相差大而同时学于一个老师门下的情况是有的，先后同门而传说中误为同时就学的可能性也存在。总之，张仪、苏秦都曾学习于鬼谷子，这点似不应有所怀疑。那么，鬼谷子应生活于战国中期。

我以为鬼谷子这部书不是一时写成的，应该是在一个较长时间内完成的，其中概括有包括张仪等早期弟子的经验和理论，也将苏秦之类较晚的弟子或后学的论著编入其中。刘向战国策叙录中说："中书本号，或曰国策，或曰国事，或曰短长，或曰事语，或曰长书，或曰修书。"结合出土战国纵横家书来看，战国后期有很多这类汇编的纵横家书信、上书、谏说稿流传，有的可能是原件传抄出来，有的应是所存底稿或追记稿。追记的现象在先秦时代是存在的，孟子一书中的很多篇章就是追记稿。有很多开始原件上并无主名，也无为什么写这篇东西及其效果的说明，传抄中为了便于了解文意，明白其中有些话的针对性，才在开头标出主名，加上了有关背景的材料，在其末尾说明事情的结果。这种"穿靴戴帽"的工作有的甚至是到刘向编战国策的时候才完成的，这一点，将战国纵横家书与战国策相同的篇章进行对照，即可明白。各种说辞、书信等的汇编本，就似明清时代的"墨卷"，在士人中广泛流传，由这就可以看出当时的士人对于游说理论需要的迫切性。鬼谷子一书既是对春秋以来行人实践活动与辞令写作经验的总结,也是对当时士人中流传的各种做法、经验、理论和不同形式的辞令、书启、游说辞写作经验的总结、概括与提炼。对士人游说、谏说、成事的经验进行理论总结和深入探索的,鬼谷子不是唯一的人。苏秦、张仪就不说了,韩非的说难等篇也是这方面的杰作。只是鬼谷子一书为纯方法性论著,从中看不出有什么政治主张或政治理想,而韩非子则突出地表现了法家的思想,多是从实现法家的政治主张方面来论述的。韩非由韩至秦,其思想、主张不变;张仪、苏秦则时而在此,时而在彼,谁用则为谁奔走,就反映了二者思想作风的不同。

鬼谷子一书中有些地方确实是讲阴谋、权术,主张利用对方的弱点以达到自己的目的。无疑,这种用心是应该批判和摒弃的。但是,如果采用批判地继承的态度,我以为其中也有不少先秦其他各家著作中没有的思想资源。即从心理学方面说,读韩非子一书的说难等篇,韩非堪称心理学大师,但他不是着眼于心理研究的方面;他认识到游说和劝谏君主时掌握对方心理状况的重要性,并用之于实践,却未能对它们进行理论的总结。从实践上来说,他虽为韩之诸公子,见韩之削弱,“数以书谏韩王,韩王不用”,秦王求之至秦国,似乎是找到了明主和知音,结果很快受李斯与姚贾的陷害不能自明而死;张仪、苏秦却佩相印,玩诸侯于掌上。可见,韩非在这方面还是缺乏自觉的思考与深刻的认识。

鬼谷子更多分析人的心理,研究人的感觉、知觉、情感、志意、思维等同行为的关系问题,提出一些观察、试探人的心理的方法,指出人们在交际中从心理学的方面说应该注意什么。此书开头便说:“筹策万类之终始,达人心之理,见变化之朕焉。”这大约是我国古代文献中最早提出“心理”这个概念的。书中还提出“探心”、“摄心”这些名目,作为探测、掌握心理的手段。书中说:

口者，心之门户也。心者，神之主也。志意、喜欲、思虑、智谋，皆由门户出入。（捭阖）

故口者，机关也，所以关闭情意也；耳目者，心之佐助也，所以窥瞯奸邪。（权篇）

无为而求安静五脏，和通六腑，精神魂魄固守不动，乃能内视、反听、定志。虑之太虚，待神往来。（本经阴符七术实意法螣蛇）

由这种形神观和心物观入手来推断人的意志，使自己在各种情况下都处于良好的心理状态。书中所提出的“知类在窍”、“见微知类”、“以类知之”以及“反以观往，覆以验来；反以知古，覆以知今；反以知彼，覆以知己”（反应）的知虑心理思想，所提出的“志者，欲之使也，欲多则心散，心散则志衰，志衰则思不达”，“心气一，则欲不徨；欲不徨，则志意不衰；志意不衰，则思理达”（养志法灵龟），“志不养，则心气不固；心气不固，则思虑不达；思虑不达，则志意不实；志意不实，则应对不猛；应对不猛，则志失而心气虚；志失而心气虚，则丧其神矣。神丧则髣髴，髣髴则参会不一”（养志法灵龟）的志意心理思想，都有很强的理论性，表现出作者的深入思考和在心理学方面的系统探索。鬼谷子是我国心理学的开山著作，但目前见到的几部中国古代心理学史著作，在论述先秦心理学史时都没有提到鬼谷子，这是很遗憾的。

在先秦诸子中，我并不特别推崇纵横家。我认为儒家、墨家、道家、法家在中国古代思想史上的意义更大，而纵横家中一些策士朝秦暮楚、出尔反尔、反手为云覆手为雨的做法，我也最为反感。但是，如荀子非十二子，不仅对墨、名、道、法进行批判，且矛头直指作为儒家正宗的思孟学派，将它们一例看作“其持之有故，其言之成理，足以欺惑愚众”者；对“子张氏之贱儒”、“子夏氏之贱儒”、

“子游氏之贱儒”大加伐挞。汉书艺文志对儒家推崇备至，然而也指出“惑者既失精微，而辟者又随时抑扬，违离道本”，成“辟儒之患”；对道家、阴阳家、法家、名家、墨家也都予以充分肯定，但对于偏执者所造成的过失，也一针见血地指出。关于纵横家，汉书艺文志中说：

> 从横家者流，盖出于行人之官。曰：“诵诗三百，使于四方，不能专对，虽多，亦奚以为？”又曰：“使乎！使乎！”言其当权事制宜，受命而不受辞，此其所长也。及邪人为之，则上诈谖而弃其信。

班固所持态度是比较正确的。今天我们对各家也都应持批判继承的态度。纵横家中一些人潜心利用他人的缺点以达到自己的目的确实卑鄙，但这并不是纵横家的全部，更不能完全归罪于鬼谷子这部书。纵横家的文章对后代的议论文产生了巨大的影响。汉初的陆贾、贾谊、晁错、贾山，稍迟之邹阳、枚乘、严安、主父偃、司马迁等散文大家之文章，都带有纵横家铺张扬厉之风格。后代长于议论者，直至宋代三苏，莫不如此。我们将鬼谷子所论视为穿窬之术，但卡耐基的人性的弱点却成了世界上最畅销的书之一，也是值得思考的一个问题。曾子见到饴以为可以养老，盗跖见到饴以为可以开门锁，关键在如何用而已。

由于这样的原因，许富宏同志到我处问学，我劝他研究鬼谷子一书。富宏同志欣然接受我的建议，并在研究原书和搜集有关材料方面下了很大功夫。他的博士论文鬼谷子研究在评议和答辩中获专家的好评，毕业后，他根据我的建议继续收集有关资料，进行鬼谷子一书的集校集注工作。为了看鬼谷子一书较早的版本，他专程赴北京到国家图书馆等处查阅、过录；为了搜集台湾学者的有关研究成果，几次辗转托人复印邮寄，基本上做到了对此前研究成果“一网打尽”，当然限于认真严肃的研究之作，一些出于商业目的的哗众急就之作不在范围之内。在他工作开始之初，我同他多次交谈，向他提出了一些方法和体例上的要求；将中华书局总编室请赵守俨等先生集体讨论确定的古籍校点释例给他，让他依此处理校勘、标点中的一些问题。他作了一部分样稿后寄我，我提出修改意见和应注意之点。在项目进行中，我们也经常联系，打过很多次电话。这样经过一年多的努力，终于完成了鬼谷子集校集注一书，寄我审阅。根据我的意见，又作了两次修改。新时期，山东大学的郑杰文先生在鬼谷子和纵横家的研究方面既作了拓荒的工作，也取得了突出的成绩，提出了一些有价值的观点。本书中引用了郑杰文先生鬼谷子奥义解说一书中的不少观点，台湾学者萧登福先生的鬼谷子研究也是一样。

鬼谷子一书，由于历来治之者少，所以存在的问题很多，属于外部的有产生时代问题、作者问题、成书过程、流传情况等；属于文本方面的有文字的是正、概念的界说、句意的诠释、一些篇段蕴意的归纳与阐发、某些篇段当时的社会针对性及今日价值之审视、结合现实进行新的阐释等。许富宏同志经过前后四年多的深入钻研，在鬼谷子研究的时代、作者、成书等外部问题上提出了个人的见解，成果汇集在鬼谷子研究一书中，现在又成鬼谷子集校集注，就是希望给学界提供一个理想的文本。这些对于进一步的深入研究，都有一定的价值。

在两千多年之后来确定成书的时代问题、各部分的作者问题，自然困难很大，但也不是毫无线索可寻。古人著作中虽然往往掺杂弟子后学的著作于其中，甚至后人整理中将无关的他人之作（如传、注、评语及内容相近之作、人物名称上有联系之作等）也误编其中，但古书的编辑、流传也有一定的规律，非完全杂乱不可理。一般说来，作者所亲著是在最前面，后面附以弟子之作、后学之作；如后来又搜集到作者本人的著作，或要将本来单行另编的原作者之作编到一起，也是接着前面的编于其后，而不会打乱已定的次序重编。汤炳正先生的楚辞成书之线索一文分析楚辞成书的过程，已证明了这一点。本经阴符七术一篇从用韵习惯上看，与捭阖等六篇相近，可能是鬼谷子本人的作品。战国策秦策一言苏秦"得太公阴符之谋，伏而诵之"，我以为这即是指本经阴符而言。这是纵横家最早的一部著作，所以托名"太公"（姜太公，战国时视为兵家的祖师，而兵家讲计谋、权变，所谓"兵不厌诈"，故初期纵横家也借以立宗）。史书言苏秦学于鬼谷子，大约同其读太公阴符为一回事。至于今本鬼谷子中的本经阴符七术是否即苏秦所见太公阴符，还可以再研究，但现在一些学者只从其中一些词语见于后来之道教著作而认为它产生很迟（柳宗元已有晚书之说），尚难以成立。为什么就不是道教学者由本经阴符七术吸收了一些名目，或双方都是由战国时流传的道家、神仙家论著中吸收了这些词语，而一定是本经阴符七术取之于道教著作呢？鬼谷子一书中有不少来自道家学者的词语、概念、范畴，这也是应该引起我们重视的。后人将它收入道藏也不是没有道理的。中经中说："本经纪事者，纪道数，其变要在持枢、中经。"则不论怎样，本经、持枢、中经是一个整体，为同一人之作，应无可怀疑。

根据上面的分析，鬼谷子一书本来只本书前面的捭阖等六篇，后来，其弟子将自己的著作附于其后一起流传，仍名为鬼谷子。当时并没有明确的个人著作权意识，而只有学派即"家"的意识。弟子的学说本之于师，是对师说的阐说和发扬，附于其后是正常的。后人按以后的著述通例，一定要确定一个作者，而研究者又同样用后代作品流传的情况来衡量，定其"真""伪"，也就难免龃龉而难合。本经等三篇应总名太公阴符(即使是拟托,也应作太公阴符),后人因其皆纵横家论权变阴谋策略之书,而附于其后,仍统名之为鬼谷子。这是这一部书体例不纯、思想上也不完全相统一的原因。

以上这些看法未必皆是,在新的材料发现之前,一切决定于书本身所反映的情况,好在富宏同志汇集此前各家校语与注说,读者自己可以判断。

富宏同志作鬼谷子集校集注成,要我写序,写出如上一些看法,与留意于此书者共商。

赵逵夫

二○○五年十二月十八日于天一山庄

前　言

鬼谷子，现存纵横家唯一子书，最早著录于隋书经籍志。唐柳宗元云：“鬼谷子后出，险盭峭薄，恐其妄言乱世，难信，学者宜其不道。”又因其学说“佞人为之，则便辞利口，倾危变诈，至于贼害忠信，覆邦乱家”，比较多地视之为伪书，从而淹没不彰。马王堆汉墓帛书战国纵横家书与郭店楚简语丛四的相继出土，引起人们对鬼谷子的重新审视。战国纵横家书的性质类似战国策和苏子，其内容侧重实践的游说辞；郭店简语丛四在性质上类似鬼谷子，其内容主要侧重游说理论。帛书与楚简的出土，说明战国时期既有侧重实践的游说辞，又有侧重游说的理论文章。既然如此，内容为游说辞令的苏子与内容为游说理论的鬼谷子并存，符合战国时期的实际情况。笔者近年来研读此书，广泛搜集有关资料，撰成鬼谷子集校集注，在总结前人研究成果的基础上，提出一些个人的看法，以便于进一步地研究和利用。

一、鬼谷子的著作者

关于鬼谷子的著作者，隋书经籍志云：“鬼谷子三卷，皇甫谧注。鬼谷子，周世隐于鬼谷。鬼谷子三卷，乐壹注。”横秋阁本长孙无忌鬼谷子序云："鬼谷子三卷，皇甫谧注。鬼谷子，楚人也，周世隐于鬼谷。"中兴书目："鬼谷子三卷，周时高士，无乡里族姓名字，以其所隐，自号鬼谷先生。"晁公武郡斋读书志："鬼谷子三卷。鬼谷先生撰。按战国时隐居颍川阳城之鬼谷，因以自号。"郑樵通志艺文略："鬼谷子三卷，皇甫谧注。鬼谷先生，楚人也，生于周世，隐居鬼谷。"陈振孙直斋书录解题："鬼谷子三卷，战国时苏秦、张仪所师事者，号鬼谷先生。"钱曾读书敏求记："陶弘景注鬼谷子三卷。鬼谷子，无乡里族姓名字，战国时隐居颍川阳城之鬼谷，因以为号。"据以上各书所载，鬼谷子的著作者乃鬼谷先生。

古人著述往往不自署姓名，唯师师相传，知其学出于某氏，遂题之以为书名。考察这些古代典籍的作者与思想，其作者多不能简单地归结为某一人，而需要作细致的分析。

鬼谷子各篇篇目为捭阖第一、反应第二、内揵第三、抵巇第四、飞箝第五、忤合第六、揣篇第七、摩篇第八、权篇第九、谋篇第十、决篇第十一、符言第十二、转丸（一本作转丸第十三）、胠乱（一本作胠乱第十四）、本经阴符七术、持枢与中经。

从内容上看，鬼谷子大致可分为四个部分：

鬼谷子前六篇为第一部分。捭阖、反应、内揵、抵巇、飞箝至忤合，彼此之间相互称引。自反应至忤合，均以捭阖为立论基础。反应篇即运用捭阖来达到"知彼知己"的目的。内揵强调在捭阖中"得情"的重要性。抵巇要求人们要善于运用捭阖来认识事物的"合"与"离"的规律，"飞"即开，"箝"即合，忤合侧重言背合之忤，此二篇亦以捭阖为立论之基。前六篇均建立在阴阳说的理论之上，言由阴阳而导出捭阖、反应、内揵、抵巇、飞箝、忤合等谋略和游说之术。六篇从总体上看本于一个理论体系，彼此之间有着密不可分的联系，属于一个整体。

揣篇、摩篇、权篇、谋篇、决篇等五篇在内容上亦相互关联，是鬼谷子第二部分。揣篇提出“揣情”是“谋之大本也，而说之法”，摩篇阐明“内符”为揣之主，此两篇为总论。权篇专门讨论说辞，主要针对游说而言，谋篇则专门讨论谋略问题，决篇专论决断，谋后须决断，决亦为谋之一环，与谋篇所论各有侧重，此为分论。然五篇皆以揣情为基础。第一部分以阴阳开阖为立论基础，捭阖篇为总纲。第二部分以揣情为立论基础，揣篇为总纲。此外，第一部分与第二部分在打探对方实情，亦即“知彼”方面，观点也不同。第一部分关于如何“知彼”集中在反应篇中，第二部分则在摩篇。反应篇云：“故知之始己，自知而后知人也。”强调“己不先定，牧人不正”。此运用语言上的技巧，即说反辞，来达到“知彼”的目的；摩篇则侧重对方心理方面，曰：“内符者，揣之主也。”“摩”的具体内容即为“微摩之，以其所欲，测而探之，内符必应”。内符，意即内心的真实想法。“摩”就是揣摩别人的内心，即强调从人的内心来达到了解对方的目的。整体而言，第一部分和第二部分的差异是明显的。

第三部分符言篇无论在内容、结构还是在文体上都很独特，可以单独视作一部分。

第四部分包括本经阴符七术、持枢、中经三篇。因中经篇云：“本经纪事者纪道数，其变要在持枢、中经。”且篇题上没有“第几”之序号，故为一独立部分。

下面，我们来讨论鬼谷子各部分的著作者。

第一部分，捭阖等六篇所讨论的游说与谋略的问题，是先秦时期纵横学派的核心问题，其作者是一位纵横理论家无疑，鬼谷先生就是这样的一位纵横理论家。捭阖等六篇为鬼谷子一书之主体部分，故其作者应即鬼谷先生。

第二部分，揣篇等五篇亦讨论游说与谋略问题，并提出不同于捭阖等篇的主张,其作者亦当出于纵横学派,是一位战国时期深谙纵横术的人。此人或即鬼谷先生的弟子。战国中后期,许多游说之士凭游说取悦于国君,思考探讨游说技巧或谋略原则成为时代风气。韩非子说难专门著文论述了这种游说之难,吕氏春秋顺说亦有专篇讨论游说即为显例。因此,揣等五篇或即此类游说之士所作,而其真实姓名已不得而知,或即为鬼谷先生的纵横派弟子。

第三部分的符言又被收入管子中,其作者可能是与稷下有瓜葛的人物,故符言篇应属于战国中期偏早时期的作品。苏秦曾师事鬼谷先生于齐,鬼谷先生或游学稷下,故符言篇的作者亦疑鬼谷先生。其或为鬼谷先生的格言语录。

第四部分本经阴符七术的作者疑为鬼谷先生本人。鬼谷子第四部分中的持枢、中经,因有残缺,故其作者很难确定。

总之,鬼谷子乃鬼谷先生及其弟子或后学所作,其主要内容为鬼谷先生所亲著。鬼谷子一书反映鬼谷先生的思想,是对战国时期纵横学派思想、理论的总结,是鬼谷先生及纵横之士留给后人的一笔十分宝贵的精神财富。

关于鬼谷子的活动年代,史记苏秦列传曰:"苏秦者,东周雒阳人也。东事师于齐,而习之于鬼谷先生。"集解引风俗通义曰:"鬼谷先生,六国时纵横家。"又张仪列传曰:"始尝与苏秦俱事鬼谷先生学术,苏秦自以为不及张仪。"则鬼谷先生为张仪、苏秦之师,其活动年月早于张仪、苏秦无疑义。由此,鬼谷先生为战国中期人。

文选郭景纯游仙诗李善注引鬼谷子序云:"周时有豪士,隐于鬼谷者,自号鬼谷子,言其自远也。"唐马总曰:"其书云:周时有豪士,隐者,居鬼谷,自号鬼谷先生,无乡里族姓名。"中兴书目:"(鬼谷子)周时高士,无乡里族姓名字,以其所隐,自号鬼谷先生。"这些材料说明,鬼谷先生是一位隐士,但"无乡里族姓名字"。鬼谷先生曾活动于齐。又据集解引徐广曰:“颍川阳城有鬼谷,盖是其人所居,因为号。”知其又曾在阳城隐居。

简言之,鬼谷先生在齐地活动过,又曾隐居鬼谷,为苏秦、张仪之师。

苏秦最初说燕是在燕易王二年(前三三一年)(范祥雍苏秦合纵六国年代考信,中华文史论丛一九八五年第四辑),若以苏秦此时年三十,则其出生约前三六〇年,以鬼谷子大苏秦二十岁推算,则鬼谷子约生于前三八〇年。若苏秦说燕时的岁数更大一些,鬼谷子比苏秦不止大二十岁的话,则鬼谷子的生年将更早一些。张仪卒于前三一〇年,则苏秦、张仪从学鬼谷子在此年之前。要之,鬼谷子的活动年代约为前三九〇至前三一〇之间,大约与孟子、商鞅同时。

史记孙子吴起列传:“孙膑与庞涓俱学兵法。”有人以为孙膑与庞涓是向鬼谷子学的兵法。宋洪适盘洲文集中汉四种兵书序云:“始集孙、吴、穰苴、韬略之秘,裒为四种兵书。……赵括之徒读父书,卒召长平之败;庞涓之浅尝鬼谷,遂致马陵之祸,可不鉴哉。”孙膑约前三九〇至前三二〇年在世(钱穆先秦诸子系年),从时间上看,孙、庞向鬼谷先生学兵法也是有可能的。

归有光诸子汇函卷八云:“尉缭子,魏人,司马错也。鬼谷高弟,隐夷,魏惠王聘,陈兵法二十四篇。”四库全书总目亦云:“(尉缭)其人当六国时,不知其本末。或曰魏人,以天官篇有‘梁惠王问’知之。或又曰齐人,鬼谷子之弟子。刘向别录又云缭为商君学。未详孰是也。”则鬼谷先生之弟子还有尉缭。尉缭,梁惠王时人,战国中期军事家,曾对梁惠王讲论兵法,称尉缭子。以尉缭子为司马错则误。又,战国末期秦大臣名尉缭者,姓失传,名缭,魏大梁人,入秦游说,秦王政任为国尉,亦称尉缭。此非鬼谷弟子者。

马端临文献通考经籍考有云陆龟蒙诗谓："鬼谷先生，名诩。"宋人李昉太平广记卷四引仙传拾遗，其云："鬼谷先生，晋平公时人，隐居鬼谷，因为其号。先生姓王名栩，亦居青溪山中。"明人李杰道藏目录详注云："鬼谷先生，晋平公时人，姓王名诩，不知何许人，受道于老君。"嘉庆重修一统志亦曰："鬼谷子，姓王名诩，楚人。尝入云梦山采药得道。"鬼谷先生名王栩、王诩等，大抵道士或道教之徒所为，不足凭。

应劭纂、张澍编风俗通姓氏篇云："鬼谷氏，鬼谷先生，六国时纵横家。"张澍按：程子："鬼谷子，姓刘，名务滋，鬼谷是其所居，非姓。鬼谷，一作归谷。"（应劭、张澍编辑补注风俗通姓氏篇，丛书集成初编本，中华书局一九八五年版）其说出于子华子。姚振宗隋书经籍志考证云："宋人伪子华子又谓鬼谷子姓刘名务滋，楚人。……不知其何所据。"今本子华子题晋人程本撰。程本之名见于孔子家语，子华子之名见于列子，本非一人（纪昀四库全书总目子部杂家类一，中华书局一九九七年版）。吕氏春秋中贵生、诬徒、知度、审为等篇皆引子华子言，则秦以前原有子华子书，至汉书艺文志已不见载。纪昀、钱穆等皆以为刘向时已亡。"今本自宋南渡后始刊板于会稽。晁公武以其多用字说，指为元丰后举子所作。……迨能文之士，发愤著书，托其名于古人者。"（纪昀四库全书总目子部杂家类一）据此，今本子华子确为宋人伪作。既如此，鬼谷先生名为"刘务滋"之说，盖亦出于宋人伪托，不足信。

二、鬼谷子的篇卷

汉书艺文志未见著录鬼谷子。隋书经籍志著录"鬼谷子，三卷"。长孙无忌鬼谷子序亦云："鬼谷子三卷。"中兴书目、宋史艺文志、晁公武郡斋读书志、郑樵通志艺文略、马端临文献通考经籍考、陈振孙直斋书录解题、钱曾读书敏求记等，及今所见道藏本与清人秦恩复嘉庆十年刊本均载鬼谷子为三卷本。四库全书总目称："鬼谷子一卷。……然今本已佚其转丸、胠箧二篇，惟存捭阖至符言十二篇。"由于卷之划分因人而异，古今可以不同，四库全书总目所录鬼谷子未录本经阴符七术、持枢、中经等篇。

旧唐书经籍志著录曰："鬼谷子二卷，苏秦撰。又三卷，乐台撰。又三卷，尹知章注。"新唐书艺文志："鬼谷子二卷，苏秦。乐台注鬼谷子三卷，尹知章注鬼谷子三卷。"

据隋书经籍志、长孙无忌鬼谷子序、新唐书艺文志，旧唐书经籍志载"乐台撰"，当为"乐台注"。这里新、旧唐志均载"鬼谷子二卷，苏秦撰"。可见，唐代还有鬼谷子是二卷本的说法，其作者署名为苏秦。

史记苏秦列传司马贞索隐云："乐壹注鬼谷子书云：'苏秦欲神秘其道，故假名鬼谷。'"若索隐所载不误，则乐壹指出有一鬼谷子书，其为苏秦所著，苏秦为了"神秘其道"，假"鬼谷"之名而流传。结合前文所引旧唐书经籍志、新唐书艺文志记载，二卷本鬼谷子作者乃苏秦。故索隐所载"乐壹注鬼谷子"，应即旧唐书经籍志、新唐书艺文志所载之二卷本鬼谷子。由此可知，二卷本鬼谷子，乐壹曾为其作过注，且乐壹还能分辨出其名乃苏秦所假。

又苏秦列传"鬼谷先生"句张守节正义佚文云："七录有苏秦书，乐壹注云：'秦欲神秘其道，故假名鬼谷也。'"（张衍田史记正义佚文辑校，北京大学出版社一九八五年版）鬼谷子三卷，乐壹注。乐壹，字正，鲁郡人。（张衍田校云："见南化、野、高、贽异本。"张衍田史记正义佚文辑校）这句话给出了三个讯息：第一，"秦欲神秘其道，故假名鬼谷也"，此为乐壹注苏秦书所言之语，乐壹指出，苏秦书的作者苏秦,假名鬼谷子以神其道;第二,乐壹不仅为苏秦书作注,还曾注三卷本鬼谷子;第三,交代了乐壹的字和籍贯。

单就"秦欲神秘其道,故假名鬼谷也"而言,正义言乐壹注苏秦书,而索隐言注鬼谷子。若二人所言均不误,则二卷本鬼谷子原是七录中的苏秦书。

需要补充的是,乐壹不仅给二卷本的鬼谷子(苏秦书)作过注,也给三卷本的鬼谷子作注。除前引旧唐书经籍志、新唐书艺文志外,隋书经籍志亦曰:"鬼谷子三卷,乐壹注。"唐马总意林即云乐壹注鬼谷子五卷。其意应即包括这两种鬼谷子,一为二卷,一为三卷,两者相加正合五卷之数。

今隋书经籍志有鬼谷子,而苏秦书不著录。考隋书经籍志的编辑体例,凡梁阮孝绪七录有而隋书经籍志目录所无者,皆注曰"梁有某书,亡"。换言之,隋书经籍志没有注曰"梁有某书,亡"的,则书具存。苏秦书虽不见于隋书经籍志,但隋书经籍志并未见有"梁有某书,亡"的字样,可见,苏秦书并未亡佚。然则,苏秦书又归何处?马端临文献通考经籍考载:鬼谷子三卷。并引晁公武郡斋读书志云:"晁氏曰:鬼谷先生撰……梁陶弘景注。隋志以为苏秦书,唐志以为尹知章注,未知孰是。"此处言及"隋志以为苏秦书",说明南宋时期晁公武所见之隋书经籍志尚记有苏秦书。若马端临所引晁氏言不误,则隋书经籍志亦录有苏秦书。这样,七录中的苏秦书,亦被隋书经籍志所继承。

三、鬼谷子的流传与成书

清代的秦恩复鬼谷子序曾云:"考说苑、史记注、文选注、意林、太平御览诸书所引,或不见于今书,或文与今本差异。盖自五季散乱之后，传写渐失其真，陶阴帝虎，讹脱相仍，不仅转丸、胠箧也。”这就是说，鬼谷子各篇存在残缺现象。从流传的情况看，书在长期的流传中，开头与结尾部分因易与外物接触，难免受损。经过仔细分析，今本鬼谷子的残缺情况如下（道藏本内揵篇虽有四百多字的脱文，但嘉庆十年秦恩复刊本据钱遵王钞本已补，这说明内揵篇的脱文是南宋以后才发生的，不得认为是唐时残缺）：

捭阖、反应、内揵、抵巇、飞箝、忤合完整；

揣、摩、权、谋完整，决篇残；

——以上第一组

符言完整；

转丸、胠乱（一本作胠箧）两篇已佚；

——以上第二组

本经阴符七术完整；

持枢残；

中经似不残。

——以上第三组

鬼谷子各部分的残缺情况，如若作为一个首尾完备的整体来看，似乎是十分凌乱的，但若把它分为三组来看，则三组同时体现了两个共同的规律：

一为本组开头的一组或一篇不残，最后一篇或二篇残。第一组，捭阖等六篇不残，揣、摩、权、谋等不残，最后一篇决篇残；第二组，符言篇不残，转丸、胠乱两篇已亡佚；第三组，本经阴符七术不残，持枢残，中经似不残，但从篇中“本经纪事者纪道数，其变要在持枢、中经”看，本文的最后似有一段对“本经纪事者纪道数”这句加以解释的话，对中经全文起结尾的作用，若此猜测无误，则该篇也有残缺，且缺的也是最后面的内容。

二为每一组第一部分都可确定为鬼谷先生的作品。如捭阖等六篇是鬼谷先生所作，符言为鬼谷先生所作，本经阴符七术也为鬼谷先生所作。每一组的第二部分，可以确定不是鬼谷先生所作，如第一组的揣等五篇，第三组中的持枢、中经两篇。第二组的转丸、胠乱两篇，因今已亡佚，其作者具体如何不能确定。不过，胠乱一本作胠箧。胠箧又见庄子，乃庄子后学所作，据此，鬼谷子的胠箧也与庄子后学有着密切的联系。考虑到庄子后学基本生活于战国中期偏晚，胠箧篇的作者也不大可能是鬼谷先生本人。这样看来，第二组的最后一篇也可能不是鬼谷先生所作。

以上两个规律正暗示鬼谷子的成书有三个系统与不同的纂辑者。

第一组的纂辑时间，当在先秦。其纂辑者当为鬼谷先生弟子中纵横派一系。

先秦诸子百家之流传于今，大多为其门弟子纂辑遗篇或其同一学派的后学补续旧说而成，且纂辑者或补续者往往又把自己的作品也附在后面。此乃古书成书之通例。前文已言捭阖等六篇为鬼谷先生所作，揣等五篇为鬼谷先生的纵横学派的弟子所作。其纵横学弟子把鬼谷先生的代表作捭阖等六篇提出来，并把自己学习纵横术的作品揣等五篇附在后面，成为一个集子，以资流传，这在当时的历史条件下，是很有可能的。

第二组的纂辑时间应在战国时期。其纂辑者疑为鬼谷先生弟子中稷下道家学派一系。

此组包括符言、转丸、胠乱三篇。纂辑者把鬼谷先生在稷下时期的作品（或即为其讲学之讲义）收集起来，后面附上本人的作品，成为一组，便于流传。马王堆帛书出土后，符言篇有与帛书文字共通之处，说明符言篇的内容带有黄老道家思想的色彩，加之胠乱也即胠箧，也与庄子后学有着密切的关联，从学术倾向上说，符言与转丸、胠乱两篇是十分接近的。因此，纂辑者可能是一个理论上倾向于道家的鬼谷先生的弟子。纂辑人做这个工作，其时间应在战国时期。

第三组的纂辑者疑是鬼谷先生的门人或弟子。纂辑时间也应在先秦时期。

这一组包括本经阴符七术、持枢和中经。虽然中经篇有"本经纪事者纪道数，其变要在持枢、中经"的三篇关系的交代，似乎此三篇的作者为同一人，但就内容言，中经的内容提出了"见形为容"、"闻声和音"、"解仇斗郄"、"缀去"、"却语"、"摄心"与"守义"七种方法，这些方法是针对"士"如何"制人"而不被别人所"制"而提出的，也可以称为"七术"。此制人与反制的"七术"，似是对"本经阴符七术"的模仿。以上两点告诉我们，持枢、中经的作者可能与本经阴符七术的作者不为同一个人。此作者可能是战国时期的"士"，是位对鬼谷先生的学说相当熟悉的弟子或后学。纂辑者很可能将自己的著述与鬼谷先生的作品编在一起。编成时间也应在战国时期。

总之，以上三组作品，其编成时间均为先秦时期，纂辑者可能皆为鬼谷先生的弟子。他们在纂辑时均把鬼谷先生的作品放在前，把自己的作品或述师之作附在后面，以资流传。早期纂成的三组作品成为今本鬼谷子的三个源头。它们在先秦时期应各自独立流行，故而造成三组文章后面均有残缺的局面。

鬼谷子即在此三组作品基础上汇成一书。

今本鬼谷子标题上有一个特点，即前十四篇的标题均有"第几"的序号，第三组作品，本经阴符七术、持枢、中经等篇则没有序号。这种情况说明，第一、第二组作品与第三组作品不是同时被编成书的。前两组有序号,第三组无序号,暗示了今本鬼谷子的成书是第一、二两组先被编成一书,然后又有人把第三组作品添加进去这样两个成书阶段。

西汉时期的刘向在整理典籍时常常给一些篇章加上序号,如经他校定的列子,其八篇的每一篇的题目下均标有序号,像"天瑞第一"、"黄帝第二"、"说符第八"等;又如战国策中,也有"秦一"、"秦二"、"秦五"等。今本的捭阖第一、反应第二等直到胠乱第十四等篇也有序号,因此,刘向整理过鬼谷子是有可能的。

到了西晋时期,鬼谷子已经有了定本。隋书经籍志载:"鬼谷子三卷,皇甫谧注。鬼谷子,周世隐于鬼谷。"

虽然皇甫谧注本已佚,我们不得见其原貌,但可以肯定一点的就是皇甫谧注本鬼谷子已有了"三卷"的划分。今本题为陶弘景注鬼谷子亦分为三卷。可见,本经阴符等第三组作品最迟在皇甫谧时期即已被增补上去了。

综上所述,鬼谷子的成书过程分为三个阶段,第一阶段,捭阖等六篇作品与揣篇等五篇作品成一组,符言与转丸、胠乱成一组,本经阴符七术、持枢、中经为一组,三组作品分别流传。此时,三组作品可能皆无名称。第二阶段,刘向把前两组作品编辑在一起成为一书,并取名鬼谷子,成鬼谷子最早的一个本子。第三阶段,魏晋之际的皇甫谧时已可确定第三组作品也被增辑进鬼谷子,成为三卷本,也是定本。总之,鬼谷子早在魏晋之际就完全成书了。

四、鬼谷子的版本

从现有的资料来看,鬼谷子传世最早的文本为唐初欧阳询艺文类聚录鬼谷子文六条;唐贞元年间马总意林所引,摘录鬼谷子要语九条，无注。现流传下来的鬼谷子版本，主要有两个系统：

一、道藏本系统。流传最广的为正统道藏本。分上、中、下三卷，其中捭阖第一、反应第二、内揵第三、抵巇第四为上卷；飞箝第五、忤合第六、揣篇第七、摩篇第八、权篇第九、谋篇第十、决篇第十一、符言第十二、转丸、胠乱为中卷；本经阴符七篇、持枢、中经为下卷。分篇分段低一格作注，不引他说。篇目下双行夹注注明篇旨，未著注者姓氏。后世出现的各种传本，基本上都是以道藏本为祖本。道藏本的传世版本较多，主要有四部丛刊景印京师白云观藏正统道藏本、明嘉靖乙巳钞本、明万历四年刊子汇本、明天启五年武林张懋寀横秋阁刻本、清乾隆间钞四库全书本、清乾隆五十四年秦氏石研斋刻本等，不下数十种。道藏本系统又可分为四种类型：

甲，以道藏本、吉府本、乾隆本为代表，全文录注，双行夹注，除揣、摩、权、谋、决五篇篇题下无注外，其他各篇篇题下有注，亦为双行夹注，但胠乱、持枢篇题注下无"陶弘景曰"两段文字（见下）。乾隆五十四年秦氏石研斋刻本以孙渊如读道藏于华阴岳庙时所录本为祖本，亦属道藏本系统。

乙，以横秋阁本、高氏本（高金体评点）、四库全书本为代表，全文无注，除谋、决两篇篇题外，其他各篇篇题下有注，亦为双行夹注，且胠乱有"陶弘景曰：或有取庄周胠箧而充次第者。按：鬼谷之书崇尚计谋，祖述圣智，而庄周胠箧乃以圣人为大盗之资，圣法为桀、跖之失。乱天下者，圣人之由也。盖欲纵圣弃智，驱一代于混茫之中，殊非此书之意。盖无取焉。或曰转丸、胠箧者，本经、中经是也"、持枢篇题注下有"陶弘景曰：此持枢之术，恨太简促，畅理不尽。或编简既烂，本不能全也"两段文字。与前一类相比，多出揣、摩、权三篇题注，与胠乱、持枢篇题注下有"陶弘景曰"两段文字，极具参考价值。

丙，以子汇本、绵眇阁本为代表。收内篇十四篇，转丸、胠乱二篇有目无文。全文无注，各篇篇题下亦无注。但胠乱、持枢篇题注下有“陶弘景曰”两段文字。前有长孙无忌叙，并高似孙子略文。

丁，以吴氏本（吴勉学校刊本）、谢氏本（谢镛刻本）为代表。全文无注，附外篇。阙转丸第十三、胠乱第十四两篇。各篇篇题下亦无注。且胠乱、持枢篇题注下无“陶弘景曰”两段文字。前有鬼谷子序。

二、钱本系统。鬼谷子完整的传本为清钱遵王述古堂旧钞本，此“乃据宋本传录者”（徐鲲语）。该本较正统道藏本完整，后者单内揵篇就脱正文及注文四百一十二字。秦恩复嘉庆十年刊本即以钱本为底本。

其他重要的传本有：（一）元末陶宗仪鬼谷子，节钞鬼谷子，自捭阖至权篇。分三卷，无注。分段删节，不标篇名。在说郛内。此本价值在于其是元本，年代较早。（二）明嘉靖乙巳钞本，原是苏州文氏旧藏本。正文顶格，注文低一格，以道藏本为祖本。末有“嘉靖乙巳三月九日辛未录毕”一行。（三）明万历间刊方疑辑校鬼谷子，分内、外篇，无注。惟篇目下间引陶弘景注。内篇末附事略、鬼谷子书考。在十六子内，明万历间刊且且庵初笺十六子本。（四）明万历六年谢汝韶编鬼谷子校订，收鬼谷子十三篇，双行夹注。篇目下有注，采陶弘景注本。前有鬼谷子序，在二十家子书内，吉藩崇德书院刊本。（五）明万历间陆可教、李廷机编鬼谷子玄言评苑，录鬼谷子内篇全文，无注。篇名间有双行简注。加以圈点、眉批，杂引前人数家评语。在诸子玄言评苑内。明光裕堂刊本。（六）明天启五年归有光辑鬼谷子评点，此本题归有光辑，文震孟参订。节录捭阖、反应、内揵、抵巇、飞箝、揣、摩七篇原文，双行简注，篇目多有说明，并加圈点。眉评引诸家杂说，不注出处。前有鬼谷子考略，于文字训诂无有发明。在诸子汇函内。（七）清嘉庆九年姚文田撰鬼谷子古韵，此本节录鬼谷子文句之有韵者，将叶韵之字加以圈点，下注篇名或章名，依韵别类辑。在古音谐内。清道光二十五年归安姚氏刊本。（八）清嘉庆十九年江有诰撰鬼谷子韵读。节录捭阖、反应、内揵、抵巇、忤合、本经阴符六篇中之有韵文字，加以圆圈，并注韵部、音节及四声。在音学十书先秦韵读内。民国二十三年成都渭南严式诲重刻本。（九）民国十一年陈乃乾撰鬼谷子校记。以缪荃孙所藏校本为底本，校于秦恩复石研斋刊本之上，分上、中、下三卷，标举文句，附以校语。引缪荃孙、俞樾、劳权诸家校文，并自附按语。前有小叙。民国十一年古书流通处古书丛刊手稿景印本。（十）民国二十一年尹桐阳撰鬼谷子新释，三卷。前有尹桐阳自叙、目录、附识，末附鬼谷子佚文一卷。目录篇首署常宁尹桐阳编，篇次同道藏本和嘉庆十年秦恩复本。把鬼谷子的内容分为"经"与"释"两个部分，对字句作详细的训诂考证，所释敢出己意，并指出其中的用韵。民国二十一年上海文明印刷所铅印本。（十一）日安永三年皆川愿刻鬼谷子考阅，上、下二卷。加假名断句，眉栏校订文字、文义。前有安永甲午皆川愿刻鬼谷子序。首题唐尹知章注，与道藏本陶弘景注同。安永三年大阪嵩山堂刊本。另有清末民初王仁俊辑鬼谷子佚文一卷。此本所辑在经籍佚文内。

五、鬼谷子的注本

历代书志关于鬼谷子的注本有：西晋皇甫谧注鬼谷子三卷，梁陶弘景注鬼谷子三卷，乐壹注鬼谷子三卷，唐尹知章注鬼谷子三卷。

皇甫谧注不见新、旧唐志，恐五代时即已佚，具体内容已难考其详。唐初欧阳询艺文类聚录鬼谷子文六条，注文两条，或即为皇甫谧注文。

新、旧唐志载有乐壹注鬼谷子三卷，是乐注北宋时尚存。太平御览引鬼谷子注文六则与今本的注文不同。太平御览卷七七五车部四"指南车"："鬼谷子曰：'肃慎氏献白雉于文王，还，恐迷路，问周公，作指南车以送之。'"秦恩复云："今按全书无此文，疑是司南句下注文也。"（嘉庆十年刊本谋篇"司南"下之校语）高承事物纪原卷二所引："乐壹注鬼谷子曰：肃慎还，周公恐其迷路，造指南车送之。"由此可推测，太平御览所引之鬼谷子注文，恐是乐壹注。

鬼谷子抵巇有"物有自然，事有合离"。文选注引乐壹注曰："自然，继本名也。"今本注曰："此言合离若乃自然之理。"今本注与文选注引乐壹注不同。可见，今本注非乐壹注。

尹知章注，见载于新、旧唐志。陈振孙书录解题卷十云："隋志有皇甫谧、乐壹二家注，今本称陶弘景注。"但今本是尹注还是陶注，学术史上存在争论。

日人皆川愿鬼谷子考阅注文内容与陶注同，却署为尹知章注，故使鬼谷子注文的撰者扑朔迷离。清人周广业以为今本为尹注。其云："案鬼谷录自隋志，有皇甫谧、乐壹注，各三卷。新、旧唐志无皇甫谧，而增尹知章注三卷，不闻陶也。陶注始见于晁氏读书志。"又曰："观其注文，往往避唐讳，如以'人'为'民'、'世'为'代'、'治'为'理'、'缧绁'作'缧缌'之类，而笔法又绝似管子注，是为尹注无疑。"赵铁寒于鬼谷子考辩中对周氏说作了补充："秦刻本于同书之中，即另有两处于原注下加秦氏附注曰：'别本引称陶弘景曰。'既然有别本于某注中明白标出'陶弘景曰'，则未标之注，自不属于弘景，其理甚明。""又，钱遵王读书敏求记，亦有陶注之反证。

钱氏之言曰：陶弘景注鬼谷子三卷……其转丸、胠箧今亡。贞白曰：'或云即本经、中经是也。'钱氏所举之'贞白曰'，与秦恩复所见别本之'陶弘景曰'同例，自属他人注鬼谷子所引之陶弘景语，与开首所谓'陶弘景注'者自相抵触，不但不足证其为陶注，适足反证其非陶注。"（大陆杂志第十四卷第六期鬼谷子考辩下）

明杨慎横秋阁本鬼谷子有唐初长孙无忌鬼谷子序，称鬼谷子三卷，陶弘景注。周广业说陶注始见于晁氏读书志，是乃失考。注中并未有故意避讳之现象，如"外泄"即不避"世"字。至于笔法绝似管子注一说，更不确。孙诒让曰："尹注管子今俱存，此书符言篇与管子九守篇文正同。……以彼校此书，挩讹甚夥，注皆沿误妄说，假令果出尹手，岂得注管子而略不省勘乎？然则今本题陶注虽未可尽信，而非尹注则无疑义。"管子九守尹知章注今存，与鬼谷子符言注对照，多不同。如"荧惑"，管子注作"眩惑于物"解；鬼谷子注作"荧惑星"解。"周"，管子注作"谨密"，鬼谷子注作"遍知物理"。两注文的文字数量也不一样。故今本鬼谷子注与管子注的作者并非一人。至于凭版本中有"陶弘景曰"来否认今本为陶注，则是未考虑到版本流传中的复杂情况。中兴书目曰："一本始末皆东晋陶弘景注；一本捭阖、反应、内揵、抵巇四篇不详何人训释，中、下二卷与弘景注同。"（玉海引）则早在宋时，陶注即已残缺不全，一些散佚陶注又被后人编进是不奇怪的。这是版本流传中的问题，勿须多言。

大约到南宋末年时，仅陶弘景注流行，尹知章注似已遗佚。至清人钱曾读书敏求记中，则仅存陶注。

陶弘景，南朝时丹阳秣陵人，字通明。初为齐诸王侍读，后隐居于句容句曲山，自号华阳隐居。因佐萧衍夺齐帝位，建梁王朝，参与机密，时谓山中宰相。主张儒、释、道三教合流。谥贞白先生。

陶注是现存唯一旧注,往往借儒家观点以为说,以儒家立论解说题旨,对鬼谷子的流传起到很大作用。

陶注以外,民国初年通注鬼谷子的有尹桐阳、俞棪两家。

尹桐阳,生于湖南常宁,清末民初人。曾任湖北大冶县知事、河北大学兼民国大学教授。撰鬼谷子新释三卷,是民国时期一部重要的鬼谷子注本。据新释"自叙",该书是作者于民国二十年七月完成。次年一月由上海文明印刷所刊,三月发行。今见国家图书馆、上海图书馆等古籍部。新释以道藏本为底本,分为三卷,前有尹桐阳自叙、目录、附识,末附鬼谷子佚文一卷。篇次同道藏本和嘉庆十年秦恩复本。

俞棪,广东番禺人,字诚之。清末民初人。撰鬼谷子新注,民国二十年上海商务印书馆排印本。收入国学小丛书内。新注以嘉庆十年秦恩复校刊本为底本,分章双行夹注。前有撰者自序、清嘉庆十年秦恩复序、鬼谷先生事略、鬼谷子真伪考。末附附录,录历代各家评语、篇目考、陈乃乾鬼谷子校记、乾隆辛丑周广业跋、阮元跋。新注刺取秦、汉诸家学说,以资诠诂,尤其是引用与所注之句意能够相互发明的诸家之说。其把鬼谷子放到战国的时代环境和语境中,给句意的理解以极大的参考,是比较有特色的做法。除此之外,新注还校正错简、讹误,杂引意林、太平御览诸书,以作旁证。新注提供了战国时代鬼谷子语境中的大量资料,提出不少真知灼见,值得我们重视。

需要说明的是,此课题乃从本人博士论文鬼谷子研究中生衍而出,自始至终接受博士导师赵逵夫先生的指导。

早在赵先生门下攻读博士学位期间,赵先生就多次谈及鬼谷子一书值得研究,其价值须重新认识,遂不揣鄙陋选鬼谷子一书作研究对象,从音韵学角度,结合出土文献作辨伪工作,扩展至成书成篇过程、其人真伪及事迹，成博士论文鬼谷子研究。赵先生还多次启发我作一些拓展，如下功夫做汇校集注，既能把相关资料搜集整理，填补鬼谷子研究领域的空白，又能对鬼谷子的研究作一下总结，为自己今后的研究打下基础。在导师的期待与鼓励下，加之自己亦偶有心得，遂勉为其难，毕业以后即着手整理。从拟定体例到确定底本，从审阅书稿到联系出版，整个过程都有赵先生的参与，最后赵先生欣然赐序，表现了他对学生的殷切期望和对后学的尽力提携，这是我永远不能忘记的。中华书局的冯宝志先生为本书出版多有奉献，在此深表感谢！

本书所集之校勘成果，主要包括秦恩复校、陈乃乾校记、萧登福鬼谷子研究部分校勘成果；所集之"注"，主要包括鬼谷子陶弘景注、尹桐阳鬼谷子新释、俞棪鬼谷子新注，选择俞樾诸子平议补录、台湾萧登福先生鬼谷子研究、大陆郑杰文先生鬼谷子奥义解说等部分观点。校和注部分也都有些自己的浅见，以"按"的形式写出，各家之说有所不同或某些地方需要疏说者，也写于按语之中。

附录八种，以便读者作进一步的研究与参考。这些资料皆为数年来花了很大精力所搜集，有的虽然依据前人所提供的线索，但也纠正了一些错误，或有所补充。如第四部分，参考严灵峰先生周秦汉魏诸子知见书目，并做了修订，补充了明杨慎鬼谷子评点（张懋寀校，明天启五年张懋寀横秋阁刻本，在杨升庵先生评注先秦五子全书内）、明冯梦祯编鬼谷子（明万历三十年绵眇阁刻本，在先秦诸子合编十六种内）。其中明谢镛编鬼谷子、尹桐阳鬼谷子新释，严氏署"未见"，笔者核查原书，补充了版本上的特点。其他尚有：谢汝韶鬼谷子校订署录"鬼谷子十三篇"，误，应为录"鬼谷子全文"；吴勉学校订鬼谷子，署"首题汉黄石公撰"，实则查无"首题汉黄石公撰"字样等。江有诰鬼谷子韵读、陈乃乾鬼谷子校记为原书移录。

附录第五部分所收梁嘉彬鬼谷子考一文，由台湾萧登福先生提供。

限于见闻，可能有一些重要的材料没有被采入，按语也会有不精确甚至谬误之处，希望读者指正，以便有机会修订补充。

例　言

一、鬼谷子各篇均由原文、集注、校语三部分组成。

二、鬼谷子原文及陶弘景注，以嘉庆十年江都秦氏刻本（北京中国书店一九八五年影印）为底本，简称“嘉庆本”。

参考采用鬼谷子的旧本有：

（一）明正统道藏本（民国十四年上海涵芬楼景印），简称“道藏本”；

（二）明蓝格传钞道藏本，简称“蓝格本”；

（三）四部丛刊影印京师白云观藏正统道藏本，简称“四部丛刊本”；

（四）元陶宗仪说郛本（民国十六年上海商务印书馆排印），简称“说郛本”；

（五）明万历四年刊子汇本，简称“子汇本”；

（六）明万历六年吉藩崇德书院刊本，简称“吉府本”；

（七）明嘉靖乙巳苏州文氏钞本，简称“嘉靖钞本”；

（八）清文渊阁四库全书影印本，简称“四库本”；

（九）清乾隆五十四年江都秦氏石研斋刻本，简称“乾隆本”；

（十）民国八年上海扫叶山房百子全书石印本，简称“百子全书本”；

（十一）日本安永三年皆川愿鬼谷子考阅，大阪嵩山堂刊本，简称“皆川本”。

采集前人及今人的校注、评点包括：

（一）梁陶弘景注；

（二）明焦竑、翁正春、朱之蕃鬼谷子品汇释评，简称“品汇释评本”；

（三）明归有光鬼谷子评点，简称“诸子汇函本”；

（四）明高金体鬼谷子评点（明天启间刻本），简称“高氏本”；

（五）清俞樾鬼谷子平议（中华书局一九五四年版）；

（六）清陈乃乾校记（鬼谷子四种，中国子学名著集成编印基金会排印本）；

（七）民国俞棪鬼谷子新注（民国二十年上海商务印书馆排印本）；

（八）民国尹桐阳鬼谷子新释（民国二十一年上海文明印刷所铅印本）；

（九）（台湾）萧登福鬼谷子研究（文津出版社一九八四年版）；

（十）郑杰文鬼谷子奥义解说（山东大学出版社一九九三年版）；

（十一）房立中鬼谷子全书（书目文献出版社一九九三年版）。

还有个别不见上列诸书的，则随文注明出处。

三、校改之字，衍文用（　）标出，脱文用［　］补出。可以确定为误字者予以改正，校改理由在校记中加以说明；有些异文不能断定原文是否有误，则只在校记中加以说明，原文不改。校记放在每篇之后；先集注，后集校。

四、清以前注文有明显错误者，亦加以校改，其理由随文用小字加以说明。无关文意理解者，不加改动，亦不出校记。

五、原文句子单位划分，视文义及校、注、评之多寡有无而定；原文异读处断句，多从陶注，注文序号以陶注文为单位，个别地方作了调整。

六、清以前各家注说、评论性文字，尽量多加罗列，以便参考；所引各家注说、评点，一般按时代先后排列；民国及当代的注说，择善而从。

七、各家引文，一般均与原书作了核对。

八、鄙见加“按”字缀于其后。

捭阖第一

陶弘景曰:捭,拨动也;阖,闭藏也。凡与人言之道,或拨动之令有言,示其同也;或闭藏之令自言,示其异也。 〇归有光曰:捭音摆,开也,拨也,排而振之也。 〇尹桐阳曰:捭同辟,开也;阖,闭也。易系辞:"辟户谓之乾,阖户谓之坤。"本篇三云门户,又云"捭阖者,天地之道",因取"捭阖"二字以题篇。说者释"捭"为"拨动",误。 **按**:捭,开。说文:"捭,两手击也。"段注曰:"谓左右两手横开旁击也。"阖,闭也。礼记玉藻:"闰月,则阖门左扉,立于其中。"左传定公八年:"筑者阖门。"捭阖,即开阖,战国纵横家游说、谋略之术。尹知章鬼谷子序:"苏秦、张仪往事之,受捭阖之术十有二章。"陶注云"拨动",乃引伸就人事而言,尹释就本义言,各有侧重。

捭阖即开阖,乃谋略、游说之根本法则。全篇旨在阐明捭阖原理及其可用于游说,结构上由两个部分组成:

前半部分言捭阖之原理。以圣人立论,依次言何谓捭阖、为何可用捭阖及如何运用捭阖。何谓捭阖?捭阖即开阖,变化无穷,为游说之"道";因人性各有差等,或贤或不肖,或智或愚,或勇或怯,与开阖暗合,故而可用;捭则需料对方之情,阖则示己诚心,此运用捭阖之原则。后半部分言捭阖用于游说。

依次言捭阖为何可用于游说及如何用之于游说。口之开合与捭阖相似，捭即开即言，阖即闭即默，故捭阖可用于游说；对方口开则阳，口默则阴，自己或以阴结阳，或以阳求阴，如何因机而动、因时而应，即为“说人之法”。

粤若稽古，圣人之在天地间也〔一〕，为众生之先〔二〕。观阴阳之开阖以名[①]命物〔三〕，知存亡之门户〔四〕，筹策万类[②]之终始，达人心之理，见变化之朕焉〔五〕，而守司其门户〔六〕。故圣人之在天下也，自古及[③]今，其道一也〔七〕。

【注】

〔一〕陶弘景曰：若，顺；稽，考也。圣人在天地间，观人设教，必顺考古道而为之。　○尹桐阳曰：粤同汩，治也；若，善也；稽古，同天也。粤若稽古者，谓其善治之。同天，指圣人而言。书“粤若稽古帝尧”，后汉书李固传“君不稽古，无以承天”，李生秉真谓：“粤若”为“语汝”，以“粤若”为“曰汝”借字者。　○萧登福曰：鬼谷子作“粤若”，尚书尧典作“曰若”，召诰作“越若”，三者一也。“粤若”当系语词。稽，考也。　**按**：鬼谷子依圣人立论。王世贞曰：“凡刑名游说，诸家立说，必牵扯圣人以骇世。大率如此。”鬼谷子中，圣人乃宇宙万物生成中的一环，天地的使者，万物的主宰。抵巇云：“圣人者，天地之使也。”易乾文言：“圣人作而万物睹。”同此。

〔二〕陶弘景曰：首出万物，以前人用，先知觉后知，先觉觉后觉，故为众生先。　○高金体曰：一篇之提纲。　○虞集曰：从上古圣人叙来，天地之理，不外阴阳。究之千变万化、百物万类之终始，只是阴阳之理。圣人先知先觉，不过明此教人，以为众生之先而已。俟人举事刚柔开闭也，张之用皆不能外也。　　○尹桐阳曰：众生谓众民也。　　○俞棪曰：贾谊新书先醒篇曰："……锐然独先达乎道理。故未治也，知所以治；未乱也，知所以乱；未安也，知所以安；未危也，知所以危。故昭然先寤乎所以存亡矣。故曰：先醒……。"此"为众生之先"之说也。　　**按**：众生，谓有生命者。礼记祭义："众生必死，死必归土。"俞曰"锐然独先达乎道理"，吉府本作"惠然独先乃学道理矣"。

〔三〕陶弘景曰：阳开以生物，阴阖以成物。生成既著，须立名以命之也。　　○尹桐阳曰：阳开生物，阴阖成物，则万物各正其性命，故云命物。　　○俞棪曰：左氏传言："名以制义。"申子曰："名自正也，事自定也。是以吾道者，自名而正之，随事而定之也。"又申子佚文曰："圣人贵名之正也。以其名听之，以其名视之，以其名命之。"又贾子新书曰："令名自宣，命物自定。如鉴之应，如衡之称。"又管子心术上曰："物固有形，形固有名。名当谓之圣人。"凡此均以名命物之义也。又按：易系辞曰"一阖一辟谓之变"，此开阖之说也。　　**按**：以名命物，即命物以名。此彰圣人之首功。

〔四〕陶弘景曰：不忘亡者存，有其存者亡。能知吉凶之先见者，其唯知几者乎？故曰：知存亡之门户也。　　○杨慎曰：圣人以道命物，守存背亡而为之言。　　**按**：门户，途径、关键。易系辞上："成性存存，道义之门。"疏："谓易与道义为门户也。"

〔五〕陶弘景曰：万类之终始，人心之理，变化之朕，莫不朗然玄悟而无幽不测，故能筹策远见焉。朕，迹也。　　○高金体曰：老子"天地其犹橐龠乎"，理不外是。　　**按**：筹策，原为古代计算用具，此指谋划。战国策魏四："大王已知魏之急，而救不至者，是大王筹策之臣无任矣。"史记孙子传："孙子筹策庞涓明矣，然不能蚤救患于被刑。"朕，尹桐阳新释作"眹"，误。说文："眹，目精也。……疑古以朕为眹。"眹，形迹，预兆。庄子应帝王"体尽无穷，而游无朕"、淮南子兵略"凡物有朕，唯道无朕"，可证。"玄悟"原作"元误"，避康熙玄烨讳。今据改，下同。

〔六〕陶弘景曰：司，主守也。嘉庆本陶注脱此四字，今据道藏本增。门户，即上存亡之门户也。圣人既达物理之终始，知存亡之门户，故能守而司之，令其背亡而趣存也。 ○尹桐阳曰：司，主也。以上皆经。 **按**：趣，趋向。尹桐阳另作一说，以为自开头至此皆"经"，以下皆"释"。此不明文章结构之法，然亦对理解全文结构有启发。自开头至"见变化之朕焉，而守司其门户"乃总论，下分述之，类似今日作文"总—分"式。

〔七〕陶弘景曰：莫不背亡而趣存，故曰其道一也。 ○尹桐阳曰：故，诂也。谓诂释上经之义，下所云云是管子、墨子皆有其体。 ○俞棪曰：易曰："一阴一阳之谓道。"又系辞曰："化而裁之谓之变。"又曰："刚柔相推而生变化。"又荀子不苟篇曰："诚心守仁则形，形则神，神则能化矣；诚心行义则理，理则明，明则能变矣；变化代兴，谓之天德。"又孟子曰："始条理者，智之事也；终条理者，圣之事也。" **按**：陶说局限于"存亡之门户"，此处之"道"，亦包括"筹策万类之终始，达人心之理"。尹说不可取。

【校】

①道藏诸本无"名"字。

②万类，嘉庆本云："一本作万物。"

③及，道藏本作"之"，百子全书本作"至"。

变化无穷，各有所归〔一〕。或阴或阳，或柔或刚；或开或闭，或弛或张〔二〕。是故圣人一守司其门户，审察其所先后〔三〕①，度权量能，校其伎巧短长〔四〕。

【注】

〔一〕陶弘景曰：其道虽一，所行不同，故曰变化无穷。然有条而不紊，故曰各有所归。　○尹桐阳曰：各有所归则不一归。　○俞樾曰：易系辞曰："往来不穷谓之通。"又曰："变而通之以尽利。"意林录范子曰："圣人之变，如水随形。形平则平，形险则险。"　**按**：归，归宿。管子曰："异趣而同归，古今一也。"尹云各有所归，则不归一，言千变万化。

〔二〕陶弘景曰：此言象法各异，施教不同。　○尹桐阳曰：承上文而明"各有所归"之理。说文：弛，弓解也；张，施弓弦也。　**按**：陶曰"象法"，乃"言象之法"。反应曰："言有象，事有比。"

〔三〕陶弘景曰：政教虽殊，至于守司门户则一，故审察其所宜先者先行，所宜后者后行之也。　○舒国裳曰：阴阳之开合，只是一理。圣人守司其门户，不过观变化之宜；审其理之从违先后，以为进退而已。理之外，非有加也。　○尹桐阳曰：户、后，双声为韵。　**按**：言圣人守司其门户则一。

〔四〕陶弘景曰：权，谓权谋；能，谓才劳平校作"材"。能；伎巧，谓百工之役。言圣人之用人，必量度其谋能之优劣，校考其伎巧之长短，然后因材而任之也。　○尹桐阳曰：校，比也；伎，说文作"技"，巧也。阳、刚，张、长为韵。　**按**：伎巧，才艺，工巧。老子："人多伎巧，奇物滋起。"短长，优劣。

【校】

①意林引无"一"字、"所"字。陶注"至于守司门户则一"，则原有"一"字。

夫贤不肖、智愚、勇怯①有差，乃可捭，乃可阖；乃可进，乃可退；乃可贱，乃可贵，无为以牧之〔一〕②。审定有无与③

其实虚，随其嗜欲以见其志意〔二〕。微排其所言而捭反之，以求其实，贵④得其指；阖而捭之，以求其利〔三〕。

【注】

〔一〕陶弘景曰：言贤不肖、智愚、勇怯，材性不同，各有差品。贤者可捭而同之，不肖者可阖而异之；智之与勇可进而贵之，愚之与怯可退而贱之。贤愚各当其分，股肱各陈乃乾校作“咸”。尽其力，但恭己无为，牧之而已矣。　○杨慎曰：智愚、贤不肖有差者，虚实之衡先定也。乃可捭、乃可阖云者，始得开阖以查人之情实也。于是贤智进之、贵之，愚不肖退之、藏之，此无为以牧之道也。　○高金体曰：鉴空始能别妍蚩，衡平始能审轻重，无为云者，不落方所也。　○尹桐阳曰：牧，伺察也。方言十二：“恳牧，伺也；监牧，察也。”司、伺，一字耳。牧与下文意字韵。退、贵为韵。　**按**：差，差别。史记礼书：“长少有差。”无为，道家术语，即顺任自然。老子第二章：“是以圣人处无为之事，行不言之教。”牧，治。

〔二〕陶弘景曰：言任贤之道，必审定其材术之有无，性行之虚实，然后随其嗜欲而任之，以见其志意之真伪也。　○孙季泉曰：见说当开合其说，审其有无虚实。此游说之雄。　○尹桐阳曰：实有而虚无也。无、虚为韵。说文：意，志也。　○俞棪曰：韩非子曰：“虚则知实之情，静则知动者正。”此虚实之说也。　**按**：审定，仔细考究而断定。嗜，爱好。

〔三〕陶弘景曰：凡臣言事者，君则微排抑其所言，拨动而反难之，以求其实情；实情既得又自闭藏而拨动彼，以求其所言之利何如耳。　○尹桐阳曰：微，隐行也；排，同厞。说文亦云：隐也。排与下文贵、指为韵。半句与全句叶法也。又云：贵，归也。论语“咏而馈”、“馈孔子豚”、“齐人馈女乐鲁”，馈皆作归。又曰：指，说文作“恉”，意也。自“圣人之在天下也”至此，皆言用人之法。　　按：指，通旨。此言运用捭阖之道，以求得实情，因而得利。尹说排与贵、指为韵，囿于文义作解。

【校】

①“勇怯”后衍“仁义”二字，俞樾曰：“仁义二字与贤不肖、智愚、勇怯不一律，盖衍文也。”并引陶注所据本无“仁义”二字为证。陈乃乾鬼谷子校记亦云：“缪（荃孙）曰：仁义二字疑衍。与贤不肖、智愚、勇怯不同，注亦未及。”这里从俞樾、缪荃孙、陈乃乾说，“仁义”二字删。

②自“夫贤不肖”至“无为以牧之”，俞棪以为错简，当在“其不中权衡度数，圣人因而自为之虑”下，可参。

③与，道藏本、乾隆本、百子全书本作“以”。

④（日）皆川愿云：“贵，当作实。”俞樾云：“贵”字乃“实”字之误。上云“以求其实”，此云“实得其指”，两文相承。陶注但曰“实情既得”，而不解“贵”字，其所据本未误也。皆川愿、俞樾说误。

或开而示之，或阖而闭之。开而示之者，同其情也；阖而闭之者，异其诚也〔一〕①。可与不可，审明其计谋，以原其同异〔二〕。离合有守，先从其志〔三〕②。即欲捭之贵周，即欲阖之贵密。周密之贵微，而与道相追〔四〕。

【注】

〔一〕陶弘景曰：开而同之，所以尽其情；阖而异之，所以知其诚也。○高金体曰：以道法御世法。　○尹桐阳曰：情同则可开示之而不讳。又曰：实异则当阖闭之，而毋令人知。穀梁传：“士造辟而言，诡辞而出。”范宁注：“诡辞者，不以实告人也。诡，即异耳；诚，实也。”情、诚为韵。　　按：言情同则开而示之，不以实告则闭而阖之。

〔二〕陶弘景曰：凡臣道藏本、乾隆本、皆川本作“有”。所言，有可有不可，必明审其计谋以原其同异。　○俞樾云：此本作“明审其计谋”，故注云：“必明审其计谋，以原其同异。”即依正文为说也。上文“审察其所先后”，注云：“故审察其所宜先者先行，所宜后者后行之也。”又曰“审定有无”，注云：“必审定材术之有无。”是注文皆依正文为说。正文言“审察”，注亦言“审察”；正文言“审定”，注亦言“审定”。若此文是“审明”，注何以倒其文而为“明审”乎？　○尹桐阳曰：可同閜，大开也。可，斥开言；不可，斥闭言。又曰：原，度也。飞箝篇曰“必先察同异”，察亦度耳。　○俞棪曰：王通中说“同不害正，异不伤物”。此言善处同异之间也。　**按**：原，察。飞箝篇曰：“必先察同异。”然正文屡言“审察”、“审定”，此言“审明”，皆以“审”字打头，正是其表达习惯，不应据注改正文。俞说误。

〔三〕陶弘景曰：谓其计谋，虽离合不同，但能有所执守，则先从其志以尽之，以知成败之归也。　○尹桐阳曰：离合，谓开闭守道也。从同揖，推也。志，指或同或异而言。　○俞棪曰：韩诗外传曰：“相观而志合，必由其中。故同明相见，同音相闻，同志相从。”守者，中也。　○萧登福曰：离合指同异而言，计谋同则合，异则离。　**按**：守，待也。史记乐书：“弦匏笙簧，合守拊鼓。”正义：“守，待也……言弦匏笙簧皆待拊为节。”此言是离是合须等待。先从其志以尽之，然后适时而动。

〔四〕陶弘景曰：言拨动之，贵其周遍；闭藏之，贵其隐密。而此二者，皆须微妙合于道之理，然后为得也。　○杨慎曰：妙旨。与道相追者，无端而不可寻。　○冯叔吉曰：捭阖一篇，皆是为说士立个话头。苏子之党，仰庆吊变，说匿情以据缴乘危，即是祖此。　○高金体曰：无端无倪，不示眹兆。　○尹桐阳曰：微同儠，精谨也。贵、追为韵。自“阖而捭之”至此，皆言以捭阖治国之道。又曰：谋、意、志、密为韵。　○秦恩复曰：文选注引云："即欲闻之贵密，密之贵微。"阖作闻，误。"密之贵微"上脱"周"字。　**按**：微，隐蔽，藏匿。左传哀十六年："白公奔山而缢，其徒微之。"注："微，匿也。"尹说涉及全篇结构。

【校】

①自"或开而示之"至此，俞棪以为错简，当在"捭之者，料其情也；阖之者，结其诚也"下，可参。

②审明其计谋，俞樾云：此本作"明审其计谋"。"可与不可，审明其计谋，以原其同异。离合有守，先从其志"，俞棪以为错简，当在"随其嗜欲以见其志意"下。仅供参考。

捭之者，料其情也；阖之者，结其诚也〔一〕①。皆②见其权衡轻重，乃为之度数。圣人因而为之虑〔二〕。其不中权衡度数，圣人因而自为之虑〔三〕。

【注】

〔一〕陶弘景曰：料谓简择，结谓系束。情有真伪，故须简择；诚或无终，故须系束也。　○尹桐阳曰：结同诘，纠察也。周礼大宰："以诘邦国。"诚，实也。情、诚为韵。

〔二〕陶弘景曰：权衡既陈，轻重自分，然后为之度数，以制其轻重；轻重得所，"得所"前脱"轻重"二字。道藏本、乾隆本、皆川本皆作"轻重因得所"，今据补。"因"与"得所"乙倒。因而为设谋虑，使之遵行也。　○杨道宾曰：凡刑名游说，诸家立说，必牵扯圣人以骇世愚俗。诸子书大率类如此。（归有光诸子汇函以为王凤洲曰）　○尹桐阳曰：指治国言。皆，机也。说文作几。管子书以"机要"为"皆要"。乃，又也。又曰：圣人因进仕而为之虑。抵巇篇曰："时有可抵，则为之谋。"虑、谋，义一也。　○俞棪曰：荀子儒效篇曰："凡知说有益于理者，为之；无益于理者，舍之，夫是之谓中说。"　○萧登福曰：看到了对方的轻重，于是便替他制度了规则度数，圣人并依据他的才干来替他谋虑，让他的才华得以施展。　**按**：权，称锤；衡，称杆；权衡，衡量。言圣人根据对方实际需要的轻重缓急来揣度他的所想，然后再顺其所想而为之设计。

〔三〕陶弘景曰：谓轻重不合于斤两，长短不充于度数，便为废物，何所施哉？圣人因是自为谋虑，更求其反陈乃乾校作"及"。也。　○尹桐阳曰：乱世而退隐不仕是圣人之自为虑者。抵巇篇曰："世无可抵则隐而待时。"旨与此同。自"捭之者，料其情"至此，皆言圣人世治仕、世乱隐之理。　○俞棪曰：按淮南子人间训曰："凡人之举事，莫不先以其知规虑揣度而后敢以定谋。"又曰："知所以自行而未知所以为人行，其所论未之究者也。"自行者，自为之虑也；为人行者，因而为之虑也。　**按**：此言高明之人见机行事，进则为他人设计，退则为己设计。此乃纵横学派之理论，为后世所诟病者。尹说近是。

【校】

①自"即欲捭之贵周"至此，俞棪以为错简，"此文原依古韵，应与上文相接"，当在"阖而捭之，以求其利"下。可参。

②皆，嘉靖钞本作"既"。

故捭者，或捭而出之，或捭而内①之〔一〕。阖者，或阖而取之，或阖而去之〔二〕。捭阖者，天地之道〔三〕。捭阖者，以变动阴阳、四时开闭以化万物。纵横反出，反覆反忤，必由此矣〔四〕②。

【注】

〔一〕陶弘景曰：谓中权衡者，出而用之；其不中者，内而藏之也。　　○尹桐阳曰：（捭而出之）上文所谓开而示之，（捭而内之）上文所谓料其情。纳，入也。　　○房立中曰：或开放，让自己出去；或开放，使别人进来。　　**按**：言或用捭能使对方开而情出，或用捭能让对方开而使己方观点被接纳。只要让对方开，而又能达到己方目的之方法，皆为捭。

〔二〕陶弘景曰：诚者，阖而取之；不诚者，阖而去之。　　○尹桐阳曰：（阖而取之）上文所谓结其诚，（阖而去之）上文所谓异其诚。**按**：言阖或使己有所获取，或使己顺利躲避祸患。自己想要获取的东西不为人所知，并能在失败之后成功逃脱，皆为阖之法。

〔三〕陶弘景曰：阖户谓之坤，辟户谓之乾，故谓天地之道。　　○林希元曰："天地之道"应前。首段圣人之观阴阳，不过因天地自然之理而已。自古至今，其道一也。（归有光诸子汇函作孙季泉曰）　　○尹桐阳曰：辟户谓之乾，阖户谓之坤，故云天地之道。阖、道为韵。阖读合，道读西，或若禫也。说文：西读若"三年导服"之导。仪礼士虞礼记："中月而禫。"注：古文禫或为导。

〔四〕陶弘景曰：阴阳变动，四时开闭，皆捭阖之道也。纵横谓废起万物，或开以起之，或阖而废之。又曰：言捭阖之道，或反之令出于彼，或反之覆来于此，或反之于彼忤之于此，皆从捭阖而生，故曰必由此也。　　○皆川愿曰：纵横，即纵横说之纵横，非谓废起也。见后忤合篇"可纵可横"语，可证也。　　○俞樾曰："反出""反忤"四字，衍文也。此文当读至"万物"绝句。"四时开闭以化万物。纵横反覆，必由此矣"，其文甚明。写者衍"反出""反忤"四字，陶氏遂于"横"字绝句，反出、反覆、反忤，并列为三义，虽曲为之说，不可通也。　　○尹桐阳曰：合纵曰阖，连横反之则曰捭，故云："纵横之反出。"出即趉，行也。史记苏秦传集解引风俗通义曰："鬼谷先生,六国时纵横家,其言盖由于此。”反应篇曰:“事有反而求覆者。”又曰:“以反求覆。”忤合篇曰:“必有反忤。”忤同伍,耦合也。“反”对“忤”言,谓不合耳。物、出、此为韵。　〇萧登福曰:陶弘景在“纵横”下断句,将“纵横”二字属上读,今以“以化万物纵横”一句不词,故将“纵横”二字移于下句,与“反出”连读。　**按**:此依阴阳立论。陶说迂曲。陶注云:“或反之令出于彼,或反之覆来于此,或反之于彼忤之于此,皆从捭阖而生。”则陶所见本已有“反出、反覆、反忤”。俞说可参。

【校】

①内,道藏诸本作“纳”。内、纳,古通用。

②自“捭阖者,天地之道”至此,俞棪以为错简,当在“自古及今,其道一也”下。其意此句意承“观阴阳之开阖以名命物”而来,似有理。此断以己意,然无版本依据,仅供参考。

捭阖者,道之大化,说之变也,必豫审其变化①〔一〕。吉凶大命系焉〔二〕②。口者,心之门户也;心者,神之主也〔三〕。志意、喜欲、思虑、智谋,此皆由门户出入〔四〕。故关之以捭阖,制之以出入〔五〕。

【注】

〔一〕陶弘景曰:言事无开阖则大道不化,言说无变。故开闭者,所以化大道,变言说。事虽大,莫不成之于变化,故必豫审之。　〇俞樾曰:道之化,说之变,相对成文。注云:“言事无开阖,则大道不化,言说无变。故开闭者,所以化大道,变言说。”注中“大”字乃陶氏加以足句,正文本无“大”字,犹言说之“言”,亦陶氏加以足句,正文本无“言”字也。正文“大”字即涉注文而衍。　〇尹桐阳曰：(前一)变，辩也。　　**按**："道之化，说之变"，此句互文见义。言捭阖是道与游说千变万化的关键。豫，通预，事先有所准备。荀子大略："先患虑患谓之豫，豫则祸不生。"俞说有理，今从之。

〔二〕陶弘景曰："天命，谓圣人禀天命王天下，然此亦因变化而起，故曰：吉凶大命系焉。"　　**按**：正文中无"天命"二字，当"大命"之误。俞樾以为此句有错简，应作："捭阖者，道之大化，吉凶天命系焉；说之变也，必豫审其变化。"俞樾说无据。

〔三〕陶弘景曰：心因口宣，故曰"口者，心之门户也"；神为心用，故曰"心者，神之主"。　　○尹桐阳曰：主，住也，说文作侸。素问：宣明五气，论心存神。故曰："心者，神之住。"口、主与下文谋为韵。谋，读侮也(门内有洫)。……说文：谋，古文从母声，作呣。　　**按**：言思虑由心产生，而心中所想，又皆由口出。尹说繁琐。

〔四〕陶弘景曰：凡此八者，皆往来于口中，故曰皆由门户出入也。　　○尹桐阳曰：谓其由口而出入。　　○俞樾曰：墨子经上曰："循所闻而得，其意心也。"又曰："执所言而意得见，心之辩也。"

〔五〕陶弘景曰：言上八者，若无开闭，事或不节。故关之以捭阖者，所以制其出入。　　○尹桐阳曰：阖、入与下文阴为韵。阖读合也，自"捭阖者，天地之道"至此，所以释经"观阴阳之开阖以命物，知存亡之门户"二语。　　**按**：此言关键是掌握好开启闭合的时机，控制口中言语的出入。尹分经、释二部分，于义未合。

【校】

①"化"字前衍"大"字。

②此句道藏本、品汇释评本、诸子汇函本、乾隆本脱。皆川本作"吉凶系焉"。

捭之者，开也，言也，阳也；阖之者，闭也，默也，阴

也〔一〕。阴阳其和,终始其义〔二〕。故言长生、安乐、富贵、尊荣、显名①、爱好、财利、得意、喜欲,为"阳",曰始〔三〕。故言死亡、忧患、贫贱、苦辱、弃损、亡利、失意、有害、刑戮、诛罚,为"阴",曰终〔四〕。诸言法阳之类者,皆曰始,言善以始其事。诸言法阴之类者,皆曰终,言恶以终其谋〔五〕。

【注】

〔一〕陶弘景曰:开言于外,故曰阳也;闭情于内,故曰阴也。　○尹桐阳曰:广雅释诂三:捭,开也。说文作辟。人必开口,乃能言,故捭又有言义耳。又曰,说文:阖,一曰闭也。　○俞棪曰:易系辞曰:"子曰:君子之道,或出或处,或默或语。二人同心,其利断金。同心之言,其臭如兰。"此捭阖之祖也。　**按**:俞棪以易系辞为捭阖之祖,恐未必。

〔二〕陶弘景曰:开闭有节,故阴阳和;先后合宜,故终始义。　○杨慎曰:一阴一阳则道体现,一捭一阖则事机成。终始其义,终事始事,以捭阖之意行之。　○康砺峰曰:阴阳终始分配立说。　○尹桐阳曰:前汉书艺文志,阴阳家公梼生终始十四篇;邹生终始五十六篇。盖以始为阳,阴为终者。故阴阳书而以终始名之。和、义为韵。　**按**:和,调和。韩诗外传三:"天施地化,阴阳和合。""终始"或为阴阳家言,若以此断鬼谷子为阴阳书,恐非。

〔三〕陶弘景曰:凡此皆欲人之生,故曰阳曰始。

〔四〕陶弘景曰:凡此皆欲人之死,故曰阴曰终。　○高金体曰:以事机参印,显明洞达。　○黄凤翔曰:此就人身上、心口、志意说起,见合德于阴阳。词若依理,意多谬妄。(诸子汇函引作王敬所曰)　○尹桐阳曰:"有害"连言,"有"字当同訧,罪也。

〔五〕陶弘景曰:谓言说者,有于阳言之,有于阴言之,听者宜知其然也。　○尹桐阳曰：其同基，谋也。其事犹云谋事。始、事、谋与下文试为韵。自"捭之者，开也"至此，所以释经"筹策万类之终始"一语。　○萧登福曰："言善以始其事，言恶以终其谋。"意谓以有利的一面来劝诱对方，使他开始行动；以不利的一面来阻止对方，使它终止行动。　**按**："善"言对方优点或优势的一面，"恶"言对方缺点或劣势的一面。尹说可参。

【校】

①尊荣、显名，一本作"荣显、名誉"。嘉靖钞本作"尊荣显名誉"，"誉"当为衍文。陈乃乾校记引缪小珊曰："两节皆四字句，名下脱二字。如以荣显名誉为句，则富贵尊三字不可解。"缪说以四字句读，则名下似有脱字；若以二字句读，似无脱字。

捭阖之道，以阴阳试之〔一〕。故与阳言者，依崇高；与阴言者，依卑小〔二〕。以下求小，以高求大〔三〕。由此言之，无所不出，无所不入，无所不可①〔四〕。可以说人，可以说家，可以说国，可以说天下〔五〕。为小无内，为大无外〔六〕。益损、去就、倍反，皆以阴阳御其事〔七〕。

【注】

〔一〕陶弘景曰：谓或拨动之，或闭藏之。以阴阳之言试之，则其情慕可知。　○张周田曰：捭阖之道数，尽一篇大意。　○尹桐阳曰：道，言也；试，用也。　**按**：试，用。书尧典："我其试哉！"

〔二〕陶弘景曰：谓与阳情言者，依崇高以引之；与阴情言者，依卑小以引之。　○尹桐阳曰：此阳、阴，斥人性情而言。　○俞棪曰：韩非难一曰："凡对问者，有因问小大缓急而对也。所问高大而对以卑狭，则明主弗受也。"韩非之说盖本鬼谷者。　**按**：崇高、卑小，言人物品格高尚、低下。此将游说物件的品格亦分为阴阳。

〔三〕陶弘景曰：阴言卑小，故曰以下求小；阳言崇高，故曰以高求大。　○尹桐阳曰：以，似也。云此者，所以喻其言之易入。小、大为韵。　**按**：尹说迂曲。

〔四〕陶弘景曰：阴阳之理尽，小大之情得，故出入皆可。出入皆可，何所不可乎？此句百子全书本、皆川本误为正文。　○尹桐阳曰：中经曰：言可行可。　○俞棪曰：管子宙合篇曰："可浅可深，可沉可浮，可曲可直，可言可默。此言指要功之谓也。"

〔五〕陶弘景曰：无所不可，故所说皆可也。　○尹桐阳曰：家、下韵；人、国亦韵。国读血也。说文阈，古文作閾，㓕，读若沟洫之洫。庄子人间世："死者以国量乎泽，若蕉。"国即盖人血所生之草名。量即荒草淹地也。例皆同此。　**按**：尹说可参。

〔六〕陶弘景曰：尽阴则无内，尽阳则无外。　○尹桐阳曰：内、外为韵。　○俞棪曰：吕氏春秋下贤曰："其大无外，其小无内。"高诱训解曰："道在大能大，故无复有外；在小能小，故无复有内。道所贵之也。"　**按**：无，不论。诗鲁颂泮水："无小无大，从公于迈。"言不论所为之事是大或小，均不能局限于本身，须辨证地对待。

〔七〕陶弘景曰：以道相成曰益，以事相贼曰损。义乖曰去，志同曰就。去而遂绝曰倍，去而覆来曰反。凡此不出阴阳之情。故曰：皆以阴阳御其事也。　○尹桐阳曰：倍、反对言，则"反"字当同"联"，合也。礼记乐记："武王克殷反商。"易系辞："原始反终。"反皆与联同，因有及义。说者以为"及"之误字，非。自"捭阖之道，以阴阳试之"至此，所以释经"达人心之理"一语。　**按**：倍，同背。墨子非儒："倍本弃事而安怠傲。"反，同返。

【校】

①道藏诸本作“无所不言可”，“言”疑衍。

阳动而行，阴止而藏。阳动而出，阴隐[①]而入。阳还终阴，阴极反阳〔一〕。以阳动者，德相生也；以阴静者，形相成也。以阳求阴，苞[②]以德也；以阴结阳，施以力也〔二〕。阴阳相求，由捭阖也〔三〕。此天地阴阳之道，而说人之法也〔四〕。为万事之先，是谓圆方之门户〔五〕。

【注】

〔一〕陶弘景曰：此言君臣“君臣”二字道藏诸本作“上下”。下同。相成，由阴阳相生也。　○杨慎曰：阳开故其用乏，阴闭故其用多。形以动之，力以要之，皆其事也。　○尹桐阳曰：行、藏与下文阳为韵。又言，还，环也。自“阳动而行”至此，所以释经“见变化之眹焉”一语。　○俞樾曰：易系辞上曰：“其静也翕，其动也辟。”老子曰：“天门开阖，能无雌乎。”此阴阳动静之理也。又按国语曰：“阳至而阴，阴至而阳……后则用阴，先则用阳。”此“阳还终阴，阴极反阳”之说也。　**按**：此亦承上“皆以阴阳御其事”而言。陶注仅就君臣而言，片面。下同。

〔二〕陶弘景曰：此言君以爵禄养臣，臣以股肱宣力。　○高金体曰：欲旨合阴阳。　○尹桐阳曰：形，刑也。生、成为韵；德、力为韵。　**按**：形，通刑，刑罚。荀子成相：“众人贰之，谗夫弃之，形是诘。”注：“形，当为刑，无德化，唯刑戮是诘。”阴、阳对言，德、刑对举。言以阴阳御刑德。

〔三〕陶弘景曰：君臣所以能相求者，陈乃乾校作“事”。由开闭而生也。

〔四〕陶弘景曰：言既体天地，象阴阳，故其法可以说人也。　○钱福曰：说者得其术时，无所不可。当时游说之徒，有一言悟意，立谈而取卿相者，分明是得捭阖之道。（诸子汇函引作廖明河曰） ○尹桐阳曰：阖、法为韵。

〔五〕陶弘景曰：天圆地方，君臣之义也。理尽开闭，然后能生万物，故为万事先。君臣之道，因此出入，故曰圆方之门户。圆，君也；方，臣也。六字道藏本、乾隆本、皆川本脱。 ○尹桐阳曰：先、圆，句中韵。自"以阳动者"至此，所以释经"而守司其门户"一语。 **按**：圆、方，指天地。淮南子本经："戴圆履方，抱表怀绳。"

【校】

①隐，道藏诸本作"随"；"阳还终阴"之"阴"字，道藏诸本作"始"。

②苞，陈乃乾校作"包"。

反应第二[1]

陶弘景曰：听言之道，或有不合，必反以难之，彼因难而更思，必有以应也。　〇尹桐阳曰：说文：“反，覆也。”尔雅：应，“当也”。不合者反覆而使之合，其终必归于当，是谓反应。圣人审慎之至策耳。　**按**：反应，反覆之回应。言欲探对方实情，返诸对方，必有以应。

本篇言知人得情之法，结构上由三个部分所组成：

先言反应术之原理，事皆有反有覆，运用捭阖之理，反而求之，其应必出。次言如何用反应之术，首先要使对方“开”，行“以象动之”之“钓”术，具体为用“比”作修辞手法，与“象”之象征手法，变象比，则情可得。最后言用反应术之注意事项，即自知而后知人，己不先定，牧人不正。

【校】

①秦恩复曰：“太平御览作反覆篇，据本文，当作‘反覆’。”萧登福云：“以文义观之，实应作‘反覆’。”陶注云“必有以应也”，则陶注本作“反应”，道藏本、乾隆本皆作“反应”。

古之大化者，乃与无形俱生〔一〕。反以观往，覆以验来；

反以知古，覆以知今；反以知彼，覆以知己〔二〕①。动静虚实之理，不合于②今，反古而求之〔三〕。事有反而得覆者，圣人之意也〔四〕，不可不察〔五〕。

【注】

〔一〕陶弘景曰：大化者，谓古之圣人以大道化物也。无形者，道也。动必由道，故曰无形俱生也。　○陈后山曰：此段是一冒头，曰口立说，必有所本。（诸子汇函引作王凤洲曰）　○尹桐阳曰：圣人以大道化物，因名圣人曰大化。捭阖篇曰："捭阖者，道之大化。"本经阴符七篇曰："造化者为始。"造化者，亦谓大化。为始，为治也。又曰：无形，斥道言。　**按**：大化者，指圣人。无形，即道。陈氏就文法立论，于义未申。

〔二〕陶弘景曰：言大化圣人，稽众舍己，举事重慎，反覆详验。欲以知来，先以观往；欲以知今，先以考古；欲以知己，先度于彼。故能举无遗策，动必成功。　○高金体曰：如不彻古今，则理犹属浅近。　○尹桐阳曰：己与下文理、意为韵。　○俞棪曰：老子曰："反者，道之动。"又曰："万物并作，吾以观复。"此反覆之说之所由本也。又墨子引古语曰："'谋而不得，则以往知来，以见知隐。'谋若此，可得而知矣。"此观往验来之义也。

〔三〕陶弘景曰：动静由行止也，虚实由真伪也。其理不合于今，反求诸古者也。　○尹桐阳曰：求同仇，合也。　**按**：反同返，返回。此申言"反以知古，覆以知今"。

〔四〕陶弘景曰：事有不合反而求彼，翻得覆会于此，成此在于考彼，契今由于求古，斯圣人之意也。　○尹桐阳曰：意，隐审也。

○俞棪曰：吕氏春秋似顺篇曰："事多似倒而顺，多似顺而倒。有知顺之为倒，倒之为顺。'则可与言化矣。至长反短，至短反长，天之道也。'此所谓反而得复者也。"　**按**：覆，回覆。言事有不合者，反而求之，必有回复。

〔五〕陶弘景曰：不审则失之于几，故不可不察也。　○尹桐阳曰：说文："ㄎ，反丂也。读若诃。"此可字，当同ㄎ。不可，谓其不反察覆审也。不可不察者，犹云不反则不能得覆矣。察与上文求、覆为韵。察读肃也。

【校】

①己，嘉庆本讹为"此"。道藏本陶注云"欲以知彼，先度于己"，则陶注本作"己"。下文云"己反往，彼复来"，则"己"与"彼"对言，故作"己"是。今据改。

②于，道藏诸本作"来"。

人言者，动也；己默者，静也①。因其言，听其辞〔一〕。言有不合者，反而求之，其应必出〔二〕。言有象，事有比，其②有象比，以观其次〔三〕。象者象其事，比者比其辞也〔四〕。以无形求有声〔五〕。其钓语合事，得人实也〔六〕。其③犹张罝網而取兽也。多张其会而司之，道合其事，彼自出之，此钓人之網也〔七〕。

【注】

〔一〕陶弘景曰：以静观动，则所见审；因言听辞，则所得明。　○廖明河曰：篇中议论，只是采取人之情理。虽不经，词颇详悉。

按：因，根据，依靠。孟子离娄上："为高必因丘陵，为下必因川泽。"廖说于义未申。

〔二〕陶弘景曰：谓言者或不合于理，未可即斥，但反而难之，使自求之，则契理之应，怡然自出也。　○尹桐阳曰：求同仇，合也。应，当也。不合者，反而求其合，终必至于当，故云应必。尔雅释诂：

"应,当也。"诗下武:"应侯顺德。"赉:"我应受之。"传皆训"当"。辞、必为韵。必,读弋也。　○俞樾曰:韩非子扬权篇:"凡听之道,以其所出,反以为之入……彼自离之,吾因以知之。"又吕氏春秋审应篇曰:"以其出为之入,以其言为之名,取其实以责其名。"此均反应之术也。　**按**:反,反面,返回。既可解为从反面,也可解为返回;既可解为返回自己的立场,也可解为返回到对方的立场。一切皆因当时的情况而作变化,不可拘泥作解。

〔三〕陶弘景曰:应理既出,故能言有象,事有比。前事既有象比,更当观其次,令得自尽。象谓法象,比谓比例。　○尹桐阳曰:比同仿,相似也。与象义近。释名:"事类相似谓之比。"齐语:"比校民之有道者。"注:"比方。"礼记少仪:"适有丧者曰比。"注:"犹比方。"仪礼聘礼记:"禽羞,俶献,比。"注:"比,放也。"方、比,声转通用。次即恣,态也。比、次为韵。　○萧登福曰:象,谓在言谈时以某类事物来象征所要谈论的事物,使事理能更清晰。比,谓推比、推理。　**按**:象,韩非子解老曰:"人希见生象也,而得死象之骨,案其图以想其生也,故诸人之所以意想者皆谓之'象'也。"言有象,即言语可以表达形象,并通过言语流布在外的信息察知其意图。故象,一曰形于外者,此就对方所言。言有象,即言语一旦说出来,讯息即流布于外;二曰形象,此就己方而言。游说时,为了让对方容易理解并接受自己的主张,可先设象,以通俗易懂的方式表达出来。此方式亦可谓之象征。比,一曰比喻,打比方;二曰类比,以历史上或现实中同类事理作类比。战国策中的寓言故事即属此类。鬼谷子立论仅就原则而言,针对实际情况,千变万化,不可拘泥作解。

〔四〕罗大经曰:人情最深,溪谷不足以喻其险,川泽不足以喻其变。然象事比词以求之,未有不了然灼照者,鬼谷子反应之言,盖如此。　○尹桐阳曰:事、辞为韵。　○俞樾曰:易系辞曰:

"象者,像也。"又曰:"夫象,圣人有以见天下之赜,而拟诸形容,象其物宜,是故谓之象。"又按:易曰:"比,辅也。"又韩非子扬权篇曰:"叁伍比物,事之形也。叁之以比物,伍之以合虚。根干不革则动泄不失。" **按**:前一个象、比,皆为手法;后一个象、比,义同注〔三〕。

〔五〕陶弘景曰:理在玄微,故无形也。无言则不彰,故以无形求有声。声即言也,比谓比类也。 **按**:运用象、比手法游说,能在无形之中得到对方的回应。象、比手法,皆不直说,其实情隐于背后,故曰无形。对方有应,则为有声。

〔六〕陶弘景曰:得鱼在于投饵,得语在于发端;发端则语应,投饵则鱼来,故曰"钓语"。语则事合,故曰"合事"。嘉庆本作"故钓语则事合。故曰合事"。道藏本、乾隆本皆作"故曰钓语。语则事合,故曰合事"。则嘉庆本"钓"字前脱"曰"字,后脱"语"字。明试在于敷言,故曰得人实也。 ○楼昉曰:探索钩取以得人实,而文字著句,困意当日,有许多苦心在。 ○赵广汉曰:钩钜之法,深得其解。 ○俞樾曰:钓语谓人所隐藏不出之言,以术钓而出之,若孟子所称"以言餂,以不言餂",皆是也。 ○尹桐阳曰:以语言而取得人实,如钓之得鱼然,故云钓语。说文:钓,钓鱼也。权篇曰:"却论者,钓几也。" **按**:钓语,用作引诱的话。

〔七〕陶弘景曰:张网而司之,彼兽自得。道合其事,彼理自出。言理既彰,圣贤斯辨,虽欲自隐,其道无由,故曰钓人之网也。 ○高金体曰:言语设乎事机之会,必有合乎彼,彼自出而就之,此驱人之网也。 ○俞樾曰:此本云:"其钓语合事,得人实也。若张罝网而取兽也。"盖谓钓取人之言语,合之其人之行事而得其实,犹之乎张罝网而取兽也。"若"字误作"其"字,陶氏遂分释之,而其义失矣。 ○尹桐阳曰:说文:罝,兔網也。網,说文作网,庖牺氏所结绳以田以渔者也。兽与下文道为韵。多同哆,张口也。

会,话也。说文:话,籀文作譮。会与下文出为韵。司,伺也。合同拾,掇也。　○俞樾曰:管子白心篇曰:"审而出者彼自来。"此钓人之术也。　○萧登福曰:俞氏(樾)殆未见嘉庆刊本,故以为"其"字乃"若"字之误。其实"其"下自有"犹"字,道藏本脱漏之。俞氏据道藏本以为说,故有是误。　**按**:萧说是。会,指野兽汇集之地。司,同伺,等待。多张其会而司之,言在野兽聚集的地方多下几张网,然后等待。

【校】

①意林引鬼谷子曰:"人动我静,人言我听。"疑是此下脱文。

②其,俞樾曰:其当作既。注云:"前事既有象比,更当观其次。"是其所据本作"既有象比"。

③"其"下,道藏诸本脱"犹"字。

常持其网驱之,其不言无比,乃为之变〔一〕①。以象动之,以报其心,见其情,随而牧之〔二〕。己反往,彼覆来,言有象比,因而定基〔三〕。重之袭之,反之覆之,万事不失其辞〔四〕。圣人所诱愚智,事皆不疑〔五〕。故善反听者,乃变鬼神以得其情〔六〕。其变当也,而牧之审也〔七〕。牧之不审,得情不明;得情不明,定基不审〔八〕。

【注】

〔一〕陶弘景曰:持钓人之网,驱令就职事也。或乖彼,遂不言无比,如此则为之变。变常易网,更有以象道藏本作"勇",乾隆本作"动"。之者矣。　○尹桐阳曰:无比则彼情不能见。"网"与下文"象"为韵。言、变亦为韵。半句与全句叶法也。　**按**:不言无比,乃为之变。言对方沉默不言,或其言辞中没有用来作推理、类比的信息，则就要变化谈论的方式。

〔二〕陶弘景曰：此言其变也。报，犹合也。谓更开法象以动之，既合其心，则其情可见，因随其情慕而牧养之也。　〇高金体曰：其不言无比者，彼人犹不相应也。　〇俞樾曰：方言："牧，察也。"此牧字当训察，故下文曰："其变当也，而牧之审也。牧之不审，得情不明。"陶注训为"牧养"，则与下义不合矣。下文又曰："象而比之，以牧其辞。"牧其辞即察其辞也。注曰："徐徐牧养，令其自言。"斯曲说也。　〇孙季泉曰：说出反应之机，意思大略俱尽，而格言清句闻见叠出。　〇尹桐阳曰：动，眮也。吴、楚谓瞋目顾视曰眮，例与法言"僮子"作"桐子"同。报同桴，引取也。牧，伺察也。牧与下文来、基、覆、辞、诱为韵。　〇俞棪曰：管子白心篇曰："知其象则索其形，缘其理则知其情，索其端则知其名。"又邓析子曰："见其象，致其形，循其理，正其名，得其端，知其情。若此，何往不复？何事不成？"又武韬发启篇曰："必见其阳，又见其阴，乃知其心；必见其外，又见其内，乃知其意；必见其疏，又见其亲，乃知其情。"凡此疑均本鬼谷子学说者。惟荀子正名篇曰："性之好、恶、喜、怒、哀、乐，谓之情。情然而心为之择，谓之虑。"荀子此说，盖释情虑之义也。　**按**：报，回答，应。管仲，春秋齐政治家、思想家。管子是自春秋至战国推崇管仲学者的著作集。白心篇乃齐地黄老一派的著作，产生于战国晚世。邓析，春秋郑人，尝作竹刑，能操两可之说，设无穷之辞。邓析子，汉书艺文志列名家，二卷。钱穆以为战国晚世桓团辩者之徒所伪托，邓析实仅有竹刑，未尝别自著书。所论甚是。六韬亦后世伪托太公吕尚之作。白心、邓析子、武韬虽未必均本鬼谷子学说，然先秦时期，各家作品间存在相互因袭征引之现象，亦说明鬼谷子产生年代不晚于上述作品。

〔三〕陶弘景曰：己反往以求彼，彼必覆来而就职，则奇策必申。故言有象比，则口无择言。故可以定邦家之基也。　○尹桐阳曰：基，谋也。　○郑杰文曰：此言设表像以拨动对方，让对方为我们设置的表像而动，因而显现出真情实意来。这时，我们就要顺着他的真情实意继续引下去，套下去，因而察知他的老底。　**按**：基，疑同机，谋也。尹说是。陶说牵强。郑说可参。

〔四〕陶弘景曰：谓象比之言，既可以定基，然后重之袭之、反之覆之，皆谓再三详审，不容谬妄，故能万事允惬，无复失其辞也。　○高金体曰：重之袭之、反之覆之，多变以求，牧之审也。　○尹桐阳曰：即上文所谓"其应必者"。辞，治也，理也。　○俞棪曰：徐幹中论曰："反之覆之，钻之核之，然后彼之所怀者竭。"　**按**：袭，重复，重叠。左传哀十年："事不再令，卜不袭吉。"中论所言或源于鬼谷子。

〔五〕陶弘景曰：圣人诱愚则闭藏以知其诚，诱智则拨动以尽其情。咸得其实，故事皆不疑也。　○尹桐阳曰：所，户也；诱，进也。各安其业，乐其事也。不疑，谓不乱。　**按**：此言反听之法可用于任何人及事，都不会有差错。

〔六〕陶弘景曰：言善反听者，乃坐忘遗鉴，不思玄览，故能变鬼神以得其情，洞幽微而冥会。夫鬼神本密，今则不能，故曰变也。　○高金体曰：言语设乎事机之会，必有合乎彼。彼自出而应之，此驱人之网也。其言无比者，彼人犹不相应也。于是设象以动之，所谓以阴结阳，施以力也。于是彼不得不见其情，而我乃得而牧之，此反往覆来之术也。　○尹桐阳曰：本经阴符七篇曰："反听定志。"听、情为韵。　○萧登福曰：谓如鬼神之善变。

按：变鬼神，意谓像鬼神一样千变万化。

〔七〕陶弘景曰：言既变而当理，然后牧之之道审也。　○俞棪曰：淮南子氾论训曰："圣人者能阴能阳，能弱能强。随时而动，静因资而立功。物动而知其反，事萌而察其变，化则为之象，运则为之应,是以终身行而无所困。故事有可行而不可言者,有可言而不可行者,有易为而难成者,有难成而易败者。所谓可行而不可言者,趋舍也;可言而不可行者,伪诈也。易为而难成者,事也;难成而易败者,名也。此四策者,圣人之所独见而留意也。"此可与本节参阅。　**按**:审,确定。庄子徐无鬼:"故水之守土也审,影之守人也审,物之守物也审。"言只要变化得当,即可随意驾驭对方。

〔八〕陶弘景曰:情明在于审牧,故不审则不明。审基在于情明,故不明则不审。　○尹桐阳曰:牧,伺察也。

【校】

①"网"下,陈乃乾校有"而"字。道藏诸本皆作"其言无比",脱"不"字。陶注曰:"或乖彼,遂不言无比,如此则为之变。"则陶注本原有"不"字。

变象比,必有反辞,以还听之〔一〕。欲闻其声反默,欲张反敛①,欲高反下,欲取反与〔二〕。欲开情者,象而比之,以牧其辞。同声相呼,实理同归〔三〕。

【注】

〔一〕陶弘景曰:谓言者于象比有变,必有反辞以难之,令其有言,道藏本作"先说"。我乃还静以听之。　○尹桐阳曰:变同彎,日且昏时也。变象比者,谓其象比之昏而不明。上文言有象比之反词。变、彎、亡亦声近字矣。必同䀌,直视也。有,用也。辞与下文默为韵。　○俞樾曰:韩非子内储篇曰:"倒言反事,以尝所疑,则奸情得。"此反辞之义也。　**按**:尹说不可取。必,必定,非作䀌。

〔二〕陶弘景曰:此言反听之道,有以诱致之,故欲闻彼声,我反静默;欲彼开张，我反睑敛；欲彼高大，我反卑下；欲彼收取，我反施与。如此则物情可致，无能自隐也。 ○尹桐阳曰：说文新附："睑，目上下睑也。"北史姚僧垣传："睑垂覆目不得视。"老子："将欲取之，必固与之。"下、与为韵。 ○俞棪曰：老子曰："将欲歙之，必固张之；将欲弱之，必固强之；将欲废之，必固兴之；将欲夺之，必固与之，是谓微明。"微明者，高下取与之道也。又按韩非子引周书曰："将欲败之，必姑辅之；将欲取之，必姑与之。"此鬼谷与老子学说之所由本也。又按荀子非十二子篇曰："言而当知也，默而当亦知也，故知默由知言也。"此亦言默之学说也。

〔三〕陶弘景曰：欲开彼情，先设象比以动之，彼情既动，将欲生辞，徐徐牧养，令其自言。譬犹鹤鸣于阴，声同必应，故能实理相归也。 ○杨慎曰：云中鹄鸣而庭鹤翔舞，知己之与为同类也，故常能下之。 ○高金体曰：蛙鸣鳖应，类自相从。 ○尹桐阳曰：开同䁘，摩也。一曰开即盰，直视也。牧，伺察也。归同覬，注目视也。归、窥亦双声矣，声与上文情，半句与全句韵。比、归亦为韵。 ○俞棪曰：吕氏春秋召类篇曰："类固相召，气同则合，声比则应。"又曰："其智弥觕者，其所同弥觕；其智弥精者，其所同弥精。"此之谓实理同归。 ○郑杰文曰：象而比之，即在引辞中描绘事物形象，设置同类事物作比，以引发对方。

按：同声相呼，实理同归，意即声音相同就会彼此呼应，看法一致就会走到一起。

【校】

①敛，道藏诸本作"睑"。

或因此，或因彼，或以事上，或以牧下〔一〕。此听真伪，知同异，得其情诈也〔二〕。动作言默，与此出入，喜怒由此

以见其式〔三〕。皆以先定为之法则〔四〕。以反求覆，观其所托，故用此者〔五〕。己欲平静以听其辞，察其事，论万物，别雄雌①〔六〕。虽非其事，见微知类〔七〕。若探人而居其内，量其能，射其意，符应不失，如螣蛇之所指，若羿之引矢〔八〕。

【注】

〔一〕陶弘景曰：谓所言之事，或因此发端，或因彼发端，其事有可以事上，可以牧下也。　○尹桐阳曰：因同隐，占也。事，伺也；牧，察也。"下"与下文"诈"为韵。

〔二〕陶弘景曰：谓真伪、同异、情诈，因此上事而知也。　○王敬所曰：听言以知情伪，凡事上使下皆然，非但可待以游说资也。　○俞棪曰：荀子正名篇曰："然则何缘而以同异？曰：缘天官，耳目鼻口心体也。凡同类同情者，其天官之意物也同。故比方之，疑似而通，是所以共其约名以相期也。"　○尹桐阳曰：情，诚也。　**按**：情，真诚；诈，假装，伪装。左传宣十五年："我无尔诈，尔无我虞。""耳目鼻口心体也"，原为注文，俞棪讹为正文。

〔三〕陶弘景曰：谓动作言默莫不由情，与之出入。至于或喜或怒，亦由此情以见其式也。　○杨道宾曰：韩子说难篇大约与此同旨，而韩子词意俱胜。此则骨而少肉耳。　○尹桐阳曰：动作对言，作当同乍，止也。此斥反听言。下"此"字同。默与下文式、则为韵。　**按**：式，法式。说文："法也。"周礼天官大宰："以九式均节财用。"

〔四〕陶弘景曰：谓上六者，皆以先定于情，然后法则可为。　○尹桐阳曰：先定，巽静也。下文作平静。……尔雅：则，法也。　○俞棪曰：韩诗外传曰："夫知者之于人也，未尝求知而后能知也。观容貌，察气志，定取舍，而人情毕矣。诗曰：'他人有心，予忖度之。'"　**按**：先定，言自己要先做好准备，与下文"知之始己"意同,亦预设下文,正所谓草蛇灰线者。

〔五〕陶弘景曰:反于彼者,所以求覆于此。因以观彼情之所托,此谓信也。知人在于见情,故言用此也。　○尹桐阳曰:谓用反听贯下文言。　**按**:托,依托。

〔六〕陶弘景曰:谓听言之道,先自平静,既得其辞,然后察其事,或论序万物,或分别雄雌也。　○高金体曰:此又居反听之要。庄生曰:"无案人之所感,以求容与其心。"　○尹桐阳曰:辞、事为韵。　○俞棪曰:吕氏春秋审分篇曰:"按其实而审其名,以求其情;听其言而察其类,无使放悖。"此听言之术也。　**按**:此言听言之道。听言既有正听,亦有反听。高氏言此居反听之要,于义亦合,正所谓环转因化者。

〔七〕陶弘景曰:谓所言之事,虽非时要,然观此可以知彼,故曰见微知类也。　○俞棪曰:易彖曰:"万物睽而其事类也。"又象曰:"上天下泽,君子以同而异。"王弼明爻通变释之云:"睽而知其类,异而知其通。"此言非事知类也。又按韩非说林篇曰:"圣人见微以知萌,见端以知末。"此之谓知类。又引古谚曰:"知渊中之鱼者不祥。""人将有大事,而我示之知微,我必危。""知人之所以不言者,其罪大矣。"此则知类而善处之者也。　**按**:见微知类,从事物的细微迹兆认识其类别、实质和发展。

〔八〕陶弘景曰:闻其言则可知其情。故若探人而居其内,则情原必尽。故量能射意,万无一失,若合符契。螣蛇所指,祸福不差。羿之引矢命处辄中。听言察情,不异于此,故以相况也。　○林希元曰:君子之得人情以理。此以阴阳变象探索诸子之书,所以驳处不然。得言立论,多合人情,胡摈之于吾道之外耶?　○廖明河曰:借喻高奇幻冥。　○尹桐阳曰:内,犹家也。物、雌、类、内为韵。又曰:说文:"符,信也。"汉志:以竹长六寸分而相合。孟子:"若合符节。"意、失为韵。意,读乙也。说文:肊,或从意声，作臆。又曰：说文：螣，神蛇也。本经阴符七篇曰："实意法螣蛇。"羿，说文作芎，云帝喾射官，夏少康灭之。论语曰："芎善射。"朱骏声曰："帝喾射官者，楚辞天问：'羿焉弹日。'淮南书：'尧令羿射十日，中其九。'又称其有功于天下，死为宗布。人皆祀之者也，夏少康所灭者。左襄四传：'昔有夏之方衰也，后羿自鉏迁于穷石，因夏民以代夏政。恃其射也，不修民事。'下又称夷羿。注：夷，羿之氏也，此论语'羿善射'、孟子'逢蒙学射于羿'之'羿'。夷羿好射，因以古羿为名。许君合为一人，非也。计帝喾至夏后相，历三百余载，断非年寿，若谓即尧时射官，所封国则亦无祖孙同名之理。"指、矢为韵。　**按**：螣蛇，传说中的神蛇。荀子劝学："螣蛇无足而飞，梧鼠五技而穷。"注：尔雅云："'螣，螣蛇。'郭璞云：'龙类，能兴云雾而游其中也。'"螣蛇，想去哪即兴云雾而游。螣蛇与青龙、白虎、朱雀、玄武、勾陈一起，用来预测祸福，乃六朝术士所为。此言螣蛇指哪飞哪，非言祸福，陶说误。羿，古之善射者。传说有三：一即夏有穷国之国君，因夏民以代夏政。后不修民事，为寒浞所杀。左传襄四年云："昔有夏之方衰也，后羿自鉏迁于穷石，因夏民以代夏政。恃其射也，不修民事。"二为尧时射落九日之羿。楚辞天问云："羿焉弹日。"淮南子本经训："尧之时，十日并出，焦禾稼，杀草木，而民无所食。猰貐、凿齿、九婴、大风、封豨、修蛇，皆为民害。尧乃使羿诛凿齿于畴华之野，杀九婴于凶水之上，缴大风于青丘之泽，上射十日而下杀猰貐，断修蛇于洞庭，禽封豨于桑林。万民皆喜。"三为帝喾的射官，说文解字云："羿，帝喾射官，夏少康灭之。"

【校】

①雄雌，陈乃乾校作"雌雄"。下注同。

故知之始己，自知而后知人也〔一〕。其相知也，若比目之鱼；其见形也，若光之与影〔二〕①。其察言也不失，若磁石之取鍼，如舌之取燔骨〔三〕。其与人也微，其见情也疾〔四〕，如阴与阳，如圆与方〔五〕②。未见形，圆以道之；既见形，方以事之〔六〕。进退左右，以是司之〔七〕。己不先定，牧人不正〔八〕。事用不巧，是谓忘情失道〔九〕；己先审定以牧人③，策而无形容，莫见其门，是谓天神〔一〇〕。

【注】

〔一〕陶弘景曰：知人者智，自知者明。智从明生，明能生智，故欲知人，先须自知也。　　**按**：此重在"知己"，孙子兵法云："知彼知己者，百战不殆。"

〔二〕陶弘景曰：我能知彼，彼须我知，必两得之，然后圣贤道合。故若比目之鱼，圣贤合则理自彰，犹光生而影见也。　　○俞樾曰："鱼"字绝句，太平御览引此文云："其和也，若比目之鱼。""和"即"知"之异文，是古读"鱼"字绝句也。"见形"上当补"其"字，御览所引又有曰："其伺言也，若声与响。"疑古本作"其相和也，若比目之鱼；其伺言也，若声之与响也；其见形也，若光之与景也"。御览所引正合古本，但节去数虚字耳。此本有阙文，而"和"字又误作"知"，陶注遂以"我能知己，彼须我知"解之矣。　　○尹桐阳曰：尔雅释地："东方有比目鱼焉，不比不行其名，谓之鲽。"释文："鲽，本作鳎。"说文："鳎，虚鳎也。"虚，说文作"魼"，玉篇、广韵谓即"鲽"。史记作"鱋"，则虚鳎，乃一物而二名者。中经篇曰："不可比目、合翼相须也。"　　○俞棪曰：荀子非相篇曰："圣人者，以己度者也，故以人度人，以情度情，以类度类，以说度功，以道观尽，古今一度也，类不悖，虽久同理。"此自知知人、察事知类之术也。又按：管子心术上曰："人皆欲知而莫索之，其所以知彼也，其所以知此也。不修之此，焉能知彼。"又白心篇曰："自知曰稽，知人曰济。"　**按**：相，表示一方对另一方有所动作。史记邹阳传狱中上书："人无不按剑相眄者。"相知，言想要对对方实情有所了解。嘉庆本、道藏本陶注均未见"声之与响"，俞樾说恐误。

〔三〕陶弘景曰：以圣察贤，复何所失。故若磁石之取鍼，舌之取燔骨也。　○尹桐阳曰：磁石能吸铁，因可用以取鍼。淮南说山："慈石能引铁，及其于铜则不行。"史记封禅书索隐引顾氏万毕术云："取鸡血，杂磨针铁，捣和磁石，棋头，置局上，自相抵击也。"磁、慈、礠一字耳。与管子所云磁石即长石异物。燔同膰，宗庙火熟肉也。　**按**：鍼，"针"本字。吕氏春秋精通曰："慈（磁）石召铁，或引之也。"则战国时人已知磁石吸铁之特性。燔骨，烤得烂熟的骨头。谭子化书："嚼燔骨者，燋唇烂舌，不以为痛；饮醇酎者，哕肠呕胃，不以为苦。"舌取燔骨，喻轻而易举。

〔四〕陶弘景曰：圣贤相与，其道甚微，不移寸阴，见情甚疾。　○俞棪曰：论语曰："不知言，无以知人。"墨子非攻篇曰："古者有语谋而不得，则以往知来，以见知隐。"又韩诗外传曰："客有见周公者，应之于门曰：'何以道旦也？'客曰：'在外即言外，在内即言内，入乎？将毋？'周公曰：'请入。'客曰：'立即言义，坐即言仁，坐乎？将毋？'周公曰：'请坐。'客曰：'疾言则翕翕，徐言则不闻，言乎？将毋？'周公：'唯唯，旦也逾。'明日，兴师而诛管蔡。故客善以不言之说，周公善听不言之说。若周公，可谓能听微言矣。故君子之告人也微，其救人之急也婉。"此之谓"与人也微，见情也疾"。　○尹桐阳曰：疾与上文人、失为韵。　**按**：与人，指自己给对方的讯息。见情，指知见对方的实情。

〔五〕陶弘景曰：君臣之道，取类股肱比之一体，其来尚矣。故其相成也，如阴与阳；其相形也，犹圆与方。　○尹桐阳曰：承上文而明"见情"之理。　○萧登福曰：此句谓与人相处，如阴与阳之相辅相成，如方与圆之互显互现。　○郑杰文曰：像阴阳无处不在那样可以对任何人和事运用它，而它又像画圆画方需用规和矩那样在使用时应遵循着一定的规则。　**按**：阴与阳，圆与方，皆相对应。这里当泛指一切事物。此言自知之后，实施游说或进行计谋，可以得心应手。

〔六〕陶弘景曰：谓臣道藏本、乾隆本陶注无"臣"字。向晦入息，未见之时，君道藏诸本无"君"字。当以圆道导之，亦既出潜离隐，见形之后，即以才职任之。　○袁了凡曰：意颇幻冥而文字不甚纯正，观者取节焉可也。　○尹桐阳曰：道，言也。本经阴符七篇曰："圆者，所以合语；方者，所以错事。"事与下文右、司为韵。　**按**：道同导，引导。本经阴符七篇曰："圆者，所以合语；方者，所以错事。"圆，说一些投合对方的话。方，按规矩行事。此言如果未见对方实情，则说一些投合对方的话，以引导他露出实情；如果已经得到对方实情，则按照己方已经设计好的对策去行事。

〔七〕陶弘景曰：此言用臣之道，或升进，或黜退，或贬左，或崇右，一准上圆方之理，故曰以是司之。　○张东沙曰：总收叠下，精采有法。韩子多有此体，盖祖此。　○尹桐阳曰：是斥方圆言。

〔八〕陶弘景曰：方圆进退，己不先定，则于牧人之理，不得其正也。○尹桐阳曰：上云皆以先定为之法则。正，真也。定、正为韵。

〔九〕陶弘景曰：用事不巧，则操末续颠，圆凿方枘，情道两失，故曰忘情失道也。　○尹桐阳曰：巧、道为韵。　**按**：此谓若未能做到己先定而仓促行事，则为忘记规则违背规律。

〔一〇〕陶弘景曰：己能审定，以之牧人。至德潜畅，玄风远扇，非形非容，无门无户。见形而不及道，日用而不知，故谓之天神也。　○尹桐阳曰：策同匧，藏也。牧人策者，犹云察人隐也。潘尼怀退赋：

"畏盐车之严荚。"朱骏声以"荚"即策字,指鞭而言。容与上文巧、道为韵。容读谷也。门、神为韵。门读民也。 ○俞棪曰:荀子儒效曰:"尽善挟洽谓之神。" **按**:言计策谋略不露形迹,对方找不到识破自己的任何缝隙,这是谋略最高的境界。陶说"玄风远扇",乃就其生活时代而言,非鬼谷子之意也。

【校】

①"其相知也,若比目之鱼;其见形也,若光之与影",太平御览引作:"反覆篇云:'其和也,若比目鱼;其司言也,若声与响。'"

②此二句,道藏诸本作:"如阴与阳,如阳与阴;如圆与方,如方与圆。"

③"己先审定以牧人",诸本皆作"己审先定以牧人"。俞樾曰:"此本作'己先审定以牧人',故注曰'己能审定,以之牧人也'。今作'己审先定'者,涉上文'己不先定'而误。" **按**:捭阖云"审定有无与其实虚",亦作"审定",今据改。

内揵第三

陶弘景曰:揵者,持之令固也。言君臣之际,上下之交,必内情相得,然后结固而不离。 ○归有光曰:庄子内揵外揵,揵,关也,闭也。门限之木亦曰揵。又户钥牡亦曰揵。 ○俞樾曰:此篇名内楗。楗即键也。周官:司门掌授管键。司农注曰:"管谓籥也,键谓牡。"然则内楗者,谓纳键于管中。陶氏解篇名曰:"言上下之交,必内情相得,然后结固而不离。"殆非其旨。 ○尹桐阳曰:内同棁,柱也,所以入于凿者;揵即揵歫,门也,所以持门令固者。本篇曰:"内者,进说辞;揵者,揵所谋也。"则内谓入,揵谓持耳。 ○萧登福曰:揵同楗。揵即古代用以关门之木,引申为关闭、结合。"内"在本文中的意思,是指以言辞入结于君。"揵",是指向国君呈现计谋策略,以此来结交国君。"内"偏重于言辞技巧,"揵"偏重于计谋策略。 **按**:揵,闭塞、堵塞之开关。庄子庚桑楚:"夫外韄者不可繁而捉,将内揵;内揵者不可缪而捉,将外揵。"疏:"揵者,关闭之目。"揵、楗、键,义通。木塞谓之楗,金塞谓之键,手塞谓之揵也。

本篇言君臣之间的关系以及臣如何得君主之情而进说辞,结构上由两个部分所组成:

首言君臣之间的复杂关系，“有远而亲，近而疏，就之不用，去之反求。日进前而不御，遥闻声而相思”。次从正反两个方面言臣如何得君主之情而进说辞，“不见其类而为之者，见逆；不得其情而说之者，见非。得其情，乃制其术”。在得情基础上，“或结以道德，或结以党友，或结以财货，或结以采色”，合者，则拉近与君主的关系；不合者，不可施行，“乃揣切时宜，从便所为，以求其变”，环转因化，生生不已。

君臣上下之事，有远而亲，近而疏〔一〕，就之不用，去之反求〔二〕。日进前而不御，遥闻声而相思〔三〕①。事皆有内揵，素结本始〔四〕。或结以道德，或结以党友，或结以财货，或结以采色〔五〕。用其意，欲入则入，欲出则出；欲亲则亲，欲疏则疏；欲就则就，欲去则去；欲求则求，欲思则思〔六〕。若蚨母②之从其子也，出无间，入无朕③，独往独来，莫之能止〔七〕。

【注】

〔一〕陶弘景曰：道合则远而亲，情乖则近而疏。　○钱福曰：君臣上下遇合之机，理最微妙，不得其术，将来亲而愈疏，欲近而反远，探情开说，岂易道哉。（归有光诸子汇函引作王凤洲曰）　○尹桐阳曰：“事”与下文“求”、“思”为韵，求读裘也。“疏”与下文“御”为韵。　**按**：此言君臣关系，身远反得到亲近，身近反遭疏远。

〔二〕陶弘景曰：非其意则就之而不用，顺其事则去之反求。

〔三〕陶弘景曰：分违则日进前而不御，理契则遥闻声而相思。　○王维祯曰：“日进前而不御，遥闻声而相思。”刘勰文心雕龙有此语。刘勰，六朝时人，必用鬼谷语也。（诸子汇函引作解大绅曰）　○尹桐阳曰："前"与下文"揵"为韵，半句与全句叶法也。相，想也；思，通也。说文作丨。　○俞棪曰：邓析子作"事有远而亲，近而疏，就而不用，去而反求"。又按：王弼周易略例下篇曰："近而不相得者，志各有所存也。"此言近而疏者，其志迕也。又曰："有应则虽远而相得。"此言应则虽远而亲也。　**按**：御，用也。楚辞涉江："腥臊并御。"王逸注曰："御，用也。"

〔四〕陶弘景曰：言或有远而相亲，去之反求，闻声而思者，皆有内合相持，素结其始。故曰皆有内揵，素结本始也。　○尹桐阳曰：内揵名篇以此。有，犹也。太玄干赞："箝键挈挈。"司马光曰："箝者，缄束也，使不得移键者。固结使不得离，纵横之术，说人求合者也。鬼谷子有内铣、飞箝篇，则键或以铣为之。"铣，说文作阚。敢、建双声耳。又曰：素，溯也。溯其相结之本原，各有不同。下文所云云是。　○俞棪曰：庄子庚桑楚篇曰："夫外韄者不可繁而捉，将内揵；内韄者不可缪而捉，将外揵。外内韄者道德不能持，而况放道而行者乎。"许氏说文曰："韄，佩刀系也。"李云："缚也。""内揵"之说，见于战国诸子者，此义最为显明。又按吕氏春秋不广篇曰："以其所能，托其所不能，若舟之与车。"此言内揵之道者，若舟车之更相载也。若蹶与蛩蛩、距虚之互为用也。　**按**：素，平时；本始，本原，原始。此言源于平时的交结。

〔五〕陶弘景曰：结以道德，谓以道德结连于君。若帝之臣，名为臣，其实为师也。结以党友，谓以友道结连于君。王者之臣，名为臣，其实为友也。结以货财，结以采色，谓若桀、纣之臣，费仲、恶来之类是也。　○尹桐阳曰：所谓师臣、友臣、计臣、佞幸。"德"与上文"始"、下文"友"、"色"为韵。　○郑杰文曰：采色，神采和容色。庄子人间世"采色不定，常人之所不违"之"采色"即此意。此指阿谀奉迎之态。　**按**：采色，绚丽成章之颜色。孟子梁惠王上："曰：为肥甘不足于口与？轻暖不足于体与？抑为采色不足视于目与?”此言满足耳目视听之好的女色、音乐、歌舞娱乐等。

〔六〕陶弘景曰:自入出以下八事,皆用臣之意,随其所欲,故能固志于君,物莫能间也。　○尹桐阳曰:意、出为韵,意读乙也。疏、去为韵。　○俞棪曰:国语引礼志曰:“将有请于人,必先有入焉。欲人之爱己也,必先爱人;欲人之从己也,必先从人。无德于人而求用于人,罪也。”此言内揵素结之道也。又按:礼记表记篇曰:“厚于仁者薄于义,亲而不尊;厚于义者薄于仁,尊而不亲。”此言素结之道,以仁则亲,以义则尊也。

〔七〕陶弘景曰:蚨母,螲蟷也。似蜘蛛,在穴中,有盖。言蚨母养子,以盖覆穴,出入往来,初无间朕,故物不能止之。今内揵之臣,委曲从君以自结固,无有间隙,亦由是也。　○尹桐阳曰:说文:“蚨,青蚨。水虫,可还钱。”淮南万毕术、搜神记皆云“以蚨血涂钱出之,飞还”,即此所谓母从子者。陶隐居误读“蚨”为尔雅王蚨蜴之“蚨”,因以螲蟷解之,疏陋甚矣。求、思、子、来、止为韵。

○萧登福曰:螲蟷长不足五分,色黑,头胸部比腹部稍大。腹部有白色横纹七条,尾端有大小纺绩突起二对。巢营于土中,为管状,上有椭圆形之盖,一端附著于巢,可启闭,盖与地面平齐,且被以苔藓等,不易发现,时或开启其盖,伺小昆虫入内而捕食之。

按:蚨母,说文:“蚨,青蚨。”搜神记卷十三:“[青蚨]生子必依草叶,大如蚕子。取其子,母即飞来,不以远近。虽潜取其子,母必知处。以母血涂钱八十一文,以子血涂钱八十一文;每市物,或先用母钱,或先用子钱,皆复飞归,轮转无已。”太平御览卷九百五十引淮南万毕术有“青蚨还钱”之说,与上文同。尹说蚨母之从子,言青蚨母子相随而不分离,可参。萧说是。

【校】

①此二句,意林引作“或遥闻而相思,或进前而不御”。

②蚨,道藏本作“蚨”。

③朕,道藏本作“眹”。

内者,进说辞也;揵者,揵所谋也〔一〕。欲说者,务隐度;计事者,务循顺〔二〕。阴虑可否,明言得失,以御其志〔三〕。方来应时,以合其谋〔四〕。详思来揵,往应时当也①〔五〕。

【注】

〔一〕陶弘景曰:说辞既进,内结于君,故曰“内者,进说辞也”;度情为谋,君必持而不舍,故曰“揵者,揵所谋也”。　○俞樾曰:内读为纳,故曰“内者进说辞”,以进字释内字也。注谓“说辞既进,内结于君”,未得内字之义。　○尹桐阳曰:辞,词也。辞、谋为韵。　**按**:揵所谋,即谋所揵,计谋如何打通阻塞。陶说未妥。

〔二〕陶弘景曰:说而隐度,则其说必行;计而循顺,则其计必用。　○俞棪曰:吕氏春秋怀宠篇曰:“凡君子之说也,非苟辨也……必中理然后说。”又开春篇曰:“善说者,言尽理而得失利害定。”盖言隐度其中理而后说也。　**按**:隐,审度。书盘庚下:“呜呼,邦伯师长,百执事之人,尚皆隐哉。”疏:“隐,谓隐审也。”隐度,即审时度势。循顺,依靠,顺着。言欲游说必须审时度势,欲谋事必须依循事物产生、发展与变化的规律。

〔三〕陶弘景曰:谓隐虑可否,然后明言得失,以御君志也。　**按**:言已暗中思虑成熟,知悉事之可否,然后再公开说出如何行事之得失,以御君之心志也。

〔四〕陶弘景曰:方谓道术,谓以道术来进,必应时宜,以合会君谋也。　○俞棪曰:国语曰:“待其来者而正之,因时之宜而定之。”又曰:“方之时动则非顺也。”又荀子天论篇曰:“望时而待之,孰与应时而使之?”又吕氏春秋不广篇曰:“智者之举事,必因时。”凡此皆应时之学说也。　　**按**:言对方一旦有应,即合其谋。

〔五〕陶弘景曰:详思,计虑来进于君,可以自固,然后往应时宜,必当君心也。　　○俞棪曰:国语引范蠡曰:“从时者,犹救火、追亡人也,蹶而趋之,唯恐弗及。”又说苑曰:“时乎,时乎,间不及谋;至时之极,间不容息。”此均时当之义也。又鹖冠子天则篇曰:“变而后可以见时。”此则时变之义也。　　**按**:此言先须经过详细周密的计谋,然后去应君,则无不当。

【校】

①俞棪曰:此二句,疑似战国时人注释之词。此二句前言“方来应时,以合其谋”,后言“夫内有不合者,不可施行也”,前后相接。今按:俞说有理。然此二句有陶注,则陶注本已有此语。

夫内有不合者,不可施行也〔一〕。乃揣切时宜,从便所为,以求其变〔二〕。以变求内者,若管取揵〔三〕。言往者,先顺辞也;说来者,以变言也①〔四〕。善变者,审知地势,乃通于天;以化四时,使鬼神合于阴阳,而牧人民〔五〕。见其谋事,知其志意〔六〕。事有不合者,有所未知也〔七〕。合而不结者,阳亲而阴疏〔八〕。事有不合者,圣人不为谋也②〔九〕。

【注】

〔一〕陶弘景曰:计虑不合于君,则不可施行也。　　**按**:内,既指说辞,亦指计谋。陶说片面。

〔二〕陶弘景曰:前计既有不合,乃更揣量切摩当时所为之便,以求所以变计也。　　○俞棪曰:韩非子曰:“世异则事异,事异则备变。”

此求变之说也。　○郑杰文曰：从便所为，指从便于实施出发。

〔三〕陶弘景曰：以管取揵，揵必离；以变求内，内必合。　○俞棪曰：荀子儒效篇曰："圣人者，道之管也。"　按：管，籥也，钥匙；亦作门锁。此既指门锁，也包括钥匙。左传僖三十二年："郑人使我掌北门之管，若潜师以来，国可得也。"揵，通"楗"，门闩。若管取揵，言以锁取代门闩。

〔四〕陶弘景曰：往事已著，故言之贵顺辞；来事未形，故说之贵通变也。　按：先言往事，找到双方共同关注之点，再转言将来，以达到自己的目的。

〔五〕陶弘景曰：善变者，谓善识通变之理，审知地势，则天道可知，故曰乃通于天。知天则四时顺理而从化，故曰以化四时。鬼神者，助阴阳以生物者也。道通天地，乃能使鬼神合德于阴阳也。既能知地通天，化四时，合阴阳，乃可以牧养人民。　按：此言善变之重要。善变须做到：知地势、化四时、合阴阳。达于此，则可明天意、役鬼神、牧人民。

〔六〕陶弘景曰：其养人也，必见其谋事而知其志意也。

〔七〕陶弘景曰：谓知之即与合，未知即不与合也。

〔八〕陶弘景曰：或有离合而不结固者，谓以阳外相亲、阴内相疏也。○郑杰文曰：合而不结，谓君主表面上应和我们的决策，但内心里却不认可、不执行我们的决策。　按：此言与对方心意虽能相合，但还不能深入地结交对方，是因为对方表面上与自己亲近，而内心却不认同为心腹。

〔九〕陶弘景曰：不合，谓圆凿而方枘。故圣人不为谋也。　按：此言圣人谋与君深结于心。

【校】

①俞棪曰：此二句，疑似战国时人注释之词。今按：此二句有陶注，则陶注

本已有此语。俞说无据。

②俞棪曰:此二句错简,当在“方来应时,以合其谋”之后。今按:俞说可参。自“欲说者,务隐度”至此,道藏本脱正文及注文四百十二字。卢文弨曾据钱遵王钞本以校补道藏本。

故远而亲者,有阴德也;近而疏者,志不合也〔一〕。就而不用者,策不得也;去而反求者,事中来也〔二〕。日进前而不御者,施不合也;遥闻声而相思者,合于谋以待决事也〔三〕①。故曰:不见其类而为②之者,见逆;不得其情而说之者,见非〔四〕。得③其情,乃制其术〔五〕。此用可出可入,可揵可开〔六〕。故圣人立事,以此先知而揵万物〔七〕。

【注】

〔一〕陶弘景曰:阴德谓阴私相得之德也。　○尹桐阳曰:阴,隐也。德与下文得、求、来、思、谋、事为韵。　○郑杰文曰:阴德,暗中合于君心。　**按**:阴德与“志不合”对言,故其言当为志暗合。

〔二〕陶弘景曰:谓所言当时未合,事过始验,故曰事中来也。　○尹桐阳曰:来,利也。初不以为利,而中利之,故云事中来。　**按**:言亲近时反而不被重用,是因为对事情的预测及计策不被国君接受;离去反而求他回来,是因为在中途他预测的事终于发生了。

〔三〕陶弘景曰:谓彼所行合于己谋,待之以决其事,故遥闻声而相思也。　○俞棪曰:淮南子人间训曰:“物或远之而近,或近之而远,或说听计当而身疏,或言不用、计不行而益亲。”又曰:“或直于辞而害于事,或亏于耳以忤于心而合于实。”又王弼明卦适变通爻篇曰:“虽远而可以动者,得其应也。”应者,阴德也。凡此均与鬼谷之义相合。又按:王通中说言“(贾琼问事人之道)子曰:远而无介,就而无谄,泛乎利而讽之,无斗其揵。”此则言处亲疏远近之道也。　　○郑杰文曰：施不合，措施不合君意。

〔四〕陶弘景曰：言不得其情类而为说者，“为说者”，道藏本、乾隆本、皆川本作“说之者”。若北辕适楚，陈轸游秦，所以见非逆也。　　○陈后山曰：历历应上，说得十分痛切。不见其类而说之一段，方发出所以然处，根源在此。（诸子汇函引作杨升庵曰）　　○尹桐阳曰：类、非与下文术、物为韵。　　○俞棪曰：孔丛子曰：“孔子曰：吾于予，取其言之近类也；于赐，取其言之切事也。近类则足以谕之，切事则足以惧之。”近类足谕则不逆，切事足惧则不非，此所谓得情制术也。　　**按**：类，同“理”，荀子王制“听断以类”。言若不能找到双方的共通之处而仓促谋事，则必被排斥；得不到对方的实情而实施游说，则必被否定。

〔五〕陶弘景曰：得其情则鸿遇长风，鱼纵大壑，沛然莫之能御，故能制其术也。　　○尹桐阳曰：制同逝，行也。　　○俞棪曰：又按：淮南子人间训曰：“见本而知末，观指而睹归，执一而应万，握要而治详，谓之术。”又贾子新书曰：“道者所从接物也，其本者谓之虚，其末者谓之术。术也者，所以从制物也，动静之数也。”

〔六〕陶弘景曰：此用者，谓用其情也，则出入自由，揵开任意也。○杨慎曰：所谓善揵。　　○尹桐阳曰：揵以歫门，因有闭义。开与下文知为韵。开读携也。说文：“肝读若携。”肝、开，皆从幵声字耳。　　○萧登福曰：“此用”即“用此”之倒装句法。“此”，指得其情而言。下之“此”字义同。　　**按**：此用，言此法用之实践，不必倒装作解。萧说非。

〔七〕陶弘景曰：言以得情立事，故能先知可否。万品所以结固而不离者，皆由得情也。　　○王敬所曰：收结圣人身上，亦是恣意说去。　　○尹桐阳曰：物无所逃。　　○萧登福曰：揵万物，谓使万物归附于己。　　**按**：揵万物，控制万事万物。

【校】

①钱遵王本脱“待决事”三字。自“事有不合者,有所未知也”至此,亦见邓析子无厚篇,文字略有差异。

②为,诸子汇函本、品汇释评本、乾隆本作“说”。

③“得”字上,一本有“必”字。

由夫道德、仁义、礼乐、忠信[1]、计谋〔一〕,先取诗书,混说损益,议论去就〔二〕[2]。欲合者用内,欲去者用外,外内者必明道数〔三〕。揣策来事,见疑决[3]之〔四〕。策无失计,立功建德〔五〕。

【注】

〔一〕陶弘景曰:由夫得情,故能行其道德仁义以下事也。　○尹桐阳曰:由,循也。孙子书有计篇。前汉书艺文志道家:太公谋八十一篇。谋与下文就、数为韵。谋读冒也。　○俞棪曰:礼运曰:“圣人耐以天下为一家,以中国为一人者,非意之也,必知其情,辟于其义,明于其利,达于其患,然后能为之。”此立事之术也。　**按**:礼曲礼上:“道德仁义,非礼不成。”郑玄注:“道者,通物之名;德者,得理之称。”

〔二〕陶弘景曰:混,同也。谓先考诗书之言,以同己说,然后损益时事,议论去就也。　○尹桐阳曰:说文:混,丰流也。混说者,谓百家众流之说,即汉书艺文志所谓九流者。众流不如诗书之醇粹,故云损益。书、益为韵。益读亦也。非者去之,是者就之。　**按**:混,陶言时事,尹言诸子百家。或结合实践,或考诸理论,各有侧重,两说皆通。

〔三〕陶弘景曰:内谓情内,外谓情外。得情自合,失情自去,此盖理之常也。言善知内外者,必明识道术之数。　○尹桐阳曰:合同拾，掇取也。用内，用纳也。外即去耳。说文："外，远也。"吕览："有度则贪污之利外矣。"注：外，弃也。淮南精神："外此，其余无足利也。"注："外，犹除也。"远、弃、除，皆有去义者。又曰：中经篇曰："本经记事者纪道数。"然则道数者，斥本经阴符言耳。　**按**：内，即纳。外内，指去君或入君。道数，这里指鬼谷学说。

〔四〕陶弘景曰：预揣来事，见疑能决也。　○尹桐阳曰：揣同椯，棰也。策，说文亦云马棰。诀，决也。　○郑杰文曰：揣策即揣测。　**按**：揣，即揣测；策，计谋。礼记仲尼燕居："田猎戎事失其策。"注："策，谋也。"揣策当分言，先揣后策，然后决之，故下文云"策而无失计"。

〔五〕陶弘景曰：既能明道数，故策无失计。策无失计，乃立功建德也。　○尹桐阳曰：内、外、诀、计为韵，事、德亦为韵。　○俞棪曰：淮南子修务训曰："苏援世事，分白黑利害；筹策得失，以观祸福；设仪立度，可以为法则，穷道本末，究事之情。"许慎注曰："苏，犹索；援，别也。"又说苑曰："夫知者举事也。满则虑溢，平则虑险，安则虑危，曲则虑直。由重其豫，惟恐不及。是以百举而不陷也。"鬼谷所谓揣策来事，亦谓其豫也。

【校】

①道藏诸本脱"忠信"二字。

②"议论去就"，道藏本、皆川本作"议去论就"。

③决，道藏本作"诀"。

治名[①]入产业，曰：揵而内合〔一〕。上暗不治，下乱不寤，揵而反之〔二〕。内自得而外不留，说而飞之〔三〕。若命自来，己迎而御之〔四〕；若欲去之，因危与之〔五〕。环转因化，莫知[②]所为，退为大仪〔六〕。

【注】

〔一〕陶弘景曰：理君臣之名，使上下有序；入贡赋之业，使远近无差。上下有序则职分明，远近无差则徭役简，如此则为国之基日固，故曰揵而内合也。　○尹桐阳曰：外民来归谓之入。曰同汩，治也。不治之，反词。入与下文合为韵。又曰：内合以求进取。　○萧登福曰：入产业，谓厘定税收。揵而内合，谓能以谋略内合于君。　○郑杰文曰：治名，代指整顿朝纲；入产业，代指治理民众。　**按**：此言既能帮助国君处理好君臣之间的关系，又能助其治理民众，才能合于君而结之。陶、郑各有侧重，并通。

〔二〕陶弘景曰：上暗不治其任，下乱不寤其萌，如此天下无邦，域中旷主。兼昧者，可行其事；侮亡者，由是而兴，故曰揵而反之。○尹桐阳曰：反之则外而除去其暗。乱、治、之为韵。　**按**：言若国君昏昧，国家不得治理，臣民作乱，国君尚不悟而觉察，则计谋取代他，抵巇所谓"可抵而得"是也。

〔三〕陶弘景曰：言自贤之主，自以所行为得，而外不留贤者之说。如此者，则为作声誉而飞扬之，以钓其欢心也。　○高金体曰：反之者，外合也。世主自得而不留于客，则飞扬远誉以钓其心。○尹桐阳曰：不，否也，谓不自得。不与下文之、来为韵。又曰：是即鹖冠子所谓飞语者。留，同擂，引也。留说而飞之者，言于外，不自得之主；引说而飞扬之，使外亦能自得。与飞箝篇"钩箝之辞，飞而箝之"词意略同。李令琛书史百家对：吕韦博识，载摛悬市之文。鬼谷多才，爰仿飞籀之作。以籀为留，借字耳。　○萧登福曰：对于那些内心自以为是而不能留意贤人之说的君主，我们只能先制造声誉去颂扬他，以钓取他的欢心，观察他的变化。　**按**：内自得，内心中自以为得；外不留，别人进言，不被采纳。飞，假意赞扬、称颂。

〔四〕陶弘景曰：君心既善己，必自有命来召，己则迎而御之，以行其志也。　○高金体曰：己迎而御之，既来相迎，则御之以行。　○尹桐阳曰：自同臮，与也。尔雅作暨。来，赉也。御同讶，迎也。若君善己而有命，以赉与之，己则迎讶而受之，便行其志。御与下文去、与为韵。　○郑杰文曰：若命自来，谓如果君主有命令诏求我们去。　**按**：言若有令诏己，则迎而御之，以行己志也。

〔五〕陶弘景曰：翔而后集，意欲去之，因其将危与之辞矣。　○高金体曰：因危与之者，因其自危而御之，为危不施救也。　○俞樾曰：危读为诡。古字诡与危通。汉书天文志"司诡星出正西"，史记天官书诡作危，淮南说林篇"尺寸虽齐必有诡"，文子上德篇诡作危，并其证也。文选幽通赋："变化故而相诡兮。"曹大家注曰："诡，反也。"淮南齐俗篇："礼乐相诡，服制相反。"是诡与反同。"若欲去之，因危与之"，犹反应篇所谓"欲高反下，欲取反与"也。　○尹桐阳曰：危与，高举也。高举，谓不仕。　**按**：此言若欲去而言己将危君，君自放行，下文"环转"是也。俞樾说亦可参。

〔六〕陶弘景曰：去就之际，反覆量宜，如圆环之转，因彼变化。虽优者莫知其所为，如是而退，可谓全身大仪。仪者，法也。　○高金体曰：仪，刑也。为物之典则。　○尹桐阳曰：之，识也。莫之所为，犹云莫识所为。仪同献，贤也。化、为、仪为韵。　○俞棪曰：荀子非相篇曰："凡说之难，以至高遇至卑，以至治接至乱，未可直至也。远举则病缪，近世则病佣。善者于是间也，亦必远举而不缪，近世而不佣。与时迁徙，与世偃仰，缓急嬴绌，府然若渠匽檃栝之于己也。曲得所谓焉，然而不折伤。故君子之度己则以绳，接人则用枻（或曰枻当为拽。韩愈云：枻者，檠枻也，正弓弩之器也）。度己以绳，故足以为天下法则矣；接人用枻，故能宽容因求以成天下之大事矣。故君子贤而能容众，知而能容愚，博而能容浅，粹而能容杂，夫是之谓兼术。”荀子兹论，与本篇盖互相发明者也。　○萧登福曰：总之，说服人君者，对于离去或就任，都须像圆环一样旋转不已，随着时宜而变化，让人不能知道他的作为，如此可以说是能懂得全身而退的大法则了。　**按**：此承上文如何全身而退而言。

【校】

①名，道藏本、俞樾新注、尹桐阳新释皆作“民”。皆川本作“明”，误。

②知，尹桐阳鬼谷子新释作“之”，误。下注同。

抵巇第四[①]

陶弘景曰：抵，击实也；巇，衅隙也。墙崩因隙，器坏因衅，方其衅隙而击实之，则墙器不败，若不可救，因而除之，更有所营置，人事亦犹是也。　○归有光曰：巇，音僖，山险也，间隙也。　○尹桐阳曰：文选贾谊鹏鸟赋："乘流则逝兮，得坻则止。"抵字当同坻，堵塞之谓。　○萧登福曰：抵巇篇即在教我们如何去弥缝事情的缝隙，使事情免于溃败。　○郑杰文曰：抵巇是一种或弥补缝隙、或从缝隙入手破坏某事物的处世术。按：巇，缝隙。抵巇即弥补缝隙。一说即抵隵，汉书杜业传赞："业因势而抵隵。"服虔曰："抵音纸，隵音羲。苏秦书有此法。"颜师古注："抵，击也；隵，毁也。隵音诡。一说读与戏同，许宜反，亦险也。言击其危险之处。鬼谷有抵戏篇也。"言击其危险之处，亦即乘人之危而攻击之。则抵隵非抵巇也。

抵巇即弥补缝隙。本篇言弥补缝隙之原理与方法，结构上由两个部分所组成：

首言抵巇之理，"巇始有朕，可抵而塞，可抵而却，可抵而息，可抵而匿，可抵而得。此谓抵巇之理也"。次言抵巇之法有二："或抵而塞之"，"或抵而得之"。缝隙不大，尚可挽救，则抵而塞之；缝隙太大，已无法挽救，则抵而得之。善用此者，则无往而不胜。

【校】

①秦恩复曰："巇"，太平御览引作"攕"。

物有自然，事有合离〔一〕。有近而不可见，有①远而可知。近而不可见者，不察其辞也。远而可知者，反往以验来也〔二〕。巇者，罅也。罅者，峒也。峒者，成大隙也〔三〕。巇始有朕，可抵而塞，可抵而却，可抵而息，可抵而匿，可抵而得。此谓抵巇之理也〔四〕②。

【注】

〔一〕陶弘景曰：此言合离者，乃自然之理。　○乐壹曰：自然，继本名也。（文选卷二十五李善注引鬼谷子云）　○罗大经曰：此是一篇冒头开口，不如此便直突了。（诸子汇函引作康砺峰曰。按：归氏误引。罗大经为宋人，康为明人。当为康引罗说。）

按：自然，非人为的，天然。此言人事合离像物自然而生一样，非人力之所能为。乐壹所云之"本"，即老子之"道"。王安石临川集六十八老子："本者，出之自然，故不假乎人之力而万物以生也。"

〔二〕陶弘景曰：察辞观行则近情可见，反往验来则远事可知。古犹今也。故反考往古则可验来今，故曰反往以验来也。　○俞樾曰：杨子法言曰："君子之言，幽必验乎明，远必验乎近，大必验乎小，微必验乎著。无验而言之谓妄。"　○郑杰文曰：反往，考察事件的历史成因、历史过程。验来，以历史过程比证今天的发展，以掌握其规律。又曰：此段文字与下文不连属，或反应篇文误入此者。　　**按**:反往以验来,言返回历史,寻找历史上同类事例的解决办法,或经验、或教训,来比证今天。郑疑此为反应篇文,可参。捭阖、反应、内揵、抵巇、飞箝、忤合六篇之间,存在相互称引现象。内揵:"内自得而外不留,说而飞之。"即"飞箝"之术。抵巇曰"察之以捭阖",飞箝亦曰"其事用抵巇",忤合曰"必先谋虑计定,而后行之飞箝之术"等,皆可证此六篇原为一个整体,而各有侧重。

〔三〕陶弘景曰:隙大则崩毁将至,故宜有以抵之也。　○张东沙曰:解"巇"之一字,反覆重复,如此详明。　○俞樾曰:古本巇、峒二字,当皆不从山。文选蜀都赋:"剧谈戏论。"刘逵注曰:"鬼谷先生书有抵戏篇。"是"巇"字古止作"戏"也。巇且不从山,峒字从可知也。　○尹桐阳曰:巇,说文作戏,兵也。此释罅者,戏、罅叠韵通用耳。罅同墉,坼也。下故以峒释之。又曰:峒,说文作间,隙也,从门中见月。罅、隙为韵。峒与上文见亦为韵。

按:此言事物皆会由小到大,若处理不善,后果不同。

〔四〕陶弘景曰:眹者,隙之将兆,谓其微也。自中成嘉庆本"中成"后涉陶注而衍一"隙"字。者,可抵而塞;自外来者,可抵而却;自下生者,可抵而息;其萌微者,可抵而匿;都不可治嘉庆本"治"避顺治讳而作"捄"。者,可抵而得。深知此五者,然后尽道藏本、乾隆本、四部丛刊本皆作"善"。抵巇之理也。　○高金体曰:自中成者,可塞;自外来者,可却;自下生者,可息;其萌微者,可匿;都不可治者,可得。　○闵如霖曰:事起必有眹。其始之微,如一隙之可抵而塞也。细微不谨,至于不可为力难矣。(诸子汇函引作王凤洲曰)　○尹桐阳曰:考工记函人曰:"视其朕,欲其直也。"戴慎补注:"舟之缝理曰朕。"故札续之缝,亦谓之朕。又说文"瞽"字下云:"目但有朕也。"周礼春官序官"瞽矇"注:"无目眹谓之瞽。"则误作眹。朕、眹古今字耳。说文新附剔出"眹"字训为目精,谬矣。抵同坻,小渚也。小渚可以止水,因有堵塞之义。塞与息、得、理为韵。　　按:鬼谷书依阴阳立论,此五者亦当如此。前四者总归为"塞",避免事态进一步扩大;后一归为"得",取而代之也。合而观之,谓抵巇之理也。下文所谓"五帝之政,抵而塞之;三王之事,抵而得之"即此。然"塞"占其四,不得已才"得"之,此见"塞"之占主导。

【校】

①道藏诸本无"有"字。

②俞樾以为此句错简,当在"抵巇隙,为道术"之下。俞说出于己意,无版本依据。

事之危也,圣人知之,独保其身①。因化说事,通达计谋,以识细微〔一〕。经起秋毫之末,挥之于太山之本〔二〕。其施外,兆萌牙蘖之谋,皆由抵巇。抵巇之隙②,为道术用〔三〕。

【注】

〔一〕陶弘景曰:形而上者,谓之圣人。故危兆才形,朗然先觉,既明且哲,故独保其身也。因化说事,随机逞术,通达计谋以经纬,识细微而预防之也。　　○尹桐阳曰:危、知为韵。保同搯,引也。又曰:(因化说事),言与事皆因化也。识与上文事、谋为韵,半句与全句叶法也。　　○俞樾曰:文选注引。按:中庸曰:"国有道,其言足以兴;国无道,其默足以容。诗曰:既明且哲,以保其身。"此言处危之道也。又礼记孔子闲居篇曰:"四方有败,必先知之。"此之谓圣人知之也。又按:王弼明爻适变通爻曰:"避险尚远,趋时贵近。"能知此者,故能独保其用。　　○萧登福曰:因,依也,顺也。"因化说事",意谓能随顺着事情的变化而去进行说服的工作。　　**按**:此言辨识缝隙的方法。言若出现危情,圣人知欲明哲保身。要根据变化来论事,熟悉运用计谋来辨识细微的缝隙。尹所说搯,即抽。

〔二〕陶弘景曰:汉高奋布衣以登皇极,殷汤由百里而取万邦。经,始也;挥,发也。道藏诸本作"汉高祖以布衣登皇帝位,殷汤由百里而驭万邦。经,始也;挥,动也",与嘉庆本字句多有出入。　　〇冯叔吉曰:上秋毫、太山用来恰妙。自古国家土崩之解,祸如丘山,其始不过一隙之微,使能抵之于早,识其细微而图之,又何危乱之有。(诸子汇函引作杨升庵曰)　　〇尹桐阳曰:总题上文,名之曰"经"。下其"说"耳。言由小而成大,如汤以七十里、文王以百里而有天下。挥,奋也;本,颠也。末、本为韵。本读犮也。荀子荣辱:"鲦鉢者,浮阳之鱼也。"注:"鉢盖当为鲅。"　　〇俞棪曰:庄子齐物论曰:"天下莫大于秋毫之末,而太山为小。"又韩诗外传曰:"闻其末而达其本者,圣也。"　　**按**:经,常。书大禹谟:"与其杀不辜,宁失不经。"传:"经,常。"挥,抛洒,甩出,这里指撼动,毁。言事理常常是由细小的状态而起,发展下去会撼动泰山的根基。尹单分说"经"为文体,且还有"说",于义未合。

〔三〕陶弘景曰:宫乱政施外兆萌牙蘖之时,智谋因此而起,盖由善抵巇之理。故能不失其机。然则巇隙既发,乃可行道术,故曰:"巇隙为道术用也。"　　〇尹桐阳曰:外同燮,治也。施外,犹云行治。庄子山木:"是故其行列不斥而外。"斥即逆乱也。外亦与燮同。外与下文蘖、术为韵。又曰:兆萌即众氓,众民之称。牙,说文作"芽",草牙也。蘖,即孽,伐木余也。广雅释草:芽,蘖也。蘖亦即孽。说文:櫱之别体。道,治也。　　〇俞棪曰:鹖冠子著希篇曰:"夫乱世者以麤智为造意,以中险为道,以利为情。"陆佃注:"中险,司巇也。"又天则篇曰:"见间则以奇相御人之情也。"陆佃注:间,巇隙也。方其键闭,虽有奇计,安得而抵之哉?又按:杨子法言曰:“或问蒯通抵韩信,不能下,又狂之。曰:‘方遭信闭,如其抵。’曰:‘巇可抵乎?’曰:‘贤者司札,小人司巇,况拊键乎?’”若杨子云者,盖深明抵巇之理者也。其言小人者,偏见也。又按:汉书杜业传赞曰:“业因势而抵陒。”服虔曰:“抵音纸,陒音羲。苏秦书有此法。”颜师古注:“抵,击也。陒,毁也。陒音诡。一说读与戏同,许宜反,亦险也。言击其危险之处。鬼谷有抵戏篇也。”又按:淮南子人间训曰:“居智所为,行智所之,事智所秉,动智所由,谓之道。”此之谓抵巇为道术也。　○萧登福曰:那些办理政治的人,不能内顾,只务外事,国家将混乱的征兆已经呈现了,各种谋略因之而起,也都须由抵塞隙漏的方式来平息它。抵隙是运用道术来治国的一种技巧。　**按**:兆萌,即微小的征兆,喻事物出现微小的缝隙;牙蘖,即小芽,像刚出的小芽一样,喻新的小计谋、小对策。言施策于外,要根据抵巇的原理,在事物处于萌芽状态时,及时发现其罅隙,并想出新的小计谋来堵塞它。善于发现并抵塞小缝隙,是抵巇根本的方法。萧依陶注立说,未尽其旨。

【校】

①太平御览引“身”作“用”,道藏诸本、诸子汇函本、品汇释评本皆作“用”。陶注云“故独保其身也”,则陶所见本作“身”。

②“隙”字前,道藏诸本无“之”字。

天下纷错,士无明主[①],公侯无道德,则小人谗贼;贤人不用,圣人窜匿,贪利诈伪者作;君臣相惑,土崩瓦解而相伐射;父子离散,乖乱反目,是谓萌芽[②]巇罅〔一〕。圣人见萌芽[③]巇罅,则抵之以法。世可以治则抵而塞之,不可治则抵而得之。或抵如此,或抵如彼。或抵反之,或抵覆之〔二〕。

五帝之政，抵而塞之。三王之事，抵而得之〔三〕。诸侯相抵，不可胜数。当此之时，能抵为右〔四〕。

【注】

〔一〕陶弘景曰：此谓乱政萌牙，为国之巇罅。伐射，谓相攻伐而激射也。　○林希元曰：战国之诸侯，地丑德齐，莫能相尚。就其抵者，不过少知审法自强而已，不足道也。　○尹桐阳曰：分，纷也。错同藉，草不编，狼藉。汉书刘屈氂传："事籍籍如此。"注："犹纷纷也。"籍与藉同。错与下文作、射、罅为韵。又曰：伐射，犹云伐取。萌，草芽也。德、贼、惑为韵。散、乱，全句与半句韵也。　**按**：纷错，错乱，杂乱。楚辞汉刘向九叹忧苦："思余俗之流风兮，心纷错而不受。"作，起。乖，背离，不一致。反目，指不和。易小畜："夫妻反目。"疏："夫妻乖戾，故反目相视。"此言四种罅隙：天下混乱，士无明君，公侯等道德失范，有此罅隙，则必有小人谗言陷害忠良；贤人不用，圣人隐居躲避，有此罅隙，则贪图利禄、弄虚作假之人必起；君臣彼此不信任，互相欺瞒，有此罅隙，国家必将土崩瓦解，人与人互相攻击残杀必将来临；父子不同心，意见不一致，也为罅隙，如果利用，必能使之反目成仇。以上种种情况，皆可称之为"萌芽巇罅"。

〔二〕陶弘景曰：如此谓抵而塞之，如彼谓抵而得之。反之谓助之为理，覆之谓自取其国。　○尹桐阳曰：则同𡊄，遏遮也。𡊄，抵之以法者，下文所云是。罅、法为韵。得，说文作导，取也。如，塞也。广雅释诂三作絮。又曰：政教更新曰抵反，仍行故道曰抵覆。覆与上文治、塞、得为韵。覆读畐也。　**按**：此言抵巇的两种方法，一为缝隙可补，则抵而塞之；一为缝隙不可补，则抵而代之。

〔三〕陶弘景曰：五帝之政，世犹可理，故曰抵而塞之，是以有禅让之事。三王之事，世不可理，故曰抵而得之，是以有征伐之事。　○王敬所曰：塞之者，如救弊补偏之说，以五帝三王之事照之便明。　○尹桐阳曰：五帝之政，世犹可治，故抵而塞之。三王之时，世不可治，则当征诛以取其国，故曰抵而得之。　**按**：五帝有数说，易系辞下以为是伏羲、神农、黄帝、尧、舜；世本五帝谱、大戴礼记五帝德、史记五帝本纪皆以为是黄帝、颛顼、帝喾、尧、舜；帝王世纪以为是少昊、颛顼（高阳）、高辛、尧、舜。周礼春官小宗伯："兆五帝于四郊。"注曰太昊、炎帝、黄帝、少昊、颛顼为五天帝。徐旭生曰："先秦时代对于五帝的说法只有东西两种。"东方五帝说同世本、大戴礼记、史记的说法；西方五帝说是少皞、太皞、黄帝、炎帝、舜。（中国古史的传说时代，文物出版社一九八五年版）三王：夏禹、商汤、周文武等三代之王。亦谓禹、汤、文王。

〔四〕陶弘景曰：谓五伯时。右，由上也。　○尹桐阳曰：此即上文所谓抵却、抵息、抵如此、抵如彼者，战国时之合纵、连横是也。右，尊也，上也。时、右为韵。　**按**：当此之时，意即当有罅隙之时。尹说牵强。

【校】

①纷，道藏诸本作"分"。士，原作"上"，劳权校作"土"，"土"乃"士"之误。后文公侯、小人、贤人、圣人、贪利诈伪者云云，则此处亦对应为人。今据改。

②芽，道藏诸本、嘉庆本、陶注皆作"牙"。诸子汇函本、品汇释评本作"芽"。下文作"萌芽巇罅"。依下文，当作"芽"。今据改。

③芽，道藏本、乾隆本作"牙"。

自天地之合离、终始，必有巇隙，不可不察也〔一〕。察之以捭阖，能用此道，圣人也〔二〕。圣人者，天地之使也〔三〕。世无可抵，则深隐而待时；时有可抵，则为之谋。此道可以上合①，可以检下〔四〕。能因能循，为天地守神〔五〕。

【注】

〔一〕陶弘景曰:合离谓否泰,言天地之道正观,尚有否泰为之巇隙,而况于人乎!故曰不可不察也。　○尹桐阳曰:合离谓闭开,终始谓阴阳。　○萧登福曰:庄子则阳篇:"天地者,形之大者也。"列子汤问篇:"天地亦物也。"公孙龙子名实篇:"天地与其所产焉,物也。"天地为"物","物"与"道"是相对的。在先秦诸子中,大都认为天地虽然极广大极精微,但仍然在"物"中,仍然属于现象界,而不是"道",不是本体。天地既是"物",因此天地虽大,仍然会有"离""合"、"终""始"。有"离""合"、"终""始",即有巇隙可寻。　**按**:天地,天地之间,此泛言世间。言世间万事万物皆有合、离与终、始,既如此,必有巇隙,不可不看到这一点。尹以"捭阖"之道作解,甚是。

〔二〕陶弘景曰:捭阖亦否泰也。体大道以经人事者,圣人也。　○张周田曰:即天地之必有巇隙,因以明道,归之圣人。　○尹桐阳曰:离、始为捭,合、终为阖。　**按**:此以"捭阖"御"抵巇"。鬼谷子反应、内揵、抵巇、飞箝、忤合均以捭阖篇立论。捭阖是总纲,此为一例。

〔三〕陶弘景曰:后天而奉天时,故曰天地之使也。

〔四〕陶弘景曰:上合谓抵而塞之,助时为治;检下谓抵而得之,使来归己也。　○袁了凡曰:"时"之一字,用亦不偶。　○尹桐阳曰:可同柯,柄也。时、谋与上文使为韵。检,敛也。合、检,句中韵。　○俞樾曰:论语曰:"宁武子,邦有道则知,邦无道则愚。其知可及也,其愚不可及也。"又曰:"用之则行,舍之则藏。""危邦不入,乱邦不居。天下有道则见,无道则隐。""邦有道,贫且贱焉,耻也;邦无道,富且贵焉,耻也。"又荀子宥坐篇引孔子曰:"君子博学、深谋、修身、端行,以俟其时。"鬼谷此言,皆儒家之绪论也。　○郑杰文曰:检,制也,孟子梁惠王上"狗彘食人食而不知检”之“检”即此意。又曰：检下，即挟制下人。　　**按**：此言运用抵巇须等待时机。可同柯，尹曲解。俞棪以鬼谷亦言“隐”，而曰其为“儒家之绪论”，不确。先秦时期存在诸子参与共同话题的讨论并发表各自看法的现象，“隐”即为其一。鬼谷从抵巇角度谈“隐”，儒家从“无道”谈“隐”，亦各自对“隐”发表议论，不可遽以为鬼谷承儒学之余绪也，亦正可证鬼谷子出于先秦时期，而非后世伪托也。检，约束。

〔五〕陶弘景曰：言能因循此道，则大宝之位可居，故能为天地守其神化秦恩复曰：（陶）注“神化”，鲍本作“神祀”。俞樾诸子平议补录亦作“神祀”。也。　　○俞樾曰：国语鲁语曰：“山川之灵，足以纪纲天下者，其守为神。社稷之守为公侯。”故此云为天地守神。注谓为“天地守其神祀”，失之。　　○尹桐阳曰：神，重也，谓大宝，老子谓之神器。前汉书司马迁传：“道家以因循为用。”师古曰：“任自然也。”慎子有因循篇。因、循、神为韵。　　○萧登福曰：能因袭遵循抵隙道理的人，便能居高位，替天地守神祀。　　**按**：因，鬼谷子重要概念，意即根据客观实际做出相应的行动。忤合云：“反覆相求，因事为制。”谋篇曰：“愚者易蔽也，不肖者易惧也，贪者易诱也，是因事而裁之。”皆同此。循，因也。此言能根据具体情况，及时运用抵巇之术。“道家以因循为用”，言道家守旧法而不加变更。尹以此为说，不妥。萧说未尽其意。

【校】

①“可以上合”前，原脱“此道”二字。今依劳权校改。

飞箝第五

陶弘景曰:飞,谓作声誉以飞扬之;箝,谓牵持缄束令不得脱也。言取人之道,先作声誉以飞扬之,彼必露情竭志而无隐,然后因其所好,牵持缄束,令不得转移也。 ○归有光曰:箝,劫束也,锁头也,龠也。龠音摄,箝也。 ○杨慎曰:飞箝之术,就言语上体任,更为逼真。 ○尹桐阳曰:周礼典同:"微音韽。"注:"韽声小不成也。读为飞钻涅韽之韽。"疏以飞钻,即鬼谷子飞箝。鹖冠子又谓之飞语,盖取篇中"飞而箝之"、"钩箝之语"二句以为名者。则战国及郑君时,鬼谷书之盛行无疑。飞,扬也,谓声誉爵禄之类。箝,说文作钳,以铁有所劫束也。集韵:"箝,或作箝。"则字或以箝为之。 ○萧登福曰:飞,是造作声誉;箝,是箝制。飞箝,是运用言辞技巧,替对方造作声誉,为他宣传,以此来赢取对方竭诚的感激,而后再以各种技巧来箝制他,使他为我们所用。 **按**:飞箝,研究人之好恶,俟其竭情无隐,因而钳持之。周礼春官典同:"微音韽。"唐贾公彦疏:"鬼谷子有飞钳、揣摩之篇,皆言从(纵)横辨说之术。飞钳者,言察是非语,飞而钳持之。""飞箝"即先"飞"后"箝",用夸奖对方的手段,使他暴露实情,从而达到控制人的一种制人之术。本篇言飞箝原理、方法及在实际运用过程中针对不同对象需要注意的问题，结构上由三个部分所组成：

先言飞箝原理，即“引钩箝之辞，飞而箝之”。次言使用飞箝的方法，主要有：“或先征之而后重累，或先重以累而后毁之”；“或以重累为毁，或以毁为重累”；“或称财货、琦玮、珠玉、璧帛、采色以事之”；“或量能立势以钩之”；“或伺候见峒而箝之”等。最后言在具体实施过程中，须针对不同对象而行飞箝之术。文中列举了“用之于天下”、“用之于人”两种对象须注意之事项。

凡度权量能，所以征远来近〔一〕。立势而制事，必先察同异①，别是非之语〔二〕，见内外之辞，知有无之数〔三〕，决安危之计，定亲疏之事〔四〕。然后乃权量之。其有隐括，乃可征，乃可求，乃可用〔五〕。

【注】

〔一〕陶弘景曰：凡度其权略，量其材能，为作声誉者，所以征远而来近也。谓贤者所在，或远或近，以此征来，若燕昭尊郭隗，即其事也。　○叶重第曰：此篇开篇凡制事必先度量之，亦是探取钩索之法。文字错落，可喜可喜。　○高金体曰：苏季子所谓“揣摩成”者，即此术也。　○尹桐阳曰：捭阖篇曰：“度权量能，校其伎巧短长。”能与下文事、异、辞为韵。又曰，征，召也。

按：此言欲“立势而制事”，必先以度权量能、征远来近为之基。揣情得实，乃鬼谷子立论基础。运用“飞箝”术即以此为基础，非陶说若燕昭尊郭隗事也。桑说正得其意。

〔二〕陶弘景曰：言远近既至，乃立赏罚之势，制能否之事。事、势既立，必先察党与之同异，别言语之是非。　○尹桐阳曰：捭阖篇曰："开而示之者，同其情也；阖而闭之者，异其诚也。"　○俞棪曰：易同人曰："君子以类族辨物。"又礼记仲尼燕居篇曰："辨说得其党。"又韩诗外传曰："辩者别殊类，使不相害；序异端，使不相悖。输公通意，扬其所谓，使人预知焉，不务相违也。是以辩者，不失其所守；不胜者，得其所求。故辩可观也。"此立势制事之道也。　○萧登福曰：立势，谓树立权势；制事，谓制定事物之规范制度。　**按**：势，权势，态势。书君陈："无依势作威。"孙子计："计利以听，乃为之势，以佐其外。"

〔三〕陶弘景曰：外谓虚无，"虚无"，道藏本、乾隆本作"浮虚"。内谓情实。有无谓道术能否。又必见其情伪之辞，知其能否之数也。　○尹桐阳曰：内揵篇曰："欲合者用内，欲去者用外。"又曰：捭阖篇曰："审定有无以其实虚。"　○俞棪曰：韩非备内篇曰："远听而近视，以审内外之失。省同异之言，以知朋党之分。偶叁伍之验，以责陈言之实。"此说与鬼谷完全相合。　**按**：尹说引内揵解内、外，捭阖解有、无，甚是。鬼谷子自捭阖、反应、内揵、抵巇、飞箝、忤合六篇，相互征引，相互解说，连为一体。此又一证。

〔四〕陶弘景曰：既察同异、别是非、见内外、知有无，然后与之决安危之计，定亲疏之事，则贤不肖可知也。　○尹桐阳曰：抵巇篇曰："事之危也，圣人知之。"又曰：内揵篇曰："君臣上下之事，有远而亲，近而疏。"

〔五〕陶弘景曰：权之所以知其轻重，量之所以知其长短。轻重既分，长短又形，乃施隐括以辅其曲直。如此，则征之又可，求之亦可，用之亦可。　○尹桐阳曰：权，所以量物。又曰：其有，己有也；隐，定也，决也。说文作"㥯括"，即铦断也。说者以檃括释之，误矣。括与上文计为韵。又曰：求，纠也。　**按**：隐括，也作檃括、檃栝、檃栝，原指矫正竹木弯曲的工具。荀子性恶："故枸木必将待檃栝烝矫然后直。”淮南子修务：“木直中绳，揉以为轮，其曲中规，檃括之力。”这里借指对同异、是非、内外、有无加以剪裁或修改。

【校】

①秦恩复云：“同异”下据注脱“之党”二字。俞樾同。劳权校无“而”字。

引[①]钩箝之辞，飞而箝之〔一〕；钩箝之语，其说辞也，乍同乍异〔二〕。其不可善[②]者，或先征之而后重累〔三〕，或先重以[③]累而后毁之〔四〕。或以重累为毁，或以毁为重累〔五〕。其用或称财货、琦玮、珠玉、璧帛[④]、采色以事之〔六〕，或量能立势以钩之〔七〕，或伺候见啁而箝之〔八〕，其事用抵巇〔九〕。

【注】

〔一〕陶弘景曰：钩谓诱致其情。言人之材性，各有差品，故钩箝之辞，亦有等级。故内感而得其情曰钩，外誉而得其情曰飞。得情则箝持之，令不得脱移，故曰钩箝，故曰飞箝。　○王维祯曰：飞箝之术，就言语上体认，更为迫切，词气亦甚漂洒。（诸子汇函引作杨慎曰）　○尹桐阳曰：谓可用，或可引也。引即下文所谓可引而东西南北及反覆是。征、引为韵。引读朕也。周礼春官序官“瞽矇”注：“无目眹谓之瞽。”后汉书卢植传注作：“目无眳曰瞽。”又曰：钩，曲钩也。钩之则物不得脱，与钳义相近。辞同辤，不受也，即下文所谓不可善者。赵广汉善为钩距术，盖出此。又曰：欲抑先扬，道家所贵。故钩钳之不受，则先飞扬之以动其心。下文所谓重累及毁是。　○俞樾曰：意林引太公六韬曰：“辨言巧辞，善毁善誉者，名曰间谍飞言之士。”飞箝者，飞言以箝取之，使同于我也。　**按**：钩，诱致。注谓“人性差品”、“言辞等级”云云,是以其时观念释之,未为妥当。然亦反证,其注为陶弘景所作,非后世谓为尹知章作也。汉书赵广汉传:"尤善为钩距,以得事情。钩距者,设欲知马价,则先问狗,已,问羊,又问牛,然后及马。参伍其贾,以类相准,则知马之贵贱不失实矣。"注引晋灼:"钩,致;距,闭也。使对者无疑,若不问而自知,众莫觉所由以闭,其术为距也。"则钩距意即反复调查。尹说赵广汉善钩距之法,源出鬼谷,甚是。俞棪曰"使同于我",未为恰当。

〔二〕陶弘景曰:谓说钩箝之辞,或捭而同之,或阖而异之,故曰乍同乍异也。 ○尹桐阳曰:捭之以同其情,阖之以异其诚。辞同词,说也,言语也。辞、异为韵。 **按**:乍,忽然。孟子公孙丑上:"今人乍见孺子将入于井,皆有怵惕恻隐之心。"言飞箝之辞作为说辞,而要根据情势千变万化。陶、尹皆以捭阖立说,甚是。

〔三〕陶弘景曰:不可善,谓钩箝之辞所不能动。如此者,必先命征召之;重累者,谓其人既至,然后状其材道藏诸本、嘉靖钞本"然后状其材"后均衍"其人既至,然后都状其材"十字。术所有,知其所能,人或因此从化也。 ○高金体曰:不可善者,言难动之人也。先征之而后重累者,先以嘉言召之而后以重累之事迫之,令必从也。 ○尹桐阳曰:善同蝙,摇动也。方言十二:摇,扇疾也。则扇固有摇义者。字以扇为之。又曰:累,说文作絫,谓諈诿也。尔雅释言:諈诿,累也。注:"以事相属累为諈诿。"孙炎注:"楚人曰諈,秦人曰诿。"累与下文毁为韵。累读纍也。 ○俞棪曰:中庸曰:"上焉者,虽善无征,无征不信。"又按:说文:"重,厚也。"段注:"厚,斯重也。引申之为郑重、重叠。"又杨倞注荀子:"重,多也。"又按:战国策曰:"语曰:论不修心,议不累物。"又曰:"辍而弃之,怨而累之。"又俞樾古书疑义举例曰:"礼记曲礼篇:'为大夫累之。'按:累之犹解之。累、解本叠韵字,荀子富国篇:'则和调累解。'累、解二字同义。……缓言之曰累解,急言之曰累。"俞说是也。　○萧登福曰：重累，谓累以重任，托以重任。　**按**：重累，即累之重，反复叠加。与“毁”相对。此指不断抬高。吕氏春秋行论：“诗曰：将欲毁之，必重累之；将欲踣之，必高举之。其此之谓乎？累矣而不毁，举矣而不踣，其唯有道者乎？”注曰：“累之重，乃易毁也，踣破也；举之高，乃易破也，以喻湣王骄乱甚，乃易破也。燕军攻高亦易破，使田单序其名也。”言对以飞箝之语难以相诱的，可以征召其来，不断抬高他的名誉地位，使其名不副实，为以后訾毁他作准备。陶说“人或因此从化也”，尹、俞、萧诸说，均未得其旨。

〔四〕陶弘景曰：或有虽都状其所有，犹未从化，然后就其材术短者訾毁之。人(或)[知]劳权校“或”作“知”。今从之。过而从之，无不知化也。　○高金体曰：先重累而后毁之者，益激之以从也。　○尹桐阳曰：毁，毇也。谓禄养。　○俞樾曰：说苑曰：“天将与之，必先苦之；天将毁之，必先累之。”此累、毁对举之说也。　**按**：此补上句先“重累”之目的。陶说以“化”立论，未得其旨，下同。杨说不妥，尹说误。

〔五〕陶弘景曰：或有状其所有，其短自形，此以重累为毁也；或有历说其短，材术便著，此以毁为重累也。为其人难动，故或重累之，或訾毁之。所以驱诱之，令从化也。　○康砺峰曰：意开阖，词清利，初学熟读可发才思。　○尹桐阳曰：为同贼，移，予也。　**按**：康说乃就文法言之，于义未申。

〔六〕陶弘景曰：其用谓人能劳权校改“能”为“既”。从化，将欲用之，必先知其性行好恶，动以财货采色者，欲知其人贪廉也。　○尹桐阳曰：称，举也，亦扬也。琦玮，奇异也。后汉书仲长统传：“琦赂宝货。”注：“琦，玮也。抱朴子曰：‘片玉可以琦，奚必俟盈尺也。’”白，同碧，石之青美者。采色，合音为色。与单云色义同。朱骏声曰：“木有文，人所采用，因为五色之称。”其说误。事，使也。　　按：称，举。诗豳风七月："跻彼公堂，称彼兕觥。"琦玮，美玉。采色，绚丽成章的颜色。孟子梁惠王上："曰：为肥甘不足于口与？轻暖不足于体与？抑为采色不足视于目与？"尹对"白"作解，尹以道藏本为底本，故有此说。

〔七〕陶弘景曰：量其能之优劣，然后立去就之势，以钩其情，以知其智谋也。　　○尹桐阳曰：立，位也。　　按：尹说未达意。

〔八〕陶弘景曰：谓伺彼行事，见其峒隙而箝持之，以知其勇怯也。　○尹桐阳曰：说文："候，伺望也。"本经阴符七篇曰："听之候之也。"　　按：伺候，观察捕捉时机。陶说"伺彼行事，见其峒隙而箝持之"，意已说尽。"以知其勇怯"，形似蛇足，不合本意。

〔九〕陶弘景曰：谓此上事用抵巇之术而为之。　　○尹桐阳曰：事用，功用也。言使之抵巇以立功。　　按：此处以抵巇之术行飞箝之事，妙合无垠。

【校】

①引，劳权校作"别"，蓝格本亦作"别"。

②善，嘉靖钞本作"差"，讹。

③秦恩复曰：以字疑衍。上下文"重累"均连言，此不应分开。秦说是。

④帛，道藏诸本作"白"。

将欲用之[①]于天下，必度权量能，见天时之盛衰，制地形之广狭，岨崄之难易，人民货财之多少，诸侯之交孰亲孰疏、孰爱孰憎〔一〕。心意之虑怀，审其意，知其所好恶，乃就说其所重，以飞箝之辞，钩其所好，(乃)以箝求之〔二〕[②]。

【注】

〔一〕陶弘景曰："将用之于天下"，谓用飞箝之术，辅于帝王；"度权量能”，欲知帝王材能可辅成否，天时盛衰，地形广狭，人民多少，又欲知天时、地利、人和合其泰否，诸侯之交，亲疏爱憎，又欲知从否之众寡。　○陈后山曰：“用之于天下”一段，大开逸思，而捭阖处凿凿有据。（诸子汇函引作舒国裳曰）　○高金体曰：说士长伎，尽于此矣。　○尹桐阳曰：将欲，大欲也。用之天下者，谓用飞箝之术以并天下也。又曰：制，裁也。　○俞棪曰：孙子军争篇曰：“不知诸侯之谋者，不能豫交。”交者，谋之所向也。　○萧登福曰：岨通阻，嶮通险。岨嶮亦作阻嶮、阻险。列子杨朱篇云：“山川阻嶮，途径修远。”岨嶮，意谓地势阻难险峻。　**按**：此言飞箝之术必以知情为基础。此亦如反应篇所云：“得情不明，定基不审。”亦由此可知，反应所云“得情”也是飞箝术之基础。

〔二〕陶弘景曰：既审其虑怀，又知其好恶，然后就其所最重者而说之；又以飞箝之辞，钩其所好，既知其所好，乃箝而求之，所好不违，则何说而不行哉！　○罗大经曰：此下又为一段，写来若断若续，卒无断续之迹。（诸子汇函引作孙季泉曰）　○尹桐阳曰：疏、恶为韵，憎、意与下文辞亦为韵。憎读宰也，说文：“缯，籀文。从宰省声，作縡。”又曰：求，纠也。上文曰：“乃可求。”好、求为韵。　○俞棪曰：墨辩大取篇曰：“于事为之中，而权其轻重之谓求，求为是，非也。”　**按**：罗大经就文法立论，于义未申。此言行飞箝之术的原则：就其最重者说之。就对方眼前最关心的事情说起，才能钩住对方。

【校】

①道藏本、乾隆本“之”下无“于”字。

②道藏本、品汇释评本、诸子汇函本、乾隆本“以”前无“乃”字。此句前已有“乃就说其所重”，这里不应重复。今据改。俞棪新注自“心意之虑

怀”至“乃以箝求之”,在“乍同乍异”下。此句,前云“将欲用之天下”,后云“用之于人”。若将此句移开,则上下文意贯通,皆秉“度权量能”而言,无涉“飞箝”也。若按俞樾说,将其移至“乍同乍异”下,则前言“钩箝之辞,飞而箝之”、“钩箝之语”,此亦云“以钩箝之辞,钩其所好,以箝求之”,语意也正相连。俞说有理。这里仍承其旧。

用之于人,则量智能,权材力,料气势,为之枢机。以[①]迎之随之,以箝和之,以意宣[②]之,此飞箝之缀也〔一〕。用之[③]于人,则空往而实来,缀而不失,以究其辞。可箝而从,可箝而横;可引而东,可引而西;可引而南,可引而北;可引而反,可引而覆〔二〕。虽覆能复,不失其度〔三〕。

【注】

〔一〕陶弘景曰:用之于人,谓用飞箝之术于诸侯之国道藏诸本无“之国”二字。也,量智能、料气势者,亦欲知其智谋能否也。枢所以主门之动静,机所以制弩之放发,言既知其诸侯智谋能否,然后立法镇其动静,制其放发,犹枢之于门,机之于弩,或先而迎之,或后而随之,皆箝其情以和之,用其意以宣之,如此则诸侯之权可得而执,己之恩信道藏诸本“信”作“又”。可得而固,故曰飞箝之缀也,谓用飞箝之术连于人也。　○高金体曰:缀者,连而相从也。　○尹桐阳曰:于人,与人也。谓用飞箝之术,以合纵而连横。又曰:权,量也。能、力为韵。又曰:易系辞:“言行者,君子之枢机。枢机之发,荣辱之主也。”机与上文势为韵。随,同隓,飞也。又曰:箝之体有二,合之则和。又曰:意同啻,快也。宜,所安也。宜与上文随、和,下文缀为韵。缀读唾也,说文:“娺,读若唾。”子华子孔子赠叶移辍,其例同此。又曰:说文:“↓,钩,识也。”从反亅,读若罬。此缀即“罬”字。与↓通。飞箝之缀者,犹云飞箝之钩。　○

俞樾曰：王充论衡自纪篇曰："以圣典而示小雅，以雅言而说丘野，不得所晓，无不逆者。故苏秦精说于赵而李兑不说，商鞅以王说秦而孝公不用。夫不得心意所欲，虽尽尧舜之言，犹饮牛以酒，啖马以脯也。故鸿丽深懿之言，关于大而不通于小，不得已而强听，入胸者少。"此则用于人之说也。又按：庄子人间世篇曰："形莫若就，心莫若和。虽然，之二者有患。就不欲入，和不欲出。……彼且为婴儿，亦与之为婴儿；彼且为无町畦，亦与之为无町畦；彼且为无崖，亦与之为无崖。达之，入于无疵。……"又曰："汝不知夫养虎者乎，不敢以生物与之，为其杀之之怒也；不敢以全物与之，为其决之之怒也。时其饥饱，达其怒心，虎之与人异类，而独养己者，顺也。故其杀者，逆也。"此和箝宜意，飞缀之术也。　○萧登福曰："为之枢机"，意谓随时宜而运转对方，支配对方。又曰："飞箝之缀"，谓以飞箝之术连属其心。

按：缀，连而相从，高说是，尹说未尽意旨。

〔二〕陶弘景曰："用之于人"，谓以飞箝之术任使人也。我但以声誉飞扬之，故曰"空往"。彼则开心露情，归附于己，故曰"实来"。既得其情，必缀而勿失，又令敷奏以言，以究其辞。如此则从横、东西、南北、反覆，惟在己之箝引，无思不服也。　○舒芬曰：中间枝叶虽多，总是阴阳开阖之术。作事立说，皆本诸此。　○高金体曰：变化犹移，无不如意。　○尹桐阳曰：则，测也。谓用飞箝之术以测人。则与下文来、辞为韵。又曰：静默以得人实。失，同逸，兔逃也。究，穷也。又曰：上文云："乃可用。"引此申释之。从、东韵。北、覆亦为韵。　**按**：尹释"则"为"测"，误。

〔三〕陶弘景曰：虽有覆，败必复振；不失其节度，此飞箝之终也。

○尹桐阳曰：言此者所以明覆复之义一。虽与唯同。

【校】

①“以”上，嘉靖钞本有“飞”字。

②宜，道藏本作“宜”。

③道藏诸本无“之”字。

忤合第六

陶弘景曰:大道既隐,正道不得,坦然而行,故将合于此,必忤于彼。令其不疑,然后可行其意,若伊吕之去就是也。　○楼昉曰:凡作事有忤有合,圣人之制事也,先审时度势,凡所为适与事会,故曰"圣人先忤而后合"。众人率意恣情,视天下事无不可行者哉。一举手,便有挂碍,始似合而卒不可行,故曰"众人先合而后忤"。忤合二字总是"谋虑计定,行之以飞箝之术"。　○尹桐阳曰:忤,说文作"啎",屰也。此忤合连文以题篇。字当同伍,亦谓合耳。与云遇合同。意如篇中所谓伊尹合汤、吕尚合文王是也。管子七臣七主:"不啎则国失势。"注:"啎谓耦合也。"午、吾声转通用。　○萧登福曰:太平御览卷四百六十二引作"午合篇"。忤、午音同。相背为忤,相向为合。忤合旨在说明处天下纷扰、君臣际会之时的背向问题。良臣须择主而事,然而既有所择,便会有"忤"与"合"的问题发生。合于此者,一定忤于彼,反之亦然。君子必须善于处理去就之际,并必须以"飞箝"之术来寻找真正值得辅佐的君王。　○房立中曰:忤,抵触,背逆。庄子刻意:"无所于忤,虚之至之。"合,符合,不违背。荀子性恶:"合于文理,而归于治。"忤合,在这里是指以忤求合,先忤后合。

按：忤，抵触，不顺从。淮南子人间："故圣人先忤而后合，众人先合而后忤。"楼昉引淮南子人间作解，甚是。

相背为"忤"，相向为"合"。忤合即趋向与背反之术。全篇结构上由三个部分所组成：

首言忤合之原理，"凡趋合倍反，计有适合。化转环属，各有形势。反覆相求，因事为制"，揭示"趋向"与"背反"。次言"趋向"与"背反"势不两立，"合于彼而离于此，计谋不两忠"，两者只能择其一而行。最后言说士如何选择君主与之共事。对那些"成于事而合于计谋"的君主，则"合"于他，"与之为主"；反之，则"因事物之会，观天时之宜"而"与之转化"，"忤"于他而另择高枝。做到这一"合"一"忤"，"乃可以进，乃可以退，乃可以纵，乃可以横"。

凡趋合倍反，计有适合。化转环属，各有形势。反覆相求，因事为制〔一〕。是以圣人居天地之间，立身、御世、施教、扬声、明名也，必因事物之会，观天时之宜，因知[①]所多所少，以此先知之，与之转化〔二〕。

【注】

〔一〕陶弘景曰：言趋合倍反，虽参差不齐，然施之计谋，理乃适合也。又曰：言倍反之理，随化而转，如连环之属。然其去就，各有形势，或反或覆，理自相求，莫不因彼事情为之立制也。　○高金体曰：四语吸尽通篇意义。　○尹桐阳曰：说文："倍，反也。"又曰：属同趨，行也。势、制为韵。　○俞棪曰：邓析子曰："因势而发誉，则行等而名殊；人齐而得时，则力敌而功倍。其所以然者，乘势之在外。"此化转形势之义也。　**按**：倍，通背。战国策赵策三："天子吊，主人必将倍殡柩。"环，鬼谷子一概念。下文云"忤合之地而化转之"，内揵云"环转因化"，意均同。鹖冠子环流曰："物极必反，命曰环流。"荀子王制曰："始则终，终则始，若环之无端也。"淮南子主术训："智欲圆者，环复转运，终始无端。"即此意。言客观实际千变万化，谋略须针对实际情况而制定。

〔二〕陶弘景曰：所多所少，谓政教所宜多所宜少也。既知多少所宜，然后为之增减。故曰：以此先知，谓用倍反之理，知之也。转化，谓转变以从化也。 ○尹桐阳曰：世、会为韵。宜、多、化为韵。 ○俞棪曰：说苑曰："谋有二端，上谋知命，其次知事。知命者，预见存亡祸福之原，早知盛衰废兴之始；防事之未萌，避难于无形。若此人者，居乱世则不害于其身，在乎太平之世则必得天下之权，故知事者亦尚矣。见事而知得失成败之分，而究其所终极，故无败业废功。"知命者，先知也；知事者，因知也。

按：陶注以"政教"立论，解"转化"为"转变以从化"，未尽合原文旨意。

【校】

①知，道藏本、嘉靖钞本、四部丛刊本作"之"。陶注云"既知多少"，则作"之"讹。

世无常贵①，事无常师〔一〕。圣人无常与，无不与；无所听，无不听②〔二〕。成于事而合于计谋，与之为主〔三〕。合于彼而离于此，计谋不两忠，必有反忤〔四〕。反于（是）［此］③，忤于彼；忤于此，反于彼。其术也〔五〕。

【注】

〔一〕陶弘景曰：能仁为贵，故无常贵；主善为师，故无常师。 ○尹桐阳曰：贵、师为韵。　○俞棪曰：二句意林引。韩非子喻老篇曰："事者为也。为生于时，知者无常事。"　按：常，恒久。老子一章："道，可道，非常道。"易系辞上："动静有常，刚柔断矣。"陶以"仁"、"善"为说，与上文屡云的"从化"，皆从儒家立场为鬼谷子作说，此抑有借儒而弘纵横之学者乎？

〔二〕陶弘景曰：善必与道藏诸本作"为"，下同。之，故无不与。无稽之言勿道藏诸本作"不"。听，故无所听。秦恩复曰："无所听"当作"无不听"。　○高金体曰：圣人常为无不为者，用；惟听无不听者，使。　○尹桐阳曰：承上文而明"事无常师"之旨。说文："许，听也。"所，即许，与单云"听"义同。　○俞棪曰：老子曰："道常无为而无不为。"此其义所由本也。　按：此承上文"因事物之会，观天时之宜，因知所多所少，以此先知之，与之转化"而言，意为圣人没有恒久不变的赐与，也不是没有赐与；没有什么都听，也没有什么都不听。

〔三〕陶弘景曰：于事必成，于谋必合。如此者，与众立之，推以为主也。　○尹桐阳曰：承上文而明"世无常贵"之旨。与，推也。推之为主者，指新受命之王言。　○俞棪曰：荀子正名篇曰："计者，取所多；谋者，从所可。"　按：与，以。礼记玉藻："大夫有所往，必与公士为宾也。"与之为主，言欲成事，合谋，必以忤合为主。陶说"与众立之，推以为主"，非是。

〔四〕陶弘景曰：合于彼必离于此，是其忠谋不得两施也。　○尹桐阳曰：忠，得也。周礼师氏："掌国中失之事。"故书中为得。又曰：反，不合也。忤同伍，谓耦合。　○俞棪曰：吕氏春秋权勋篇曰："利不可两，忠不可兼。"　按：言与此合必与彼离，所计谋不可能同时效忠于对立的双方，必与其中一方相违背。此揭示间谍处世之真理。

〔五〕陶弘景曰：既忠不两施，故宜行反忤之术。反忤者，意欲反合于此，必行忤于彼；忤者，设疑似之事，令昧者不知觉其事也。○尹桐阳曰：即上文所谓不两忠者。“忤于彼”之“彼”，对“是”而言，字当同非。荀子劝学：“匪交匪舒。”注：“当为彼交。” ○俞樾曰：淮南子氾论训曰：“忤而后合，谓之知权。”又曰：“圣人之言，先忤而后合。”又主术训曰：“众愚人之所见者寡，事可权者多，愚之所权者少，此愚者之所以多患也。物之可备智者尽备之，可权者尽权之，此智者之所以寡患也。故智者先忤而后合，愚者始乐而终于哀。”此反忤求合之义也。 **按**：尹以“彼”为“是”之对言，故解为“非”，亦通。

【校】

①尹桐阳曰：高似孙子略引“贵”作“责”，误。陶注云“世无常贵”，则陶所见本作“贵”。子略版本众多，或作“贵”，或作“责”。尹说“责”误，是。

②此四句，道藏诸本作“圣人常为无不为，所听无不听”。

③是，秦恩复曰：一本作“此”。“此”与“彼”对言，陶注亦言此，今据改。

用之于[①]天下，必量天下而与之；用之于国，必量国而与之；用之于家，必量家而与之；用之于身，必量身材能气势而与之。大小进退，其用一也〔一〕。必先谋虑计定，而后行之以飞箝之术〔二〕。

【注】

〔一〕陶弘景曰：用之者，谓用反忤之术；量者，谓量其事业有无；与，谓与之亲。凡行忤者必称其事业所有而亲媚之，则暗主无从而觉，故得行其术也。所行之术，虽有大小进退之异，然而至于称事扬亲则一，故曰其用一也。 ○尹桐阳曰：与同举，行也。

〔二〕陶弘景曰：将行反忤之术，必须先定计谋，然后行之。又用飞箝之术以弥秦恩复曰：钱本无“弥”字，据道藏本增。缝之也。　○尹桐阳曰：飞箝篇曰：“飞而箝之。”下、家、虑韵，势、退、术亦韵。　○俞樾曰：杨子法言曰：“君子……善其谋而后动。”　**按**：此言先忤合以谋虑计定，然后可行飞箝术。忤合亦可为飞箝之准备，二术各有侧重，彼此相依。此为两篇之间密切关系之一证。

【校】

①道藏诸本无“于”字，下同。

古之善背向者，乃协四海，包诸侯，忤合之①地而化转之，然后②求合〔一〕。故伊尹五就汤，五就桀，而不能有所明③，然后合于汤；吕尚④三就文王，三入殷，而不能有所明，然后合于文王〔二〕。此知天命之箝。故归之不疑也⑤〔三〕。

【注】

〔一〕陶弘景曰：言古之深识背向之理者，乃合同四海，兼并诸侯，驱置忤合之地，然后设法变化而转移之。众心既从，乃求其真王而与之合也。　○高金体曰：忤合天地者，观天意之向背也。　○尹桐阳曰：反背而忤，向也。说文：“背，反也。”背与倍同。又曰：协，合也。又曰：地，蹋。声转而同。毱，丸之孰也。地而者，谓蹋鞠丸之孰。化转者，似之。因举以为喻。郭璞注“三仓”云：“毛丸可蹋戏者，曰鞠。”今谓之毬。前汉书艺文志“兵技巧”有蹴鞠二十五篇。　○俞樾曰：孙子九变篇：“屈诸侯者以害，役诸侯者以业，趋诸侯者以利。”此化转求合之道也。　**按**：忤合之地而化转之，尹读为“忤合之，地而化转之”，又解“地”为蹋。地、蹋声转，然未举例证，不可信。

〔二〕陶弘景曰:伊尹、吕尚所以就桀、纣者,所以忤之令不疑。彼既不疑,然后得合于真主矣。　○太平御览引佚注云:伊尹、吕尚各以至知说圣王,因泽钓行其术策。　○傅夏器曰:引古人为证而词涉伤雅。　○杨道宾曰:伊尹、吕望事实虽真,却以飞箝目之,是把古人说低了。　○尹桐阳曰:事见孟子,前汉书张敞传亦有此语。汤与下文王、明为韵。又曰:史记齐太公世家:"或曰大公博闻,尝事纣。纣无道,去之,游说诸侯,无所遇,而卒西归周西伯。"庄子谓之"藏丈人",马叙伦以藏即姜,姜、藏叠韵耳。　○萧登福曰:孟子告子篇下:"五就汤,五就桀者,伊尹也。"竹书纪年夏桀十四年:"扁帅师伐岷山。"太平御览卷一百三十五引竹书纪年:"后桀伐岷山,进女于桀二人,曰琬,曰琰。桀受二女,无子;刻其名于苕华之玉。苕是琬,华是琰。而弃其元妃于洛,曰末喜氏。末喜氏以与伊尹交,遂以间夏。"竹书纪年夏桀十七年:商使伊尹来朝。竹书纪年夏桀二十年:伊尹归于商,及汝鸠、汝方,会于北门。按:由上述之记载看来,伊尹于夏桀十七年入使于夏,于二十年归商,在桀处达三四年之久。而竹书纪年复云:"末喜氏以与伊尹交,遂以间夏。"则知伊尹之入夏,乃在为汤行反间计。　**按**:伊尹,商汤臣,名挚。一说名伊,尹是官名,是汤妻陪嫁之臣。后佐汤伐夏桀。汤,商朝的建立者,又称天乙、成汤。桀,夏代最后一位君主。古时暴君典型,与商纣并称。吕尚,周初人,姜姓,吕氏,名尚,号为太公望。相传钓于渭滨,周文王出猎相遇,与语大悦,同载而归,立为师。武王即位,尊为师尚父。辅佐武王灭殷。周朝既建,封于齐,为齐国始祖。周文王,姓姬名昌。殷时诸侯,居于岐山之下。曾被纣囚于羑里。后获释,为西方诸侯之长,称西伯。为武王灭商奠定基业。

〔三〕陶弘景曰:以天命系于殷汤、文王。故二臣归二主,不疑也。

○尹桐阳曰:天命箝系于汤、文。

【校】

①之，杨氏本、高氏本作“天”。陶注云“忤合之地”，则作“之”是。

②道藏诸本“然后”后有“以之”二字。

③秦恩复曰：钱本无“桀”字，道藏本无“而不能有所明”六字。

④尚，一本作“望”。

⑤太平御览引忤合篇曰：伊尹五就桀，五就汤，然后合于汤；吕尚三入殷朝，三就文王，然后合于文王。此天知之至，归之不疑。

非至圣[①]达奥，不能御世；非[②]劳心苦思，不能原事；不悉心见情，不能成名；材质不惠，不能用兵；忠实无真，不能知人。故忤合之道，己必自度材能知[③]睿，量长短远近孰不如〔一〕，乃可以进，乃可以退，乃可以纵，乃可以横〔二〕。

【注】

〔一〕陶弘景曰：夫忤合之道，不能行于胜己而必用之于不我若，故知谁不如，然后行之也。　○袁了凡曰：凡人制事，自当如此，非过计也。　○俞樾曰：惠，读为慧，古字通。　○尹桐阳曰：归、疑、世为韵。疑，说文作𠯑。“劳心苦思”蒙上“非至圣”言。原，度也。说文作𡨄。思、事为韵。又曰：情、名为韵。又曰：惠，慧也。老子：“智惠出，有大伪。”计倪子：“惠种生圣，痴种生狂。”后汉书仲长统传：“纯朴已去，智惠已来。”惠皆与慧同。又曰：真、人与下文睿为韵。　○俞棪曰：韩非子解老曰：“思虑熟则得事理”，“得事理则必成功”。　○萧登福曰：至，极也。圣，谓睿智。达，通晓。奥，幽深。“非至圣达奥，不能御世”，意谓：如果不是极端聪明睿智，通晓幽深之事理，便不能治理天下国家。　**按**：至圣，谓道德最高尚的人。礼中庸：“唯天下至圣，为能聪明睿知，足以有临也。”达，通达事理。

〔二〕陶弘景曰：既行忤合之道于不如己者，则进退纵横，唯吾所欲耳。 ○尹桐阳曰：史记六国表："谋诈用而纵横短长之说起。"前汉书张汤传："边通学短长。"应劭曰："短长术兴于六国时。长短其语，隐谬用相激怒也。"张晏曰："苏秦、张仪之谋，趋彼为短，归此为长。战国策名短长术。"即此所谓量长短者，如推通也。 **按**：言行忤合术，乃可纵横。

【校】

①道藏本、品汇释评本、乾隆本、四部丛刊本"圣"下衍"人"字。

②道藏本、四部丛刊本无"非"字，杨氏本、品汇释评本、高氏本、嘉靖钞本"非"作"不"。乾隆本据别本补"不"字。

③知，劳权校改为"智"。

揣篇第七[①]

陶弘景曰：揣者，测而探之也[②]。　　○叶重第曰：此篇之术，凡事皆可通行。就用兵论，尤为确论。孙子审势篇多与此暗合。　　○尹桐阳曰：史记苏秦传："于是得周书阴符，伏而读之，期年以出揣摩。"集解：骃案战国策曰："乃发书，陈箧数十，得大公阴符之谋，伏而读之，简练以为揣摩。鬼谷子有揣、摩篇也。"索隐："揣摩，邹诞本作揣靡。靡读亦为摩。王劭曰：揣情、摩意是鬼谷之二章名，非为一篇也。"高诱曰："揣，定也；摩，合也。定诸侯使雠其术，以成六国之从也。"江邃曰："揣人主之情，摩而近之，其意当矣。"说文：揣，一曰捶之。又歂，读若捶。则揣古有垂音。汉书艺文志兵权谋："娷一篇。"殆斥此揣篇言与？师古说误。　　**按**：太平御览卷四百六十二引作"揣情篇"。揣，说文："揣，量也。"又曰："度高曰揣。"左传昭三十二年："士弥牟营成周，计丈数，揣高卑，度厚薄。"杜注："度高曰揣。"孟子告子下："不揣其本，而齐其末。"陶说简略，未尽题旨，桑说未及本义，尹说不可取。

本篇旨在说明何谓量权和揣情。全篇结构上由两个部分所组成：

前半部分言何谓量权、揣情。量权，即考量诸侯国综合实力，涉及财货、人口、贫富、天时、地理、人心向背、君臣关系、人才等；揣情，即测探对方内心隐秘实情。后半部分言量权、揣情运用于实践。“故计国事者，则当审权量；说人主，则当审揣情”，谋虑必出于此。

【校】

①太平御览引作“揣情篇”。

②道藏本、品汇释评本、乾隆本、嘉庆本无此语。今据横秋阁本、高氏本、四库全书本增。

古之善用天下者，必量天下之权而揣诸侯之情。量权不审，不知强弱轻重之称；揣情不审，不知隐匿变化之动静〔一〕。何谓量权？曰：度于大小，谋于众寡，称货财有无之数①，料人民多②少，饶乏有余不足几何〔二〕；辨地形之险易，孰利孰害；谋虑孰长孰短；揆③君臣之亲疏，孰贤孰不肖；与宾客之智慧④，孰少孰多〔三〕；观天时之祸福，孰吉孰凶；诸侯之交⑤，孰用孰不用；百姓之心，去就变化，孰安孰危，孰好孰憎，反侧孰辩⑥。能知此者，是谓量权⑦〔四〕。

【注】

〔一〕量、权，衡量、比较。此言对天下或诸侯综合实力的熟知与比较。下文有详细论述。

〔二〕尹桐阳曰：饶，多也；乏同翑，盛飞貌。乏有余者，谓盛而有余耳。例与说文鼫读翑同。足与下文易、虑、疏、多为韵。足读疋，古文亦以为足字。奢，籀文从多声作奓。

〔三〕尹桐阳曰：易同徛，平也。利、害为韵。又曰：肖与下文少为韵。

又曰:与,谓友朋、臣下,亦通称之。　○郑杰文曰:与,古通预。礼记王制:"六十不与戎服。"白虎通三军引与作预。左传隐公四年:"恶州吁而厚与焉。"后汉书清河王庆传李注引作预。预,预先,此指预测。　**按**:揆,测度,度量。诗鄘风定之方中:"揆之以日,作于楚室。"毛传:"揆,度也。"与,通预,郑说是。

〔四〕陶弘景曰:天下之情,必见于权也,善于量权,其情可得而知之;知其情而用之者,何适而不可哉。　○王慎中曰:此段如峦岳层峰,奇怪峥嵘,有万伏之势。　○俞樾曰:(道藏本)权量当作量权。上文云:"古之善用天下者,必量天下之权而揣诸侯之情。"是权、量二字不平列,不当倒其文为权量也。下文云"故计国事则当审权量,说人主则当审揣情",权量亦当作量权,方与篇首相应。　○尹桐阳曰:吉、亲韵,凶、用亦为韵。又曰:心与上文亲为韵。心读信也。说文:信,古文作训。又曰:化、危为韵。化读画也。穀梁桓六传:"以其画我。"公羊作"化"。又曰:邻国民背其本国而归我,曰反侧。好与上文就为韵。憎、能亦为韵。憎读宰也。　○俞棪曰:易系辞曰:"夫乾,天下之至健也,德行恒易以知险;夫坤,天下之至顺也,德行恒简以知阻。能说诸心,能研诸侯之虑,定天下之吉凶,成天下之亹亹者。"此权量揣情的学说之所由本也。又按:史记索隐:高诱曰:揣,定也;摩,合也。定诸侯使雠其术,以成六国之从也。江邃曰:揣人主之情,摩而近之。　**按**:反侧,反复无常。诗小雅何人斯:"作此好歌,以极反侧。"楚辞屈原天问:"天命反侧,何罚何佑。"王逸注"反侧"曰:反侧,无常。

【校】

①称货财有无之数,道藏诸本作"称货财之有无"。自开头至此,道藏本讹为陶注。

②料人民多，四字道藏本脱。

③揆，道藏本脱。

④智慧，道藏本作“知睿”。

⑤交，道藏本作“亲”。一本作“亲疏”。

⑥辩，道藏本作“便”。

⑦量权，道藏诸本作“权量”。

揣情者，必以其甚喜之时往而极其欲也，其有欲也，不能隐其情①；必以其甚惧之时往而极其恶也，其有恶也，不能隐其情，情欲②必出③其变〔一〕。感动而不知其变者，乃且错其人，勿与语而更问其④所亲，知其所安〔二〕。夫情变于内者形见于外。故常必以其见者而知其隐者。此所以⑤谓测深(探)[揣]⑥情〔三〕。

【注】

〔一〕陶弘景曰：夫人之性，劳权校改作“情”。甚喜则所欲著，甚惧则所恶彰，故因其彰著而往极之，恶欲既极，则其情不隐，是以情欲因喜惧之变而生秦恩复曰：“生”当作“出”。道藏本、乾隆本作“失”。也。　〇孙𨱆曰：意属若心，而文实平易。此是易人所难处。　〇申时行曰：揣情二字，亦是前篇之意，无人推原；反此亦是纵横家说出，然曲尽人情之妙。　〇俞樾曰：(出，道藏本作失)失字无义，疑当作知。知字阙坏，仅存右旁矢字，因误为失矣。下文曰“感动而不知其变者”即承此文而言。陶氏作注时已误作失，乃曲为之说曰“情欲因喜惧而失”，于文义殊未安也。　〇尹桐阳曰：喜欲惧恶皆在七情之中，故举以为言。又曰：失同觀，见也。　〇俞棪曰：荀子正名篇曰：“欲者，情之应也；以所欲以为可得而求之，情之所必不免也。”此欲之时义也。又韩非子引申子曰:“其无欲,见人司之;其有欲,见人饵之。”此言司饵其欲以揣之也。又按:管子权修篇曰:“审其所好,恶其长短,可知也。” **按**:尹依道藏本释“失”,可参。

〔二〕陶弘景曰:虽因喜惧之时,以欲恶感动而尚不知其变,如此者,乃且置其人,无与之语。徐徐更问斯人之所亲,则其情欲所安可知也。 ○尹桐阳曰:且,暂也。错,置也。变、安韵,人、亲亦韵。 ○俞棪曰:庄子人间世曰:“采色不定,常人之所不违,因案人之所感,以求容与其心……将执而不化,外合而内不訾……”又曰:“若能入游其樊而无感其名,入则鸣,不入则止。无门无毒,一宅而寓于不得已,则几矣。”庄子此说,盖亦纵横家之遗风也。 **按**:错通措,措置。论语为政:“举直错诸枉,则民服。”

〔三〕陶弘景曰:夫情貌不差,内变者必外见,故常以其外见而知其内隐;观色而知情者,必用此道。此所谓测深揣情也。 ○尹桐阳曰:内、外为韵。又曰:摩篇曰:“测而探之。” ○俞棪曰:王充论衡曰:“文王官人法曰:‘推其往行以揆其来言,听其来言以省其往行;观其阳以省其阴,察其内以揆其外。’是故诈善没节者可知,饰伪无情者可辨,质诚居善者可得,含忠守节者可见也。”此之谓测深揣情。 **按**:见,通现,显露。广韵:“见,露也。”广雅释诂四:“见,示也。”

【校】

①秦恩复曰:二句文选注引上有“藏形”二字,似误。

②情欲上,嘉靖钞本有“不能隐”三字,疑衍。

③出,道藏本、品汇释评本、嘉靖钞本、乾隆本作“失”。

④其,道藏本脱。

⑤以,道藏本无。

⑥探，道藏本、品汇释评本、乾隆本、百子全书本作"揣"。陶注亦作"揣"。文选注引"测深揣情"亦作"揣"。劳权校作"揣"，今据改。

故计国事者①，则当审权量；说人主，则当审揣情。谋虑情欲必出于此②〔一〕。乃可贵，乃可贱；乃可重，乃可轻；乃可利，乃可害；乃可成，乃可败。其数一也〔二〕。故虽有先王之道、圣智之谋，非揣情，隐匿无可③索之。此谋之大④本也，而说之法也〔三〕。

【注】

〔一〕陶弘景曰：审权量则国事可计，审揣情则人主可说，至于谋虑情欲，皆揣而后行，故曰谋虑情欲必出于此也。

〔二〕陶弘景曰：言审于揣术，则贵贱成败惟己所制，无非揣术所为，故曰其数一也。　○胡时化曰：眉山苏氏权势十篇中多与此合，皆祖此说，故苏氏之学，君子讥其不轨于正。　○尹桐阳曰：此、贵、利、害为韵；道、谋为韵，谋读冒也。　○俞棪曰：俞樾古书疑义举例古书发端之词例曰：乃者，承上之词也。而古人或用以发端，尧典"乃名羲和"是也。又引周官小司徒："乃颁比法于六乡之大夫，乃会万民之卒伍而用之，乃均土地以稽其人民而周知其数，乃经土地而井牧其田野，乃分地域而办其守。"皆以乃字领之。俞义甚显。鬼谷此说亦其例也。　按：广雅释言："数，术也。"

〔三〕陶弘景曰：先王之道，圣智之谋，虽宏旷玄妙，若不兼揣情之术，则彼之隐匿从何而索之？然则揣情者，诚谋之大道藏本无"大"字。本而说之法则也。　○俞樾曰：大字衍文也。谋之本、说之法，相对为文，不当有大字。本与大上半相似，每易致误。汉书董仲舒传："元者，辞之所谓大也。"汉纪武帝纪大作本，是其证也。此文本字误作大，校者旁注本字，传写因作大本矣。注但曰“揣情者乃成谋之本”，而无大字，是其所据本未衍。　〇尹桐阳曰：索，求也。匿、索、法为韵，法读去也。　〇俞棪曰：王弼明爻通变篇曰：“见情者获，直往则违。”此谋本之法也。

【校】

①劳权校无“者”字。

②太平御览卷四百三十六引揣情篇云：“说王公君长，则审情以说王公，避所短，从所长。”今本无。

③道藏本“可”作“所”。

④劳权校引缪荃孙曰：“大”因注而衍。

常有事于人，人莫能先，先事而生①，此最难为〔一〕。故曰揣情最难守司，言必时其谋虑〔二〕。故观蜎飞蠕动，无不有利害，可以生事。美②生事者，几之势也〔三〕。此揣情饰言成文章，而后论之也〔四〕。

【注】

〔一〕陶弘景曰：挟揣情之术者必包独见之明，故有事于人，人莫能先也。又能穷几应变，道藏本“应变”二字作“尽变”。故先事而生，自非体玄极妙则莫能为此矣，故曰此最难为也。　〇尹桐阳曰：莫、先合音为寯，说文：“寯，宀。宀，不见也。”谓人情多隐而不见。一曰先同镤，所以钩门户枢也。人莫先者，犹云人情不易钩取也。说文：毨，读若选。其例同此。先与下文难为韵。难读谨也。又曰：此同訾，积也，至此者犹云至多，字亦与赜同。易系辞：“圣人有以见天下之赜。”为同窥，小视也。例与说文鬻读妫同。文选神女赋：“若流波之将澜。”注：“流波，目视貌。”波即为，亦窥借字。　　○俞樾曰：中庸曰："凡事预则立，不预则废。言前定则不跲，事前定则不困，行前定则不疚，道前定则不穷。"又韩非子解老曰："先物行、先理动之谓前识。前识者，无缘而妄意度也。"此先事之说也。又说苑曰："谋先事则昌，事先谋则亡。"君子事以生谋，故谋先为尚也。　　**按**：事，作，从事于。论语颜渊："回虽不敏，请事斯语矣。"商君书农战："事商贾，为技艺。"此处言对人行揣术，别人没有能与之争先。对他人欲行揣术则先有预测，这是行揣术最难做到的。

〔二〕陶弘景曰：人情险于山川，难于知天。今欲揣度而守司之，不亦难乎！故曰揣情最难守司，谋虑出于人情，必当知其时节。此其所以为最难也。　　○尹桐阳曰：司，伺也。必同谧，无声也。捭阖篇曰："而守司其门户。"必与下文谋、事为韵。又曰：时同数，刺探也。

〔三〕陶弘景曰：蜎飞蠕动，微虫耳，亦犹怀利害之心，故顺之则喜说，逆之则勃怒，况于人乎，况于鬼神乎。是以利害者理所不能无，顺逆者事之所必行，然则顺之招利，逆之致害，理之常也。故观此可以成生事之美。生事者必审几微之势，故曰生事者几之势也。

○高金体曰：审蜎蠕之利害，乃可以图吾建立之事。变生事者，变而成之也。几者，利害之间也。　　○尹桐阳曰：即上文所云事至此者。蜎同翾，小飞也。蠕，说文作蝡，动也。害与下文势为韵。又曰：美同媺，司也。周礼大司徒："一曰媺宫室。""夫媺恶而无礼者。""师氏掌以媺诏王。"说文皆以媄为之。几，微也；势，重也。　　○俞樾曰：淮南子人间训曰："圣人者常从事于无形之外，而不留思尽虑于成事之内，是故患祸弗能伤也。"生事者，事未形而动其几也，故曰几之势也。又韩诗外传曰："蝖飞蠕动，各乐其性。"韩说本此。　　○四部精华本注曰：蜎飞，蜎，音涓，谓昆虫飞舞之貌。蠕动，蠕，音儒，谓昆虫微动之貌。　　**按**：蜎，通翾，飞翔。说文通训定声乾部："蜎，假借为翾。"论衡齐世："昆虫、草木、金石、珠玉，蜎飞蠕动，跂行喙息，无有异者，此形不异也。"几，几微，事物微小的征兆。

〔四〕陶弘景曰：言既揣知其情，然后修饰言语以导之，故说辞必使成文章而后可论也。　○尹桐阳曰：此同咨，量也。揣，度也。情饰，谓诚伪。饰与下文之为韵。又曰：言成，言行也。摩篇曰：行者，成也。文，摩也。章同商，度也。摩度者，即摩揣也。论，知也。　○俞棪曰：孟子曰："君子志于道也，不成章不达。"此亦本义也。　**按**：文章，文辞，说辞。史记儒林传序公孙弘奏："文章尔雅，训词深厚。"

【校】

①"人莫能先，先事而生"，道藏本、乾隆本作"人莫能先事而至"。

②俞樾曰：美当作变。言蜎飞蠕动之虫，无不有利害，可以生事变也。变、美形近而误。决篇"危而美名者"，秦氏校本曰："美，一本作变。"即其例矣。注曰"可以成生事之美"，是其所据本已误。

摩篇第八[1]

陶弘景曰：摩者，顺而抚之也。摩得其情，则顺而抚之以成其事[2]。　〇尹桐阳曰：鹖冠子武灵王篇："寡人闻飞语流传曰：'百战百胜，非善之善者也；不战而胜，善之善者也。'愿闻其解。"盖由此篇"主兵日胜"、"常战于不争"语而推出者。　〇中井积德曰：摩在揣度之后，如以手摩弄之也。既能晓通彼人之情怀，而以我之言动摇上下之，以导入于吾囊中也。或扬之，或抑之，皆有激发，即所谓摩也。（见史记会注考证卷六十九苏秦列传注引）　〇萧登福曰：摩，广雅释诂一："摩，顺也。"国策秦策一："简练以为揣摩。"注云："摩，合也。"摩为"顺"为"合"，意谓以事情去顺合于所欲说服之君长。　**按**：摩，切磋，研究。说文："摩，研也。"段注曰："学记曰：相观而善之谓摩。"尹说未及题旨，陶、萧说未尽其意，中井说是。

本篇把"摩"视为"揣"之"术"。全篇结构上由两个部分所组成：

先言何谓摩。"摩者，揣之术也。内符者，揣之主也"，善用"摩"者，"主事日成而人不知，主兵日胜而人不畏也"；次言如何摩，方法有"有以平，有以正，有以喜，有以怒，有以名，有以行，有以廉，有以信，有以利，有以卑"。

【校】

①太平御览引作"摩意篇"。

②道藏本、品汇释评本、乾隆本、嘉庆本无此语。今据横秋阁本、高氏本、四库全书本增。

摩者，揣之术[①]也。内符者，揣之主也〔一〕。用之有道，其道必隐〔二〕。微[②]摩之，以其所欲，测而探之，内符必应。其所[③]应也，必有为之〔三〕。故微而去之，是谓塞窌、匿端、隐貌、逃情，而人不知，故能成其事而无患〔四〕。摩之在此，符应在彼，从而用之[④]，事无不可〔五〕。

【注】

〔一〕陶弘景曰：谓揣知其情，然后以其所欲切道藏本无"切"字。摩之，故摩为揣之术。内符者，谓情欲动于内而符验见于外。揣者见外，符而知内情，故内符为揣之主也。　○钱福曰：开口便说出正意，此段是头脑，下方转折变换，文势又是一折。　○俞樾曰：此本作"摩者，揣之术也"。传写夺"者揣"二字，又涉下句"内符"而误"术"为"符"耳。注曰："谓揣知其情，然后以其所欲摩之，故摩为揣之术。"是其所据本正作"摩者，揣之术也"。当据以订正。太平御览引此文云"摩者，揣之也"，则又夺"术"字。　○尹桐阳曰：情在于内，摩之可得，则彼情如符信然，故云内符。内符者，犹云内符也，墨子书者多作也。符与下文主为韵。又曰：言摩为揣之主，则揣后于摩矣。揣与下文摩，半句与全句韵。揣读朵也。易颐："观我朵颐。"荀本朵作穑。　○俞棪曰：学记曰："相观而善之谓摩。"摩者，由外而合于内者也。　○四部精华引注曰：摩，揣摩也。符，合也。谓外揣摩而内符合也。　○萧登福曰："摩"为揣术的一种。"揣"与"摩"的差别在于：揣知实情称为

"揣";揣知实情后,以对方所期盼的事情去顺合他、诱动他,让他付诸行动,称为"摩"。所以陶弘景于"其道必隐"下注云:"揣者所以度其情慕,摩者所以动其内符。" **按**:此言摩是揣术之一种,揣的主要目的就是得悉对方内心的实情。韩非子说难:"凡说之难,非吾知之,有以说之之难也;又非吾辩之,能明吾意之难也;又非吾敢横失,而能尽之难也。凡说之难,在知所说之心。"摩者,揣知所说之心也。"摩之符也"句,义不能通。管子轻重篇也下有内字,谓摩之符也内。内符者,揣之主也。于义较通。俞樾说是。

〔二〕陶弘景曰:揣者所以度其情慕,摩者所以动其内符。用揣摩者,必先定其理,故曰用之有道。然则以情度情,情本潜密,故曰其道必隐也。 ○尹桐阳曰:必,秘也。 **按**:鬼谷子立论强调"阴"谋。此处"隐"亦遵循阴也。

〔三〕陶弘景曰:言既揣知其情所趋向,然后以其所欲微切摩之,得所欲而情必动;又测而探之,如此则内符必应。内符既应,必欲为其所为也。 ○陈后山曰:揣摩以探测人情,如探囊取物,一一符应。 ○尹桐阳曰:言摩非可粗率而为。说文:微,隐行也。欲与上文道为韵。探、应为韵。又曰:承上内符必应而言。又曰:有,犹也;为同囮;率鸟者,系生鸟以来之,名曰囮。例与譌言诗作讹言同。故,使用也。故与下文去为韵。 **按**:说文:微,隐行也。左传哀十六年曰:"白公其徒微之。"杜注曰:"微,匿也。"此言摩之术,须暗中进行,根据对方的喜好愿望测而探之,对方内心实情必然有所流露。一旦有应,则加以利用。

〔四〕陶弘景曰:君既欲为事必可成,然后从之;臣事贵于无成有终,故微而去之尔。若己不同于此,计令功归于君,如此可谓塞窌、匿端、隐貌、逃情。情逃而窌塞,则人何从而知之。人既不知,所以息其僭秦恩复曰:"僭"字疑作"谮"。妬,故能成事而劳权校改"而"为

"亦"。无患也。　○康砺峰曰:摩人者贵符应,摩于人者贵隐遁。　○高金体曰:微而去之者,隐而让所为于君也。　○尹桐阳曰:窌、端,皆所以藏物者。说文:"窌,窖也。"端,即篅,判竹圜以盛谷也。端、患为韵。　○四部精华引注曰:窌,音教,与窖同,地藏也。塞窌匿端谓塞其所藏而隐匿其端,不使人见也。　○萧登福曰:窌同窖,穴地藏物谓之窖。"塞窌匿端,隐貌逃情",意谓泯除迹象,藏匿形貌,让人无端绪可寻,无形貌可求。　**按**:此言逃之法。僭,差错。诗小雅鼓钟:"以雅以南,以籥不僭。"孔颖达疏:"此三者皆不僭差。"妬,嫉妒。僭、妬当分别作解。萧说是。

〔五〕陶弘景曰:此摩甚微,彼应劳权校改"应"为"符"。自著。观者但睹其著而不见其微,如此用之,功专在彼,故事无不可也。
○尹桐阳曰:彼、可为韵。

【校】

①太平御览引无"术"字。道藏诸本作"摩之符也"。

②秦恩复曰:别本"微"字接前"隐"字为句。

③道藏本、乾隆本、百子全书本无"所"字。

④此二句,道藏本、乾隆本、百子全书本作"符之在彼,从而应之"。

古之善摩者,如操钩①而临深渊,饵而投之,必得鱼焉②。故曰主事日成而人不知,主兵日胜而人不畏也〔一〕。圣人谋之于阴,故曰神;成之于阳,故曰明〔二〕。所谓主事日成者,积德也,而民安之,不知其所以利;积善也③,而民道之,不知其所以然,而天下比之神明也〔三〕。主兵日胜者,常战于不争④不费,而民不知所以服,不知所以畏,而天下比之神明〔四〕。

【注】

〔一〕陶弘景曰：钓者露饵而藏钩，故鱼不见钩而可得；贤者显功而隐摩，故人不知摩而自服，故曰主事日成而人不知也；兵胜由于善摩，摩隐则无从而畏，故曰主兵日胜而人不畏也。　○楼昉曰：设饵得鱼之喻尤真。　○尹桐阳曰：饵，鱼食也。又曰：成与上文鱼韵，胜与下文阴韵。成读午，胜读任也。说文：成，古文作"戚"。　按：人不畏，言士兵相信统帅的谋略而不惧怕敌人。

〔二〕陶弘景曰：潜谋阴密，日用不知，若神道之不测，故曰神也。功成事遂，焕然彰著，故曰明也。　○闵如霖曰：阴阳之说，只是神机阴蹶，不可比方，不可测度，条陈曲折，痛切详尽，如系风捕影，令人头眩无从。（诸子汇函引作张东沙曰）　○高金体曰：神明二字，解得透。　○尹桐阳曰：阳、明为韵。　○俞棪曰：管子轻重篇曰："女华者，桀之所爱也，汤事之以千金；曲逆者，桀之所善也，汤事之以千金。内则有女华之阴，外则有曲逆之阳。阴阳之议合而得成其天子。此汤之阴谋也。"又鹖冠子泰录曰："神明者，积精微全粹之所成也。"　按：神明，谓无所不知，如神之明。韩非子内储上："周主下令索其杖，吏求之数日不能得，周主私使人求之，不移日而得之。……吏乃皆悚惧其所，以君为神明。"淮南子兵略："见人所不见谓之明，知人之所不知谓之神，神明者，先胜者也。"

〔三〕陶弘景曰：圣人者，体神道而设教，参天地而施化，韬光晦迹，藏用显仁。故人安德而不知其所以利，从道而不知其所以然，故比之神明也。　○尹桐阳曰：道，由也。符言篇曰："神明而况。"况即并，谓比耳。安、善、然为韵。

〔四〕陶弘景曰：善战者，绝祸于心胸，禁邪于未萌。故以不争为战，师旅不起。故国用不费，至德潜畅，玄风遐扇，功成事就，百姓皆得自然。故不知所以服，不知所以畏，比之于神明也。　○尹桐阳曰：费、畏为韵。　○俞棪曰：韩非子内储篇曰："叁疑废置之事，明主绝之于内而施之于外。资其轻者，辅其弱者，此谓庙攻。叁伍既用于内，观德又行于内，则敌伪得。"庙攻者，战于不争也。　**按**：不争不费，谓不必争斗，没有花费。孙子谋攻篇曰："不战而屈人之兵，善之善者也。"

【校】

①钩，劳权校作"钓"。

②太平御览引"焉"作"矣"。

③也，钱遵王藏本作"智"。

④"争"下，劳权校补"国"字。

其[①]摩者，有以平，有以正，有以喜，有以怒，有以名，有以行，有以廉，有以信，有以利，有以卑〔一〕。平者，静也；正者，宜[②]也；喜者，悦也；怒者，动也；名者，发也；行者，成也；廉者，洁也；信者，期[③]也；利者，求也；卑者，謟也〔二〕。故圣人所以[④]独用者，众人皆有之。然无成功者，其用之非也〔三〕。

【注】

〔一〕陶弘景曰：凡此十者，皆摩之所由而发。言人之材性参差，事务变化，故摩者亦消息盈虚，因几而动之。　○陈后山曰：此详摩之之术，下段复明其义，错综条陈，转折有力，妙甚。　○尹桐阳曰：平、正为韵；名、行为韵，行读形也。廉、信为韵，信读心也；利、卑为韵，利读丽也。　○俞棪曰：庄子人间世曰："凡事若小若大，寡不道以懽成。"又曰：庄子人间世曰："凡交近则必相靡以信。” **按**:俞樾释“信”是。

〔二〕陶弘景曰:名贵发扬,故曰发也;行贵成功,故曰成也。 ○尹桐阳曰:静同竫,亭安也,与平义近。又曰:周礼典同:“正声缓。”注:“谓上下直正。”又曰:说文:“喜,乐也。”与悦义近。又曰:权篇曰:“怒者妄动而不治也。”又曰:名发于外,故云发。又曰:成同町,田践处曰町。诗东山:“町疃鹿场。”传:“町,鹿迹也。行有迹可寻者。”揣篇曰:“言成文章。”言成者,谓言行耳。又曰:说文慊下云:“一曰廉洁也。”又曰:诗黄鸟:“不可与明。”笺:“明,信也。”权篇曰:“成义者,明之也;明之者,符验也。”成即诚,明即信耳。又曰:利,和也;求同仇,合也;合、和义近耳。又曰:卑者常謟谀人,故曰謟。说文:“讇,谀也。或作謟。” ○俞樾曰:许氏说文:“卑,贱也。”昔宁戚以讴歌说齐,百里奚以五羊之皮说秦,皆以卑贱进。一本作谄,误也。兹校正。 **按**:謟,通韬,隐藏,隐瞒。晏子春秋内篇问下:“不謟过,不责得。”此言卑下是为了韬光隐晦。尹说不妥,俞樾说未及其旨。

〔三〕陶弘景曰:言上十事,圣人独用以为摩而能成功立事,然众人莫不有之。所以用之,非其道,故不能成功也。 ○王凤洲曰:圣人所独用一段,忽生一意,尤见离奇。 ○尹桐阳曰:用、功为韵。

【校】

①别本无“其”字。

②道藏诸本“宜”作“直”。

③道藏诸本“期”作“明”。

④道藏本“圣”下无“人”字。道藏诸本“所”下无“以”字。

故谋莫难于周密,说莫难于悉听,事莫难于必成[①]。此三者,唯圣人[②]然后能任[③]之〔一〕。故谋必欲周密,必择其所

与通者说也，故曰或结而无隙也〔二〕。夫事成必合于数，故曰道数与时相偶者也④〔三〕。

【注】

〔一〕陶弘景曰：谋不周密则失机而害成，说不悉听则违理而生疑，事不必成则止篑而中废，皆有所难。劳权校“皆有所难”前补“三者”二字。能任之而无疑者，其唯圣人乎？ ○太平御览引佚注曰：摩不失其情，故能建功。 ○杨道宾曰：说破众人之无，成功见摩，非圣人不能用真，不易之论也。 ○尹桐阳曰：然后，如何也，贯下文言。密、能韵，听、成亦韵。 **按**：任，抱，负担。诗大雅生民：“是任是负。”毛传：“任，犹抱也。”国语齐语：“负任儋何。”韦昭注：“任，抱也。”此言计谋最难是周密，游说最难是让对方全部听取己方的意见，做事最难是让所做之事一定能成功。此三者，只有圣人才能够做得到。尹说未及其旨。

〔二〕陶弘景曰：为通者说谋，彼必虚受；秦恩复曰：注“受”字，别本作“更”。如受石秦恩复曰：一本“如受石”作“如运石”。劳权校改“受”为“运”，“石”下补“而”字。投水，开流而纳泉，如此则何隙而可得，故曰结而无隙也。 ○高金体曰：子房之与刘季，可谓通矣。 ○尹桐阳曰：所同许，听也；所与通者，犹云听与通者；或，有也。有结无隙，则其听坚而交固。谋篇曰：“计谋之用，公不如私，私不如结，结而无隙者也。”所、隙为韵。 ○俞棪曰：易系辞曰：“君不密则失臣，臣不密则失身，几事不密则害成。” ○萧登福曰：所与通者，谓情感能与我们相沟通者。 **按**：陶注“虚受”之“受”字，别本作更。古文更为受。卢文弨云：仪礼燕礼：“更爵。”大射仪同。左传昭二十九年传：以更豕韦之后。史记更作受。周礼巾车：“岁时受读。”杜子春曰：“受当为更。”韩非子说难：“夫事以密成，语以泄败。”又亡征：“浅薄而易见，漏泄而无藏，不能周密而通群臣之语者，可亡也。”皆此意也。

〔三〕陶弘景曰：夫谋成，必先考合于术数，故道、数、时三者相偶合，然后事可成而功可立也。　○高金体曰：道、数、时，正上三者所冀。　○尹桐阳曰：数、偶为韵。　○俞樾曰：孙子势篇曰：“治乱，数也。”又管子七法曰：“刚柔也，轻重也，大小也，实虚也，远近也，多少也，谓之计数。”又按：霸言曰：“知者善谋，不如当时。”又曰：“圣人能辅时，不能远时。”又王弼明卦通变通爻曰：“虽险而可以处者，得其时也。”　○萧登福曰：广雅释言：数，术也。此处指说人之技巧或方法而言。　**按**：数，技术。孟子告子曰：“今夫弈之为数，小数也。”此指游说技术。萧说是。

【校】

①太平御览引“悉听”作“悉行”。邓析子转辞篇曰：“谋莫难于必听，事莫难于必成。”

②“唯圣人”三字，道藏本、乾隆本、百子全书本脱。陶注云“其唯圣人乎”，则陶所见本已有此三字。

③任，道藏本、乾隆本、百子全书本脱。

④自“夫事成必合于数”至此，俞樾以为错简，位置当在“故谋必欲周密”前。俞樾说出于己意，无版本依据。

说者①听必合于情，故曰情合者听②〔一〕。故物归类，抱薪趋火，燥者先燃；平地注水，湿者先濡。此物类相应③，于势譬犹是也。此言内符之应外摩也如是〔二〕。故曰摩之以其类焉，有不相应者，乃摩之以其欲，焉有不听者，故曰独行之道④〔三〕。夫几者不晚，成而不拘，久而化成⑤〔四〕。

【注】

〔一〕陶弘景曰：进说而能令听者，其唯情合者乎。　○尹桐阳曰：情、听为韵。　○俞棪曰：韩诗外传曰："相观而志合，必由其中。故同明相见，同音相闻，同志相从。"　**按**：情合者听，谓只有内情切合者才会听取。

〔二〕陶弘景曰：言内符之应外摩，得类则应，譬犹水流就湿，火行就燥也。　○邹守益曰：火性燥，故就燥；水性湿，故就湿，其性合也。事成必合于数，说听必合于情，亦是此理。二喻极佳。（诸子汇函引作杨慎曰）　○尹桐阳曰：濡同滜，润也。火燃水濡，间句韵。濡读耎也。又曰：应，合也；于，在也；也同亦。　○俞棪曰：易系辞引孔子曰："同声相应，同气相求。水流湿，火就燥，云从龙，风从虎，圣人作而万物睹。本乎天者亲上，本乎地者亲下，则各从其类也。"又按传曰："善其音而类者应焉。"又曰："马鸣而马应之，牛鸣而牛应之，非知也，其势然也。"又荀子曰："君子挈其辨而同焉者，合矣；善其言而类焉者，应矣。故马鸣而马应之，非知也，其势然也。"凡此均与鬼谷之说互相发明。

〔三〕陶弘景曰：善于摩者，其唯圣人乎！故曰独行之道也。　○尹桐阳曰：事类己者。又曰：焉，安也。应与下文道为韵。道读禫也。又曰：上文云隐微摩之以其所欲。欲与下文抱为韵。听与下文成为韵。　○俞棪曰：王弼明卦通变通爻曰："观变动者存乎应。"又云："虽后而敢为之先者，应其始也。"此言应之要也。又按：俞樾古书疑义举例句首"焉"字例曰：凡经传用焉字……亦有在句首者，礼记乡饮酒义："焉知其能和乐而不流也，焉知其能弟长而无遗也，焉知其能安燕而不乱也。"刘氏台拱曰："三焉皆当下属语词，犹于是也。"　**按**：独行与前文独用意通，仅圣人可用，故言独行。

〔四〕陶弘景曰：见几而作，何晚之有？功成不居，何拘之有？久行此二者，可以化天下。　○高金体曰：不晚者，见之早也；不抱者，让之深也。　○俞樾曰：抱当为保。释名释姿容曰："抱，保也，相亲保也。"是抱与保义通。诗楚茨篇："神保是飨。"笺云："保，居也。"思齐篇："无射亦保。"笺云："保，犹居也。"然则成而不保，犹云成而不居。注云功成不拘，何抱之有。不拘即不居之误。　○尹桐阳曰：故同胡，何也。有应有听则不独。又曰：见几而作，何晚之有。又曰：功成而不居。　○俞棪曰：今文尚书皋陶谟曰：禹曰："惟几惟康。""惟时惟几。"又易系辞曰："唯深也，故能通天下之志；唯几也，故能成天下之务。"韩康伯注曰："极未形之理则曰深，适动微之会则曰几。"此言几动甚微，善适而不晚也。　**按**：几，事物的微小迹兆。易系辞下："君子见几而作，不俟终日。"

【校】

①俞樾曰："者"，衍字。上云"夫事成必合于数"，与此句正相对成文。

②别本"听"前有"必"字。自"说者听必合于情"至此，俞棪以为错简，当在"唯圣人然后能任之"后。此出己意，无版本依据。邓析子转辞篇曰："成必合于数，听必合于情。"

③意林引作"此类相应也"。

④自"故曰摩之以其类"至此，俞棪以为错简，当在"故圣人所独用者"前。

⑤道藏诸本"拘"作"抱"。自"夫几者不晚"至此，俞棪以为错简，当在"其用之非也"下。此出己意，无版本依据。

权篇第九[①]

陶弘景曰：权者，反覆进却以居当也[②]。　○尹桐阳曰：篇中所记胪举言词种类而解释之，则权字当同谖。说文："谖，慧也。"谓言之慧也。例与说文趯读欢同。前汉书艺文志道家：大公言七十一篇。此权是其类也。若以为权谋之权，则失之。　○萧登福曰：礼记月令："正权概。"郑玄注云："称锤曰权。"权本来是称的附属品，然而称与锤是一体的，称必须有锤才能量东西，因此权字也引伸为权衡轻重或衡量事物。此篇的权字，即是指权衡或衡量而言，和揣篇"量权"的权字作权势解是不同的。权篇旨在告诉我们，在进行说服工作时，我们必须将所要使用的言谈技巧，与所要说服的对象，加以谨慎权衡选择。　**按**：权，衡量，比较。吕氏春秋举难："且人固难全，权而用其长者，当举也。"与揣篇"量权"目的不同。量权，即"量天下之权"，总言之，对各国实情与国际局势作宏观把握，为谋划国家战略、制定基本国策提供参照。本篇之权，范围仅限于游说，主要是衡量对象的特点，选择不同的言辞。萧说揣篇"量权"的权字作权势解，不确。

本篇是关于游说的专论。全篇结构上由三个部分所组成：

先言何谓游说，有何种说辞。文中提出游说即“说者，说之也；说之者，资之也”，从己方看，游说就是为了说服对方；从对方看，你要说服他必须要对他有所帮助，他才会听。并列举了饰言、利辞、轻论、难言、佞言、谀言、平言、戚言、静言等说辞，指出这些说辞的特点或价值。次言进献说辞的方法，有“言其有利者，从其所长也”；“言其有害者，避其所短也”等。最后言进献说辞的原则，须针对不同对象施以不同的言辞。

【校】

①太平御览引作“量权篇”。

②道藏本、品汇释评本、乾隆本、嘉庆本皆无此语。今据横秋阁本、高氏本、四库全书本增。

说者①，说之也；说之者，资之也〔一〕。饰言者，假之也，假之者，益损也〔二〕；应对者，利辞也，利辞者，轻论②也〔三〕；成义者，明之也，明之者，符（验）［验］③也〔四〕。言或反覆，欲相却也④。难言者，却论也，却论者，钓几也〔五〕。

【注】

〔一〕陶弘景曰：说者，说之于彼人也；说之者，所以资于彼人也。资，取也。　〇袁宗道曰：此说属意匠心，确有识见，非漫然下笔者。　〇尹桐阳曰：上说谓言说，下说谓喜悦。　**按**：此言从己方看，游说就是为了说服对方；从对方看，你要说服他必须要对他有所帮助，他才会听你的。尹曰说同喜悦，于义未合。

〔二〕陶弘景曰：说者所以文饰言语，但假借以求入于彼，非事要也；亦既假之，须有损益，故曰假之者，损益也。　〇尹桐阳曰：假同诚，嘉善也。诗：“假以溢我。”说文引作诚。又曰：本经阴符七篇曰："益之损之，皆为之辞。"为即假耳。损与下文论为韵。

按：此言修饰言辞，即需借助前人或对方言辞；借助时要加损益，不能照搬。

〔三〕陶弘景曰：谓彼有所问，卒应而对之，但便利辞也。辞务便利，故所论之事，自然劳权校补"易言"二字。利辞，非至言也。　○尹桐阳曰：应，和也。与利义近。吕览召类："声比则应。"淮南原道："不为先倡，感而应之。"注皆训和。　**按**：应对，对答。论语子张："子夏之门人小子，当洒扫应对进退，则可矣。"韩非子说疑："进退不肃、应对不恭者斩于前。"利，便利；轻，快速。银雀山汉墓竹简孙膑兵法十阵："从役有数，令之为属枇，必轻必利。"此言对答时要用简便的言辞快速作答。

〔四〕陶弘景曰：核实事务以成义理者，欲明其真伪也；真伪既明，则符(验)[验]自著，故曰明之者，符(验)[验]也。　○尹桐阳曰：成同诚，信也；义，议也；明即盟，亦信也。摩篇曰："信者，明也。"又曰：说文："符，信也。"验，马名。此符验联用。以验为谂，借字耳。淮南修务："故有符于中。"注："符，验也。"即谂也。　○俞棪曰：王充论衡曰："凡论事者，违实不引效验，虽甘义繁词，众不见信。"此言符验之必要也。　**按**：成义，成义理的言辞。此言成义理的言辞必须要让对方明白某个道理，若使对方明白某个道理，又必须举事实加以验证。陶、尹说于义未合，俞棪说是。

〔五〕陶弘景曰：言或不合反覆相难，所以却论前事也。却论者，必理精而事明，几微可得而尽矣，故曰却论者，钓几也。求其深隐曰钓也。　○王维祯曰：自是一种奇伟雄博，难以尽言，笔不尽评，须以己之精神相贯，乃可以得其机略之所在。　○尹桐阳曰：难同谜，说文："谜，谈也。"支离牵引之谓。却，隙也。言多必失，有隙为人所寻，故曰却论。又曰：中经曰：却语者，察伺短也。有短而为人所伺，故曰钓几。　○俞棪曰：韩诗外传曰："夫繁文以相假，饰词以相悖，数譬以相移，外人之身，使不得反其意，则论便然后害生也。夫不疏其指而弗知谓之隐，外意外身谓之讳，几廉倚跌谓之移，指缘谬辞谓之苟。四者所不为也。”繁文者，饰言也；数譬者，成义也；外身外义者，却论也。　**按**：此言双方互相论难时，突然退言前事，对方缺陷必露，然后抓住它们，再行辩驳，如庄子与惠子辩于濠梁之上矣。

【校】

①说者，道藏本、嘉靖钞本、百子全书本作“说之者”，衍“之”字。

②论，嘉靖钞本脱。

③验，道藏本、乾隆本、百子全书本作“验”。今据改。下注同。

④“言或反覆，欲相却也”八字，钱遵王手钞本脱，道藏本、乾隆本在注中。秦恩复据道藏本、陶弘景注增。今依秦校。

佞言者，謟而干[①]忠〔一〕；谀言者，博而干智〔二〕；平言者，决而干勇〔三〕；戚言者，权而干信〔四〕；静言者，反而干胜〔五〕。先意承[②]欲者，謟也；繁称文辞者，博也；纵舍不疑[③]者，决也；策选进谋者，权也；(他)[先][④]分不足以[⑤]窒非者，反也〔六〕。

【注】

〔一〕陶弘景曰：謟者，先意承欲以求忠名，故曰謟而干忠。　○乾隆本秦恩复云：于字应是干字之讹。尔雅释言曰：“干，求也。”玩注自明。下四节及注并同。　○俞樾曰：于当读作为，古字通用。仪礼士冠礼：“宜之于假。”郑注曰：“于，犹为也。”又聘礼记：“贿，在聘于贿。”注曰：“于读曰为。”并其证也。谄而于忠即谄而为忠，下文并同。　○尹桐阳曰：说文：“佞，巧讇高材也。”于，如也。下诸于字同。忠与下文勇为韵。　〇俞棪曰：王充论衡曰："人主好辨，佞人言利；人主好文，佞人辞丽。心合意同，偶当人主，说而不见其非。"此之谓谄也。"佞人不毁人，如毁人……佞人求利，故不毁人……以计求便，以数取利，利则便得。妬人共事，然后危人。其危人也，非毁之；而其害人也，非泊之。誉而危之，故人不知；厚而害之，故人不疑。是故佞人危而不怨，害人之败而不仇，隐情匿意为之功也。"　**按**：佞言：奸巧谄谀，花言巧语。諂，即谄，巴结奉承。干忠，求得忠诚之名。此言用奸巧的言辞巴结对象，以求得忠诚之名。秦说是。俞樾说与陶注不符。

〔二〕陶弘景曰：博者繁称文辞以求智名，故曰博而干智。　〇尹桐阳曰：说文："谀，谄也。"　〇俞棪曰：庄子渔父曰："莫之顾而进之谓佞，希意道言谓之谄，不择是非而言谓之谀。"此三者之别也。　**按**：谀，恭维，用不实之辞奉承人。荀子修身："以不善先人者谓之谄，以不善和人者谓之谀。"此言博引文辞奉承对象，以求得智者之名。

〔三〕陶弘景曰：决者，纵舍不疑以求勇名，故曰決而干勇。　〇尹桐阳曰：平同谝，便巧言也。例与说文蹁读苹同。决，说文云："行流也。"与勇相似。　〇萧登福曰：言谈时言辞果断，以平铺直陈的方式来求得勇决之名，称为平言。　〇郑杰文曰：平言，成事之言。平，尔雅释诂："成也。"　**按**：各家解释"平言"，意皆不同。平言即直截了当的言。此言用直截了当的言辞来说，以敢于直言而求得勇者的名声。萧说近是。

〔四〕陶弘景曰：戚者忧也。谓象忧戚而陈言也。权者策选进谋，以求信名，故曰权而干信。　〇尹桐阳曰：戚同諓，善言也。权即谖，诈也，与信相反。前汉书艺文志："则上诈谖而弃其信。"权与下文反、半为韵。　**按**：戚言，忧戚的样子，说出的悲戚的话。权而干信，根据形势权且装出忧戚的样子，说出悲伤的话，以博得对方的同情，从而赢得对方的信任。

〔五〕陶弘景曰：静言者，谓象清净而陈言；反者，他分不足以窒非，以求胜名，故曰反而干胜。　〇闵如霖曰：五言之害，自是实理，愈深愈绪，机辨不穷。　〇尹桐阳曰：静同訮，诤语，訮訮也。符言作开开。反与缓同。　〇俞棪曰：尧典曰："静言庸违。"蔡沉集传："静则能言，用则违背也。"　**按**：静同靖，谋议。尚书尧典曰："静言庸违。"伪孔传："静，谋。"反，自己理由不足反而责备他人的不足。此言有谋略的话，是自知自己不足反而责备他人的不足，以求得辩驳的胜利。

〔六〕陶弘景曰：己实不足，不自知而内讼，而反攻人之过，窒他为非，如此者反也。　〇尹桐阳曰：策，挟也；选，数也。策选者，谓挟其数术。权与下文反、关为韵。又曰：纵舍，放舒也。宜，安止也。决与下文非为韵，全句与半句叶也。又曰：分，奋也，非同騑，骖旁。马窒騑，则马不行。反与缓同。　〇俞棪曰：孟子曰："诐辞知其所蔽，淫辞知其所陷，邪辞知其所离，遁辞知其所穷。"孟子知言之说，与此说可以互相发明。　**按**：先意承欲，谓先预测到对方的欲望，然后顺着其欲望去说；先分不足以窒非，谓自己理由不足而反攻人之过，致他为非。

【校】

①道藏本、品汇释评本、乾隆本"干"作"于"。

②承，道藏本、百子全书本讹作"成"。

③疑，道藏本、嘉靖钞本作"宜"。

④他，道藏本、品汇释评本、乾隆本、百子全书本均作"先"。今据改。

⑤以，道藏本、品汇释评本、百子全书本作"而"。

故口者，机[①]关也，所以关[②]闭情意也；耳目者，心之佐

助也，所以窥覸[③]奸邪〔一〕。故曰参调而应，利道而动〔二〕。故繁[④]言而不乱，翱翔而不迷，变易而不危者，睹[⑤]要得理〔三〕。故无目者，不可以示以五色；无耳者，不可告以五音〔四〕。故不可以往者，无所开之也；不可以来者，无所受之也。物有不通者，圣人[⑥]故不事也〔五〕。古人有言曰："口可以食，不可以言。"[言][⑦]者，有讳忌也；"众口烁金"，言有曲故也〔六〕。

【注】

〔一〕陶弘景曰：口者所以发言语，故曰机关也；情意宣否在于机关，故曰所以开闭情意也；耳目者所以助心通理，故曰心之佐助也；心得耳目即能窥见间隙，见彼奸邪，故曰窥覸奸邪也。　○高似孙曰：口耳一段，文势曲折之妙，超脱不凡。　○俞樾曰：此本作窥间奸邪。间当读为见，窥间即窥见也。后人因间为见之假借，旁识见字，传写不知而并存之，遂作间见矣。礼记祭义篇："见间以侠甂。"王氏引之曰："古见间同声，故借见为间。后人因间为见之假借，旁识见字，传写不知而并存之，遂成'见间以侠甂'。"说详经义述闻通说，与此正可互证。　○尹桐阳曰：几同机；间，隙也；助、邪为韵。　○萧登福曰：覸或作瞯，孟子离娄下："吾将覸良人之所之。"十三经注疏仪礼士昏礼郑玄注引孟子覸作见，孔疏引孟子作瞯。广雅释诂一："覸，视也。"……覸作视解，今由陶注"窥见间隙，见彼奸邪"而言，窃疑陶弘景所见之本原作"窥间，见奸邪"。　**按**：覸，同覸，窥视。广雅释诂一："覸，视也。"王念孙疏证："覸之言间也。"

〔二〕陶弘景曰：耳目心三者调和而相应，则动必成功，吉无不利，其所以无不利者，则以顺道而动，故曰参调而应，利道而动也。　○

尹桐阳曰:参,三也,斥心耳目而言;应,和也;道,言也;利道即上文所谓利辞。应、动为韵。应读雍也。文子守朴亦叶应、动,易蒙彖传叶蒙、中、应、功,比彖传叶从、中、应、穷,未济彖传叶中、终、应,例皆同此。　○俞棪曰:韩非八经:"参言以知其诚,易视以改其泽……举往以悉其前,即迩以知其内,疏置以知其外,握明以问所阍,诡使以绝黩泄,倒言以尝所疑,论反以得阴奸……举错以观奸动……卑适以观直谄。"此之谓参调而应,利道而动。　○萧登福曰:参调而应,当谓口,一也;耳,二也;目,三也;三者调和而相应。此承上文而来,上文言"口者,机关也,所以关闭情意也;耳目者,心之佐助也,所以窥觇奸邪",故知此处之三者,当指口、耳、目而言,且下文"繁言而不乱"指口而言,"无目者不可示以五色,无耳者不可告以五音"指耳、目而言,故知"参调而应"当指口、耳、目三者;以耳目观察,而以口开闭情意。陶氏以"耳、目、心"三者当之,非矣。　**按**:参,此指口、耳、目并列为三;应,应和。易乾文言:"同声相应,同气相求。"道,引导。左传僖公二十六年:"臧孙见子玉,而道之伐齐、宋,以其不臣也。"释文:"道音导。"楚辞离骚:"乘骐骥以驰骋兮,来吾道夫先路。"此言口、耳、目三者调和相应,向有利于自己的方向而动。萧说是。

〔三〕陶弘景曰:苟能睹要得理,便可曲成不失,故虽繁言纷葩而不乱,翱翔越道而不迷,变易改当而不危也。　○黄道开曰:此等关键,须自开悟,全靠人点人引不得。　○俞樾曰:危读为诡,与内楗篇危与之危同。言变易而不诡谲也。　○尹桐阳曰:系言,翮言也,犹云飞语。说文:"璬读若鬲"。又"觳读若鬲"。鬲、毂声转。言、乱为韵。又曰易、危为韵。　○俞棪曰:韩非八经:"言会众端,必揆之以地,谋之以天,验之以物,参之以人。四征者符,乃可以观矣。"又孔丛子曰:"孔子曰:君子以理为尚,博而不要，非所察也；繁辞富说，非所听也。唯知者不失理。"又淮南子人间训曰："说者之论，诚得其数，则无所用多矣。夫车之所以能转千里者，以其要在三寸之辖；夫劝人而弗能使也，禁人而弗能止也，其所由者非理也。"由此诸家之说足以明观要得理之义矣。　　**按**：危，读若诡。这里从俞樾说。诡，欺诈。孙子兵法计："兵者，诡道也。"此言要善于在各种复杂的言辞中辨别出要理；反过来，一旦抓住中心要理，便不会被各种言辞所迷惑。陶说未尽其旨。

〔四〕陶弘景曰：五色为有目者施，故无目者不可得而示；五音为有耳者作，故无耳者不可得而告。此二者为下文分也。　　○尹桐阳曰：理、色、耳为韵。

〔五〕陶弘景曰：此不可以往说于彼者，为彼暗滞，无所可开也；彼所以不来说于此者，为此浅局，无所可受也。夫浅局之与暗滞，常闭塞而不通，故圣人不事也。　　○虞集曰：文势排用叠下，如长江大河汪汪不住。至"介虫之捍也"数句，又转为波流潆回，备极妙观。　　○尹桐阳曰：所同许，听也；开即并，相从也。所开谓听从，所受谓听受，故言也。故不事者，谓言当止而不事。来、事与下文忌韵；受与下文曲亦韵。　　○俞棪曰：论语曰："可与言而不与之言，失人；不可与言而与之言，失言。知者不失人，亦不失言。"又曰："言未及之而言谓之躁，言及之而不言谓之隐，未见颜色而言谓之瞽。"又按：传曰："智者不为非其事。"又淮南子曰："交画不畅，连环不解，物有不通者，圣人不争也。"此言物有不通者，智者不为也。又按：徐幹中论贵言篇曰："君子之与人言也，使辞足以达其知虑之所至，事足以合其性情之所安，弗过其任而强牵制也。苟过其任而强牵制，则将昏瞀委滞，而遂疑君子以为欺我也。不则曰无闻知矣。非故也，明偏而示之以幽，弗能照也；听寡而告之以微，弗能察也，斯所资于造化者也。"徐氏此论尤深切著明。　　按：此言如果不前往去游说，就不会打开对方的心扉而了解实情；如果不让他人前来游说，就不会得到对方的想法。双方讯息不通，圣人是不会乱做的。虞说未及意旨。

〔六〕陶弘景曰：口食可以肥百体，故可食也；口言或有招百殃，故不可以言也。言者触忌讳，故曰有忌讳也。金为坚物，众口能烁之，则以众口有私曲故也，故曰言有曲故也。　○冯叔吉曰：读此段，以人情按之，无一不真，果是笔头上尽出千形万象。　○俞樾曰："者"字衍。口可以食，不可以言，言有讳忌也，乃引古人之言而释之。众口铄金，言有曲故也，亦引古人之言而释之。两云言有，文义一律。陶注曰："言者触忌讳，故曰有忌讳也。"是其所据本已衍者字矣。　○尹桐阳曰：国语泠州鸠曰："众心成城，众口铄金。"贾逵曰："铄，销也。众口所恶，金为之销亡。"曲，虚也。众心展转是非多虚而不实，故云有曲。子华子阳城胥渠问："曲言者，假以指喻也。"　○俞棪曰：礼缁衣曰："子曰：君子溺于口……在其所亵也……口费而烦，易出难悔，易以溺人。"又兑命曰："惟口起羞。"此言言不可不慎也。又论语曰："君子名之必可言也，言之必可行也。君子于其言，无所苟而已矣。"又曰："其言之不怍，则为之也难。"又子贡曰："君子一言以为知，一言以为不知，言不可不慎也。"又大学曾子传曰："言悖而出者，亦悖而入。"此谓言有讳忌也。又按：邓析子曰："非所宜言，勿言，非所宜为，勿为，以避其危；非所宜取，勿取，以避其咎；非所宜争，勿争，以避其声。一声而非，驷马勿追；一言而急，驷马不及。"此圣人所不事者也。故曰口可以食，不可以言也。　　按：此言古人有句话说：口可以用来吃饭，但不能随便说话，说话要有所顾忌。谚语曰"众口铄金"，就是因为人们在说话时怀有私心而难免歪曲事实的缘故。

【校】

①机,道藏本讹作“几”。

②关,道藏本、百子全书本脱,道藏本注曰:“所以关闭情意。”则原有“关”字。嘉庆本正文及注均作“开闭”。艺文类聚、太平御览卷三百六十七引、说郛本、蓝格本作“开”。“关”与“开”,形近而误。劳权校补“关”亦作“开”。下注同。

③窥,说郛本作“闚”。“覸”,道藏本、说郛本、百子全书本、乾隆本作“间见”二字。

④繁,道藏本、百子全书本作“系”。

⑤睹,道藏本、说郛本、品汇释评本、乾隆本、百子全书本作“观”。

⑥“圣人”二字,道藏本、乾隆本、百子全书本无,疑衍。

⑦此处脱一“言”字。道藏本、乾隆本、百子全书本有“言”字,陶注亦曰“言者触忌讳”,今据补。

人之情,出言则欲听,举事①则欲成〔一〕。是故智者不用其所短,而用愚人之所长;不②用其所拙,而用愚人之所工③,故不困也〔二〕。言其有利者,从其所长也;言其有害者,避其所短也〔三〕。故介虫之捍④也,必以坚厚;螫虫之动也,必以毒螫。故禽兽知⑤用其长,而谈者亦知其用⑥而用也〔四〕。

【注】

〔一〕陶弘景曰:可听在于合彼,可成在于顺理。此为下起端也。

○尹桐阳曰:情、听、成为韵。　○俞棪曰:荀子非相篇曰:“君子必辩。凡人莫不好言其所善,而君子为尤甚焉。是以小人辩言险,君子辩言仁。”

〔二〕陶弘景曰:智者之短,不胜愚人之长;智者之拙,不胜愚人之工。

道藏本、乾隆本“愚人之长”下有“故用愚人之长也”,“愚人之工”下有“故用愚人之工也”。常能弃此拙短而用彼工长,故不困也。　○高金体曰:用愚人之所长,故悦;用愚人之所工,故通。反用之,则必拂其情,而我乃穷。　○俞棪曰:邓析子曰:“夫人情,发言欲胜,举事欲成。故明者不以其短疾人之长,不以其拙病人之工。”言与此合。又荀子大略篇曰:“无用吾之所短遇人之所长,故塞而避所短,移而从所仕。”杨倞注:“事与仕同。事所能也。”又庄子外物篇曰:“虽有至知,万人谋之。”又淮南子修务训曰:“智者之所短,不若愚者之所修;贤者之所不足,不若众人之有余。”皆此义也。

〔三〕陶弘景曰:人能从利之所长,避害之所短,故出言必见听,举事必成功也。　○太平御览引注曰:人辞说条通理达,即叙述从其长者,以昭其德;人言壅滞,即避其短,称宣其善,以显其行。言说之枢机,事物之志务者也。　○俞棪曰:墨子经上曰:“利所得而喜也,害所得而恶也。”又墨辩大取曰:“利之中取大,害之中取小。利之中取大,非不得已也;害之中取小,不得已也。”此言利害抉择自有其道也。

〔四〕陶弘景曰:言介虫之捍也,入坚厚以自藏;螫虫之动也,行毒螫以自卫,此用其所长,故能自免于害。至于他鸟兽,莫不知用其长,以自保全。谈者感此,亦知其所用而用也。　○太平御览引注云:虫以甲自覆障,而言说者不知其长。　○高金体曰:用其用者,审愚人之用,我从而用之。　○尹桐阳曰:说文:螫,虫行毒也。史记律书:“怒则毒螫加。”淮南说山:“贞虫之动以毒螫。”动与下文用,螫与下文五、怒为韵。又曰:之同识,知也。　**按**:太平御览引作“介虫之捍,必以甲而后动;螫虫之动,必先螫毒。故禽兽知其所长,而谈者不知用也”。

【校】

①一本脱“事”字。

②一本“不”字前有“智者”二字。嘉靖钞本有“知者”二字。

③意林引“工”作“巧”。

④捍，道藏本讹作“悍”。

⑤知，道藏本、嘉靖钞本、百子全书本作“之”。

⑥亦，道藏本、嘉靖钞本、乾隆本、百子全书本无，且“其用”作“用其”。

故曰辞言有[①]五：曰病、曰恐[②]、曰忧、曰怒、曰喜〔一〕。病者[③]，感衰气而不神也；恐者，肠绝而无主也；忧者，闭塞而不泄也；怒者，妄动而不治也。喜者，宣散而无要也〔二〕。此五者，精则用之，利则行之〔三〕。故与智者言，依于博；与博[④]者言，依于辨[⑤]；与辨者言，依于要；与贵者言，依于势；与富者言，依于高；与贫者言，依于利；与贱者言，依于谦；与勇者言，依于敢；与愚[⑥]者言，依于锐。此其术[⑦]也，而人常反之〔四〕。

【注】

〔一〕陶弘景曰：五者有一，必失中和而不平畅。　○尹桐阳曰：辞同辤，不受也。谓有言而人不听之。　○俞棪曰：说文：“辞，讼也，从𤔔辛，犹理辜也。”后汉周纡传：“善为辞案条教。”又易系辞曰：“辞也者，各指其所之。”荀子正名曰：“辞也者，兼异实之名以论一意也。”　**按**：辞同辤，说文：“辤，不受也。”马王堆汉墓帛书十六经五正：“黄帝于是辤其国大夫，上于博望之山。”尹说是。

〔二〕陶弘景曰：病者恍惚，故气衰而言不神也；恐者内动，故肠绝而言无主也；忧者怏悒，故闭塞而言不泄也；怒者郁勃，故妄动而言不治也;喜者摇荡,故宣散而言无要也。　○尹桐阳曰:肠同惕,思也,痛也。绝,极也。忧,说文作慐,愁也。摩篇曰:"怒者动也。"宣同愃。方言二:"愃,快也。"注:"今江东人呼快为愃。"　○俞棪曰:易系辞曰:"将欲叛者其辞惭,中心疑者其辞枝,吉人之辞寡,躁人之辞多,诬善之人其辞游,失其守者其辞屈。"此六辞者,五病之变也。又大学曾子传:"身有所忿懥,则不得其正;有所恐惧,则不得其正;有所好乐,则不得其正;有所忧患,则不得其正。"鬼谷之说本此。又荀子臣道篇:"因其惧也而改其过,因其忧也而辨其故,因其喜也而入其道,因其怒也而除其怨,曲得所谓焉。"此均儒家学说之本义也。又按:左氏传曰:"臾骈曰:目动而言肆,惧我也。"又鱼府曰:"……右师视速而言疾,有异志焉……"又国语载:柯陵之会,单襄公见晋厉公视远步高。晋郤锜见,其语犯;郤犨见,其语迂;郤至见,其语伐;齐国佐见,其语尽。单子曰:目以处义,足以步目。今晋侯视远而足高,目不在体而足不步目,其心必异矣。……郤伯之语犯,叔迂,季伐,犯则陵人,迂则诬人,伐则掩人,有是宠也,而益之以三怨,其谁能忍之。虽齐国子亦将与焉。立于淫乱之国,而好尽言,以招人过,怨之本也。然则犯、迂、诬、尽四者,亦辞之病也,不可不察也。

○萧登福曰:所以言辞中有五种弊病,我们须要加以提防:一是病,二是恐,三是忧,四是怒,五是喜。所谓"病",是指气势不足,言辞恍惚,不能使言论有精神。所谓"恐",是指内心震惧肠断,而语无伦次。所谓"忧",是指言辞闭塞,无法畅通。所谓"怒",是指情绪激昂,妄加行动,不能好好的处理言辞。所谓"喜",是指情绪欢畅,心意流散,无法把握住言谈的重点。　○郑杰文曰:所以说,说辩中的忌辞有五种,即病言、恐言、忧言、怒言、喜言。病言,就像病人气力不足那样没有神气。恐言,就像人害怕得断了肠子那样没有主见。忧言,就像人愁思不通那样不畅达。

怒言，就像人怒火攻心胡撞乱动那样没有条理。喜言，就像人得意忘形不知所为那样没有要点。　按：宣，疏散。左传昭元年："于是乎节宣其气。"又："宣汾、洮。"对病、恐、忧、怒、喜五种言辞，各家说法不同。病辞，让人听了感到气馁而没有精神；恐辞，让人听了害怕而失去主见；忧辞，让人听了心情郁闷而不愿与人交流；怒辞，让人听了因愤怒冲动导致不可收拾的后果；喜辞，让人听了心意疏散而失去主见。此五者是就言辞结果而言，非就特点而言也。

〔三〕陶弘景曰：此五者既失其平常，故用之在精而行之在利。其不劳权校补"不"字。精利，则废而止之也。　○尹桐阳曰：精同情，人之阴气有欲者也。病、怨、忧、怒、喜，均为人之情欲，故云情则用之。　○俞棪曰：中庸曰："或安而行之，或利而行之，或勉强而行之。"　按：言此五者只有精通才能使用，只有有利才可实行。

〔四〕陶弘景曰：此量宜发言，言之术也。不达者反之，则逆理而不免于害也。　○林希元曰：战国策士朝扣秦阕，暮游燕壁。其探机同情，慷慨谈说人主之前，或布衣而卿相，或郊迎而先驱，其所以开说者，分明有权在也。　○尹桐阳曰：过，果也。势、利、锐、术为韵，谦、敢亦为韵。　○俞棪曰：徐幹中论覈辩曰："辩之言，必约以至。不烦而论，疾徐应节；不犯礼教，足以相称。乐尽人之辞，善致人之志，使论者各尽得其愿，而与之得解。其称也无其名，其理也不独显。若此，则可谓辩。"中论又曰："辩之为言别也，为其善分别事类而明处之也。"若是，则与辩者言，必依于要可知矣。又曰：孟子曰："说大人则藐之，勿视其巍巍然。"此亦与贵者言之术也。又曰：太平御览引量权篇云："言有通者，从其所长；言有塞者，从其所短。注云：人辞说条通理达，即叙述从其长者，以昭其德；人言壅滞，即避其短，称宣其善，以显其行。言说之枢机，事物之志务者也。”今按：全篇无此文，附录于此。　**按**：此又见邓析子转辞篇，而文字小异：“夫言之术，与智者言，依于博；与博者言，依于辩；与辩者言，依于安；与贵者言，依于势；与富者言，依于豪；与贫者言，依于利；与勇者言，依于敢；与愚者言，依于说。此言之术也。”

【校】

①辞言，百子全书本作“言辞”。有，道藏诸本无。

②恐，道藏本、百子全书本讹作“怨”。下“恐”字同。

③“病者”二字前，道藏诸本有“故曰”二字。

④博，道藏本、嘉靖钞本、百子全书本讹作“拙”。

⑤辨，嘉靖钞本作“辩”。下“辨”字同。

⑥愚，道藏本作“过”，别本作“通”。

⑦术，太平御览引作“说”。

是故与智者言，将以此①明之；与不智者言，将以此教之，而甚②难为也〔一〕。故言多类，事多变。故终日言，不失其类而事③不乱〔二〕，终日不④变而不失其主〔三〕。故智贵不（忘）［妄］⑤〔四〕。听贵聪，智贵明，辞贵奇〔五〕。

【注】

〔一〕陶弘景曰：与智者语，将以明斯术；与不智者语，将以此术教之。然人迷日“日”字下，道藏本衍“因”字。久，教之不易，故难为也。　○尹桐阳曰：明，勉也；甚同谌，诚也。难，谨也。谓诚谨为之而不变。　○俞棪曰：韩非喻老曰：“知者不以言谈教。”为其难喻也。

〔二〕陶弘景曰：言者条流舛杂，故多类也；事则随时而化，故多变也。

若言不失类，则事亦不乱也。　○尹桐阳曰：变、乱为韵。　○俞棪曰：荀子大略篇曰："多言而类圣人也。"　**按**：言有类谓上所言之言辞种类。此言言辞有不同的种类，事情千变万化。只要根据实际情况，选择不同种类的言辞去说，事情就不会朝着不利于自己的方面变化。

〔三〕陶弘景曰：不乱故不变，不变故存主有常。

〔四〕陶弘景曰：能令有常而不变者，智之用也，故其智可贵而不（忘）［妄］也。　**按**：此谓智贵不妄动。

〔五〕陶弘景曰：听聪则真伪不乱，知明则可否自分，辞奇则是非有诠。道藏本、乾隆本作"证"。三者能行则功成事立，故须贵也。　○黄凤翔曰：结知者身上去，立意便高。权术非知者不能用也。　○尹桐阳曰：妄、明为韵。　○俞棪曰：邓析子曰："谈者，别殊类，使不相害；序异端，使不相乱；谕志通意，非务相乖也。若饰词以相乱，匿词以相移，非古之辩也。"又按：墨子小取篇曰："夫辩者，将以明是非之分，审治乱之纪，明同异之处，察名实之理。处利害，决嫌疑焉。摹略万物之然，论求群言之比。以名举实，以辞抒意，以说出故，以类取，以类予，有诸己不非诸人，无诸己不求诸人……"此则墨家名学之类的学说与鬼谷之说固极相关联者也。

【校】

①以此，道藏本、乾隆本、百子全书本乙倒作"此以"，下同。

②而甚，百子全书本作"然人"。

③而事，道藏本、乾隆本、百子全书本作"故事"，嘉靖钞本作"故此"。

④不，俞樾以为衍，曰：此本作"终日变而不失其主"，与上文"终日言不失其类"相对。注云"不乱故不变"，是其所据本已衍"不"字。

⑤忘，道藏本、品汇释评本、嘉靖钞本、乾隆本、百子全书本作"妄"，今据改，下注同。

谋篇第十[①]

尹桐阳曰：前汉书艺文志道家：大公二百三十七篇，谋八十一篇，言七十一篇，兵八十五篇。鹖冠子近迭篇曰："退师谋言，弟子愈恐。"此谋是其类也。

本篇是关于谋略的专论。全篇结构上由四个部分所组成：

先言计谋产生的前提，即"审得其情"，"度材量能，揣情者，亦事之司南"。次言计谋应因人而生，列举如何针对仁人、勇士、智者、愚者、不肖者、贪者等不同的对象设计计谋。再次言公开不如隐蔽、循常理不如出奇计等计谋方法。最后言计谋的原则，隐匿于阴。谋之于阴而勿让人知，则谋可成，此即所谓"阴"谋。这里对"阴谋"一词作了理论上的阐释，十分可贵。

【校】

①太平御览引作"谋虑篇"。

凡谋有道[①]，必得其所因，以求其情〔一〕。审得其情，乃立三仪。三仪者：曰上，曰中，曰下，参以立焉[②]，以生奇[③]。

奇不知其所壅[④],始于古之所从〔二〕。故郑人之取玉也,载[⑤]司南之车,为其不惑也。夫度材量能,揣情者,亦事之司南也〔三〕。

【注】

〔一〕陶弘景曰:得其所因,则其情可求;见情而谋,则事无不济。○尹桐阳曰:凡,众也。 **按**:道,规律。

〔二〕陶弘景曰:言审情之术,必立上智、中才、下愚。三者参以验之,然后奇计可得而生。奇计既生,莫不通达,故不知其所壅蔽。然此奇计,非自今也,乃始于古之顺道而动者,盖从于顺也。 ○太平御览引佚注曰:三仪,有上有下有中。 ○袁宗道曰:三仪之法是篇中主意,看鬼谷子十篇,议论大略俱是,揣摹探索神□阴諏之语,须以意细玩之,方能悟其机关。 ○尹桐阳曰:仪,度也,谋也。三仪者,若后世之云三计、三策然。仪、奇为韵。老子曰:"以奇用兵。"尹文子大道下释之曰:"奇者,权术是也。"以权术用兵,万物所不能敌。 ○俞棪曰:说文:"拥,褒也。褒,褢也。"又说文:从,随行也。诗齐风:"并驱从两肩。"曾传曰:"从,逐也,亦随也。"释诂曰:"从,自也。"其引申之义也。又左传:"使乱大从。"王肃曰:"从,顺也。" **按**:仪,法度,准则。参,参验,比照。荀子解蔽:"参稽治乱而通其度。"杨倞注:"参,验也。"韩非子显学:"无参验而必示之者,愚也。"此言审得其情后,设计上、中、下三种计策。然后比较三种计策,确定所需要的是哪一种,奇计就产生了。奇计产生后无往而不胜。这种计谋的方法始于古人的实践。

〔三〕叶重第曰:司南车一段,立个意思,以起议论,文之绝佳者。○俞棪曰:和璞出于荆山。见意林引抱朴子:"郑在荆北,故取玉必载司南之车。"韩非子曰:"先王立司南以端朝夕。"又曰:太平御览引鬼谷子曰：肃慎氏献白雉于文王，还，恐迷路，问周公。作指南车以送之。今按：全书无此文，疑是“司南”句下注文也。按此为乐壹注文，见高承事物纪原九引乐壹注。　**按**：司南，即指南针，古代用来测方向的仪器。韩非子有度：“故先王立司南以端朝夕。”注曰：“司南即指南车也，以喻国之正法。”意林：“指南车见周官，亦见鬼谷子。”俞棪说是。

【校】

①道藏诸本“凡谋有道”四字前衍“为人”二字。

②太平御览引作“乃立三仪：曰上、中、下。曰参以立焉”。

③奇，嘉靖钞本作“计”。

④壅，道藏本、乾隆本、百子全书本作“拥”。下注同。

⑤“载”字前，艺文类聚有“必”字，宋书礼志同。

故同情而①相亲者，其俱成者也；同欲而相疏者，其偏害②者也〔一〕。同恶而相亲者，其俱害者也；同恶而相疏者，偏③害者也〔二〕。故相益则亲，相损则疏。其数行④也，此所以察异同之分⑤也〔三〕。故墙坏于其⑥隙，木毁于其节，斯盖其分也〔四〕。故变生⑦事，事生谋，谋生计，计生议，议生说，说生进，进生退，退生制。因以制于事，故百事一道而百度一数也〔五〕。

【注】

〔一〕陶弘景曰：同情，谓欲共谋立事，事若俱成，后必相亲。若乃一成一害，后必相疏，理之常也。　○俞樾曰：“偏害”当作“偏成”。下文云：“同恶而相亲者，其俱害也；同恶而相疏者，偏害者也。”

彼上言“俱害”，故下言“偏害”，然则此上言“俱成”，下宜言“偏成”矣。今作“偏害”，即涉下文而误。　○俞樾曰：庄子寓言曰：“与己同，则应；不与己同，则反。同于己为是之，异于己为非之。”又六韬文师曰：“君子情同而亲合，亲合而事生之情也。”又淮南兵略训曰：“同利相死，同情相成，同欲相助。”皆此义也。　**按**：此言有共同情欲、目的之双方若相互亲近，使双方都能成功；有共同情欲、目的之双方若相互疏远，其中一方必受伤害。韩非子奸劫弑臣：“凡人之大体，取舍同者则相是也，取舍异者则相非也。”此“同情而相亲者”意也。

〔二〕陶弘景曰：同恶，谓同为彼所恶。后若俱害，情必相亲，若乃一全一害，后劳权校改作“情”。必相疏，亦理之常也。　○俞樾曰：荀子不苟篇曰：“凡人之患，偏伤之也。见其可欲也，则不虑其可恶也者；见其可利也，则不顾其可害也者。是以动则必陷，为则必辱，是偏伤之患也。”又鹖冠子著希篇曰：“夫乱世者，以粗智为造意，以中险为道，以利为情，若不相与同恶，则不能相亲。相与同恶，则有相憎。”又学问篇曰：“所谓仁者，同好者也；所谓义者，同恶者也；所谓忠者，久愈亲者也；所谓信者，无二响者也。”

按：言有共同憎恶的双方若相互亲近，则对双方都有伤害；有共同憎恶的双方若相互疏远，则对其中的一方必有伤害。

〔三〕陶弘景曰：异同之分，用此而察。　○尹桐阳曰：数行犹云常事。此同咨，谋也。飞箝曰：“必先察同异。”尔雅：“类，善也。”类一，犹云善始，所谓先事豫防者。　○俞樾曰：荀子法行篇曰：“曾子曰：无内人之疏而外人之亲。”韩诗外传作：“无内疏而外亲。”王弼周易略例下曰：“同救以相亲，同辟以相疏。”救辟者，益损之道也。　**按**：数，术也。孟子告子上：“今夫弈之为数，小数也。”

〔四〕陶弘景曰：墙木坏毁，由于隙、节，况人事之变生于异同，故曰斯盖其分也。　　○王慎中曰：墙坏二句引来有天然凑巧，以下便正说一番，文气更足。　　○尹桐阳曰：斯同基，先也；盖，合也；分，𢅍也，指隙节言。隙节之见，先谋合而塞之，则无坏毁之忧。凡事皆然。　　○俞棪曰：淮南子人间训曰："夫墙之坏也于隙，剑之折也必有齿。圣人见之蚤，故万物莫能伤。"

〔五〕陶弘景曰：言事有根本，各有从来，譬之卉木，因根而有枝条花叶，故因变隙，然后生于事业。事业者，必须计谋成；秦恩复曰："成"字疑衍。计谋者，必须议说；议说者，必有当否，故须进退之。既有黜陟，须别劳权校改作"制"字。事以为法，而百事百度，何莫由斯而至？故其道数一也。　　○太平御览引佚注曰：会同异曰仪，决是非曰说。　　○尹桐阳曰：进同儆，理也。退，上下通也。说文作丨。计、说、退、制为韵。道、数为韵，数读臼也。　　○俞棪曰：孙子计篇曰："计利以听，乃为之势，以佐其外。势者，因利而制权也。"又说苑曰："道逆时反，而后权谋生焉。"　　○萧登福曰：数通术，法也，道也。一道、一数义同。百事一道、百度一数相对成文，意谓各种事物、各种制度，其根本道理都是相同的。

按：萧说是。

【校】

①"而"字后，道藏本、乾隆本、百子全书本衍"俱"字。

②偏害，二字劳权改作"偏成"。

③"偏"字前，别本有"其"字。

④"数行"后，劳权校补"一"字。

⑤"分"字下，道藏本、乾隆本、百子全书本有"类一"二字，疑衍。

⑥其，意林引作"有"。

⑦"生"字后，道藏本、品汇释评本、嘉靖钞本、乾隆本衍"于"字。

夫仁人轻货，不可诱以利，可使出费；勇士轻难，不可惧以患，可使据危；智者达于数，明于理，不可欺以不[①]诚，可示以道理，可使立功，是三才也〔一〕。故愚者易蔽也，不肖者易惧也，贪者易诱也，是[②]因事而裁之〔二〕。故为强者，积于弱也；为直者，积于曲也[③]；有余者，积于不足也。此其道术行也〔三〕。

【注】

〔一〕陶弘景曰：使轻货者出费，则费可全；使轻难者据危，则危可安；使达数者立功，则功可成。总三才而用之，可以光耀千里，岂徒十二乘而已。　○陈后山曰：此段不惟文思温润有余，而把几样人来相形，极为透彻，当为古今名言。　○高金体曰：妙用如立水为冰，清词如吹云作雪。　○尹桐阳曰：利、费为韵，难、患为韵。诚同情，伪也。理、才为韵。　○俞棪曰：鹖冠子道端篇曰："临货分财使仁，犯患应难使勇，受言结辞使辨，虑事定计使智。"又曰："仁之功，善与不争。勇之功，下不怨上。辨士之功，释怨解难。智士之功，事至而治，难至而应。"荀子大略篇曰："知者明于事，达于数，不可以不诚事也。故曰君子难说，说不以道，不说也。"　**按**：费，费用。墨子贵义："吾取饰车食马之费与绣衣之财以畜士。"三才，三种使用人才的方法。

〔二〕陶弘景曰：以此三术驭彼三短，可以立事立功也。谋者因事兴虑，宜知而裁之，故曰因事裁之。　○尹桐阳曰：诱、事、裁为韵。

〔三〕陶弘景曰：柔弱胜于刚强，故积弱可以为强大；直若曲，故积曲可以为直；少则可以劳权校无"可以"二字。得众，故积不足可以为有余。然则以弱为强，以曲为直，以不足为有余。斯道术之所行，故曰道术行也。　○尹桐阳曰：言富强均由于谋。余、足与上文惧为韵。足读疋也。　○俞棪曰：韩非喻老篇曰："有形之类，大必起于小；行久之物，族必起于少。故曰天下之难事，必作于易；天下之大事，必作于细。是以欲制物者于其细也，故曰图难于其易也，为大于其细也。"

【校】

①不，道藏诸本脱。

②"是"下，劳权校补"谓"字。

③道藏诸本脱"为直者，积于曲也"一句。

故外亲而内疏者，说内；内亲而外疏者，说外〔一〕。故因其疑以变之，因其见以然之，因其说以要之，因其势以成之，因其恶以权之，因其患以斥之〔二〕。摩而恐之，高而动之，微而证①之，符而应之，拥②而塞之，乱而惑之，是谓计谋〔三〕。

【注】

〔一〕陶弘景曰：外阳相亲而内实疏者，说内以除其内疏也；内实相亲而外阳疏者，说外以除其外疏也。　○尹桐阳曰：内、外为韵。　○俞棪曰：邓析子曰："夫合事有不合者，知与未知也；合而不结者，阳亲而阴疏。"鹖冠子学问篇曰："彼心为主，则内将使外。内无巧验，近则不及，远则不言。"

〔二〕陶弘景曰：若内外无亲而怀疑者，则因其疑以变化之；彼或因变而有所见，则因其所见以然之。既然见彼或有可否之说，则因其说以要结之；可否既形，便有去就之势，则因其势以成就之。去就既成，或有恶患，则因其恶也，为权量之；因其患也，为斥除之。○虞集曰：此正详其术，看他连下数个因字，又机其法动。　○

尹桐阳曰：变，辨也；然，明也；权，欢也。变、见、然、权、患为韵；成、斥亦为韵；成读午也。　○俞棪曰：慎子曰："天道因为大……因也者，因人之情也……用人之自为，不用人之为我，则莫不可得而用矣。此谓之因。"鹖冠子学问篇曰："见变而命之，因其所为而定之；若心无形灵辞，虽搏捆，不知所之。"又吕氏春秋报更篇曰："善说者，陈其势，言其方，见人之急也，若自在危厄之中。"又曰："善说者，若巧士，因人之力以自为力，因其来而与来，因其往而与往。不设形象，与生俱长……顺风而呼，声不加疾也；际高而望，目不加明也，所因便也。"又曰：左氏传引"史佚有言曰：因重而抚之"。此因势而成之说也。又曰：淮南子说林训曰："兕虎在于后，随侯之珠在于前，弗及掇者，先避患而后就利也。"　**按**：要，和也。诗郑风萚兮："叔兮伯兮，倡予要女。"陈奂传疏："要，亦和也。"要之即和之。

〔三〕陶弘景曰：患恶既除，或恃胜而骄者，便切摩以恐惧之，高危以感动之。虽恐动之，尚不知变者，则微有所引，秦恩复曰：钱本无"引"字，据道藏本增。据以证之，为设符验以应之也。虽为设引据符验，尚不知变者，此则惑深不可救也；便拥而塞之，乱而惑之，因抵而得之，如此者，可以为计谋之用也。　○罗大经曰：计谋一段，机关深入一截。　○俞樾曰："正"本作"證"。故注曰："虽恐动之，尚不知变者，则微有所引。"据以证之，是陶氏所据本作"證"不作"正"也。俗书每以証字代證字，故證误为正。　○尹桐阳曰：顺势而行，其计易售；摩同靡，无也。史记苏秦传："期年以出揣摩。"邹诞本作"揣靡"。恐，空也。人喜无为说以空虚，则必信。动，厚也。高、厚义近。又曰：微同顗，谨庄貌。正，直也；符，信也；应，合也，和也。史记太史公自序："封禅之符罕用。"集解：徐广曰："符罕，一云答应。"应与上文恐、动为韵。应读雍也。又曰：拥同邕。说文："邕，四方有水自邕成池者。"字亦作壅。淮南主术:"业贯万世而不壅。"注:"壅,塞也。"又曰:说文:"惑,乱也。"惑、谋与上文塞为韵。　○萧登福曰:拥,假借为壅。"拥而塞之,乱而惑之"即是抵巇篇"(世)不可治,则抵而得之"。趁其败乱,加以壅塞、迷惑,进而取代之。　**按**:此言计谋之法。上列各法乃并列关系。孙子计篇曰:"利而诱之,乱而取之,实而备之,强而避之,怒而挠之,卑而骄之,佚而劳之,亲而离之。"可证。陶注以为所列各法非并列关系,乃一线贯串,环环相扣,亦通。

【校】

①证,道藏本、品汇释评本、乾隆本、百子全书本讹作"正"。

②秦恩复曰:"拥",疑作"壅",注同。

计谋之用,公不如私,私不如结,结(比)[①]而无隙者也〔一〕。正不如奇,奇流而不止者也〔二〕。故说人主者,必与之言奇;说人臣者,必与之言私〔三〕。其身内,其言外者疏;其身外,其言深者危〔四〕。无以人之[②]所不欲而强之于人,无以人之所不知而教之于人〔五〕。人之有好也,学而顺之;人之有恶也,避而讳之。故阴道而阳取之〔六〕。

【注】

〔一〕陶弘景曰:公者扬于王庭,名为聚讼,莫执其咎,其事难成;私者不出门庭,慎密无失,其功可立,故曰公不如私。虽复潜谋,不如与彼要结。二人同心,物莫之间,欲求其隙,其可得乎?　○尹桐阳曰:摩篇曰:"故谋必欲周密,必择其所与通者说也。"故曰或结而无隙也。　**按**:公,公开;私,私下;结,缔结紧密关系。此言计谋时要隐秘，公开计谋不如少数人私下计谋，私下计谋不如当事双方二人单独计谋。

〔二〕陶弘景曰：正者循理守常，难以速进；奇者反经合义，因事机发。故正不如奇，奇计一行，则流通而不知止，故曰奇流而不止也。　○尹桐阳曰：上云奇不知其所拥始，拥与终同。奇流而不止，何终始之有。　○俞棪曰：吕氏春秋贵卒篇曰："力贵突，智贵卒，得之同则速为上，胜之同则湿为下。"此言智捷应猝，机变不穷，故贵卒也；智捷者，善出奇以应猝者也；善出奇以应猝，则机变不穷，故曰奇流而不止者也。

〔三〕陶弘景曰：与人主言奇，则非常之功可立；与人臣言私，则保身之道可全。　○尹桐阳曰：奇可立功，私以保身。　○俞棪曰：管子禁藏篇曰："视其阴所憎，厚其货赂，得情可深，身内情外，其国可知。"

〔四〕陶弘景曰：身在内而言外泄者，必见疏也；身居外而言深切者，必见危也。　○楼昉曰：此段却是韩非说难发出所未有之议论。　○俞樾曰：说文夕部："外，远也。"其身内，其言外，谓其身虽居密迩，而其言反涉疏远也。下云"其身外，其言深者危"，谓其身虽在疏远，而其言反甚深切也。一见疏，一见危，职此之故，注云"身在内而言外泄"，未达"外"字之义。　○尹桐阳曰：疏、危双声为韵，疏读疋也。列子力命："䟡食恶肉谓疏食耳。"　○萧登福曰：交深而言浅，则见疏；交浅而言深，则身危。　**按**：此言身处其内，而所言集于外，因失知己，则疏；身处其外，而擅言其内，则身危。

〔五〕陶弘景曰：谓其事虽近，彼所不欲，莫强与之，将生恨怒也。教人当以所知，今反以人所不知者教之，犹以暗除暗，岂为益哉。

○尹桐阳曰：近，己也。诗崧高："往近王舅。"说文作迈。论语："己所不欲。"知同伎，合也。　○俞棪曰：老子曰："人之所教，我亦教之。”是教以所知，不教以所不知也。管子经言篇曰：“毋与不可，毋强不能，毋告不知。”中庸引孔子曰：“施诸己而不欲，亦勿施于人。”其义均近。又淮南子说林训曰：“求物必于近之者。”此则自其正义言也。　**按**：尹释近，依道藏本。

〔六〕陶弘景曰：学顺人之所好，避讳人之所恶，但阴自为之，非彼所逆，彼必感悦，明言以报之，故曰阴道而阳取之也。　○尹桐阳曰：学，效也。道同逃，去也。阴以为非，而阳佯取之，则不至招小人之怨憾。　○俞棪曰：国策任章引周书曰：“将欲败之，必姑辅之；将欲取之，必姑与之。”此谓阴道而阳取之也。　**按**：韩非子二柄：“故越王好勇而民多轻死；楚灵王好细腰而国中多饿人；齐桓公妬外而好内，故竖刁自宫以治内；桓公好味，易牙蒸其子首而进之；燕子哙好贤，故子之明不受国。”此“人之有好也，学而顺之”之谓也。

【校】

①“比”字衍。道藏本、品汇释评本、乾隆本、百子全书本无，今从道藏本删。

②别本“人”字作“身”。“之”字后，道藏本、品汇释评本、乾隆本、百子全书本衍“近”字。俞樾曰：“近”字衍文，盖即“所”字之误而衍者，两字并从斤，故致误也。注云“谓其事虽近，彼所不欲”，则其所据本已衍矣。

故去之者从①之，从之者乘之〔一〕。貌者，不美又不恶，故至情托焉〔二〕。可知者，可用也；不可知者，谋者所不用也〔三〕。故曰事贵制人，而不贵见制于人。制人者，握权也；见制于人者，制命也〔四〕。故圣人之道阴，愚人之道阳〔五〕。智者事易，而不智者事难。以此观之，亡不可以为存，而危不可以为安[②]。然而无为而贵智矣〔六〕。

【注】

〔一〕陶弘景曰：将欲去之，必先听从，令极其过恶，过恶既极，便可以法乘之，故曰从之者乘之也。　○袁宗道曰：一篇俱处变换，随段生意权术，密奇之谈，浅深详略，无不毕备。然具关机阖张，怪怪奇奇，似不可与庄语，读者取节焉可也。　○尹桐阳曰：乘，履也，纵之以极其恶，便履灭之，则去之之愿偿。纵、乘为韵，乘读宋也。　按：此为计谋，郑庄公与共叔段事是也。尹说是。

〔二〕陶弘景曰：貌者谓察人之貌，以知其情也；谓其人中和平淡，见善不美，见恶不非，如此者，可以至情托之，故曰至情托焉。　○尹桐阳曰：恶故，恶苦也。管子小匡："辨其功苦。"注："苦，谓滥恶。"情，诚也。貌而不美又不恶故，则无甚喜甚恶之事，和平中正之人也，故曰至诚之所托。故、托为韵。　○俞棪曰：大学曾子传曰："诚于中，形于外。"又曰："人之视己，如见其肺肝。"故以至情托焉为必要也。　○萧登福曰：托，寄寓也。意谓不为外物所动，见善不美，见恶不非，如此之人才能将真感情寄托他。"至情托焉"，即"真情寓焉"。　按：此言无论美、恶皆不见于脸上之人，可寄托实情于他。

〔三〕陶弘景曰：谓彼情宽，密可令知者，可为用谋，故曰可知者，可用也。其人不宽，密不可令知者，谋者不为用谋也，故曰不可知者，谋者所不用也。　○尹桐阳曰：可同柯，柄也。知即伎，与也。可知谓与以柄，下所谓握权。　○俞棪曰：礼运曰："用人之知去其诈。"此用其可知者也。又按：王通中说曰："多言不可与远谋，多动不可与久处。"此言择谋之术也。

〔四〕陶弘景曰：制命者，言命为人所制也。　○尹桐阳曰：语见中经。事作道，制命作失命。　○俞棪曰：荀子王霸篇曰："善择者，制人；不善择者，人制之。”又按：管子七臣七主引记曰：“无实则无势，失辔则马焉制。”此制人之术也。

〔五〕陶弘景曰：圣人之道，内阳而外阴；愚人之道，内阴而外阳。　○尹桐阳曰：阴者深藏，阳则浅露。　○俞棪曰：管子侈靡篇曰：“众而约实，取而言让，行阴而言阳，利人之有祸，言人之无患。”此均阴道也。

〔六〕陶弘景曰：智者宽恕，故易事；愚者劳权校改作“不智”。猜忌，故难事。然而不智者，必有危亡之祸。以其难事，故贤者莫得申其计画，则亡者遂亡，危者遂危。欲求安存，不亦难乎。今欲存其亡，安其危，则他莫能为，惟劳权校无“惟”字。智者可矣，故曰无为而贵智矣。　○高金体曰：贵于中正，而不贵于忠信仁义，反以合之。　○尹桐阳曰：难、观、安为韵。　○俞棪曰：国语曰：“王孙雒曰：危事不可以为安，死事不可以为生，则无为贵智矣。”本文“然而无为而贵智”疑有衍误。　**按**：事，作事，从事。商君书农战：“事商贾，为技艺。”此言智者作事容易，不智者则难。由此观之，虽然消失的东西已不能使之再存，而已有之危险也不能转为安全，但是在此过程中，顺应规律、重视智慧仍是十分必要的。

【校】

①从，道藏诸本作“纵”。下文及注并同。

②“为存”、“为安”二“为”字，一本皆作“反”。

智用于众人之所不能知，而能用于众人之所不能见〔一〕。既用，见可，否①择事而为之，所以自为也；见不可，择事而为之，所以为人也〔二〕。故先王之道阴。言有之曰：“天地之化，在高与深。圣人之制②道，在隐与匿。”非独忠

信仁义也，中正而已矣〔三〕。道理达于此之义③，则可与语〔四〕。由能得此，则可以④縠远近之诱⑤〔五〕。

【注】

〔一〕陶弘景曰：众人所不能知，众人所不能见，智下劳权校补"者"字。独能用之，所以贵于智也。　○尹桐阳曰：知，见也。吕览："自知，知于颜色。"　○俞棪曰：邓析子曰："圣人……视昭昭，知冥冥，推未运，睹未然。故神而不可见，幽而不可见。"此言能用智者也。

〔二〕陶弘景曰：亦既用智，先己而后人。所见可否，择事为之，将此自为；所见不可，择事而为之，将此为人，亦犹伯乐教所亲相驽骀，教所憎相千里下劳权校补"马"字。也。　○尹桐阳曰：既，尽也。见既用者，谓见能尽见而不遗。见事可而人能为之。否，不也。不择事而为之，所以养己之安，故曰自为。为与上文可为韵。谓见事不可为。事不可为而智者必择事之急难而力为之，则惠泽加于民，故曰为人。本经阴符七篇曰："物有不可者，圣人不为辞也。辞即辟，谓不止也。"　○俞棪曰：韩非观行篇曰："因可势求易道，故用力寡而功名立。"此以可势而自为之说也。又引管子曰："见其可，说之有证；见其不可，恶之无形。"又诡使篇曰："先为人而后自为，类名号言，泛爱天下，谓之圣。"　○萧登福曰：事或有利于人而害于身者，智者不避其害而为之，此所谓"见不可，择事而为之，所以为人也"。　**按**：可与不可、智与事、自为与为人，皆相对而言。智藏于阴，事显于阳。此言使用智谋时，尽量做到保密，能隐则隐，不使之因受到智谋指导来做事而使智谋外露，此即为了自我保护；若不能隐，则索性公开自己的智谋，用之来做事，即向主子显示自己这样做旨在为了他。

〔三〕陶弘景曰：言先王之道贵于阴密，寻古遗言，证有此理，曰："天地之化,唯在高深;圣人之道,唯在隐匿。”所隐者中正,自然合道,非专在忠信仁义也,故曰非独忠信仁义也。　○尹桐阳曰:鹖冠子武灵王:“阴经之法。”陆佃以为黄帝之书,阴言是其类也。化、匿、义、已间句读。　○俞棪曰:庄子在宥篇曰:“匿而不可不为者,事也;粗而不可不陈者,法也;远而不可不居者,义也;亲而不可不广者,仁也;节而不可不积者,礼也;中而不可不高者,德也;一而不可不易者,道也。”又易同人曰:“文明以健,中正而应。君子正也,唯君子为能通天下之志。”又观曰:“顺而巽中正……以观天下。”又晋象曰:“受兹介福以中正也。”又离曰:“柔丽乎中正,故亨。”鬼谷中正之说本此。

〔四〕陶弘景曰:言谋者晓达道理,能于此义,达畅则可与语,至而言极也。　○尹桐阳曰:达于中正。义同议。则,法也。议以中正为法则,可与之言是非。

〔五〕陶弘景曰:縠,养也。若能得此道之义,则可居大宝之位,养远近之人,诱于仁寿劳权校改作“义”字。之域也。　○俞樾曰:縠,当读为觳。尔雅释诂:“觳,尽也。”史记秦始皇纪:“虽监门之养,不觳于此。”索隐曰:“觳,音学,谓尽也。”觳远近之义,即尽远近之义。作觳者,古字通耳。陶注曰:“縠,养也。养远近之人,诱于仁寿之域也。”此未达假借之旨。正文言远近之义,不言远近之人,训觳为养,岂可通乎?　○尹桐阳曰:由,行也,谓行能归于中正。縠,禄也,谓可与官而使之治民。之,是也;义,仪也,言远近皆以为仪。义与上文言为韵,义读献也。　○俞棪曰:孟子曰:“羿之教人射,必志于彀,学者亦必志于彀。”尔雅:彀,善也。亦释弓满也。疑縠为彀之误。　**按**:縠,活着。诗王风大车:“縠则异室,死则同穴。”此言能懂得这个道理的,则可驾驭来自各方面的诱惑。

【校】

①秦恩复曰:"否"字疑衍。俞樾曰:此以"见可"、"见不可"相对为文,不当云"见可否"也。"否",衍字。今按:秦、俞"否"字上读,讹。尹桐阳新释"否"字下读,今从之。下注同。

②秦恩复曰:"制"字疑衍。

③"此之义",道藏本作"此义之",嘉靖钞本作"此之义之"。

④以,道藏本、乾隆本、百子全书本作"与"。

⑤诱,道藏本、嘉靖钞本、乾隆本、百子全书本作"义"。

决篇第十一

尹桐阳曰：荀子："仲尼是天下之大决也。"注："谓断决之大也。"淮南时则："审决狱。"注："决，断也。"说文："以抉为之。"

本篇有残缺，从现存的文字来看，主要讲如何作决断，是关于决断的专论。如何做到善于决断？篇中提出"善诱"的方法。只有揣知各方面的情形，才能"断其可否"。可见"决"亦以"揣情"为前提条件与立论之基础。残存部分为一个整体：言有疑托于决，不善用决则事必有失，善用决则万事之机。

凡决物必托①，于疑者，善其用福，恶其有患〔一〕。善②至于诱也，终无惑偏③〔二〕。有利焉，去其利则不受也，奇之所托〔三〕。若有利于善者，隐托于恶，则不受矣，致疏远〔四〕。故其有使失利者，有使离害者，此事之失〔五〕。

【注】

〔一〕陶弘景曰：有疑然后决，故曰必托于疑者。凡人之情，用福则善，有患则恶。福患之理未明，疑之所由生。故曰善其用福，恶其有患。　○尹桐阳曰：物，事也。托，度也。疑与下文福、惑为韵。　○俞棪曰：蒯彻曰："知者，决之断也；疑者，事之害也；审毫厘之小计，遗天下之大数。智诚知之，决弗敢行者，百事之祸也。"国语曰："拘之以利，结之以信，示之以武。"管子禁藏篇曰："善者，圉之以害，牵之以利。"又曰："凡人之情，见利莫能勿就，见害莫能勿避。"就或避者，即决之果也。　**按**：此言有疑托于决，善用决则得福，不善用决则招祸。

〔二〕陶弘景曰：然善于决疑者，必诱得其情，乃能断其可否也。怀疑曰惑，不正曰偏，决者能无惑偏，行者乃有通济，然后福利生焉。　○杨慎曰：见难决之意。　○俞樾曰：此言天下祸福之来，皆先有以诱之，能终不为其惑，乃可以言决矣。　○尹桐阳曰：诱同瘤，息肉也，害之显著者。例与说文"榴，或作㨨"同。诱与下文受为韵。诱读秀也。又曰：偏同便，亲信也，谓人之致亲信必因有利。子华子："晏子间党，固宠而侍便。"

〔三〕陶弘景曰：若乃去其福利，则疑者不更道藏本、乾隆本、劳权校皆作"受"。其决，更使下道藏本、乾隆本脱十三字。托意于奇也。趋异变常曰奇。　○尹桐阳曰：受，听也。奇同猗，弃也。承上不受而言。　○萧登福曰：事情原是有利，突然转为不利，则一般人便不会接受；此时便必须寄托于奇谋，以奇谋来转化它。　**按**：奇，与"正"相对，意谓出人意外，变幻莫测。老子："以正治国，以奇用兵。"此言决断要带来利益，决断不能带来利益，人们就不能接受它。而每次决断都要带来利益，就必须寄托于决断的变幻莫测，做到出人意料。萧说未尽题旨。

〔四〕陶弘景曰：谓疑者本其利，善而决者隐其利，善之情反托之于恶，则不受其决，更致疏远矣。　○尹桐阳曰：若，择也。善于下文远为韵。广雅释诂一："隐，度也。"与托意同。又曰：不受则致疏远。　○俞棪曰：庄子山木篇曰："夫以利合者，迫穷祸患害相弃也。"韩非内储篇曰："事起而有所利，其尸主之；有所害，必反察之。……国害则省其利,臣害则察其反者。"此决物之道也。又庄子徐无鬼篇曰:"爱之则亲,利之则至,誉之则劝,致其所恶则散。"墨辩经上曰:"义,利也。利所得而喜也,害所得而恶也。"　　**按**:此言决断要完满,不能留有漏洞。如果作的决断从总的方面来看是有利的,但其中蕴藏着不利的一面,则此决断就不会被人们所接受,反而导致关系疏远。

〔五〕陶弘景曰:言上之二者,或去利托于恶,疑者既不更其决,则所行罔能通济,故有失利、罹害之败焉。凡此,皆决事之失也。　○尹桐阳曰:此同咨,谋也,决也。利、害为韵。　○俞棪曰:荀子不苟篇曰:"欲恶取舍之权,见其可欲也,则必前后虑其可恶也者;见其可利也,则必前后虑其可害也者,而兼权之,熟计之。"淮南子人间训曰:"众人皆知利利而病病,唯圣人知病之为利,知利之为病。"又引孔子读易,至损益,未尝不愤然而叹曰:"益损者,其王者之事欤!"事或欲以利之,适足以害之;或欲害之,乃反以利之。利害之反,祸福之门户,不可不察也。　　**按**:此言决事之失的两种情况:或失利,或罹害。

【校】

①"凡决物"三字前,道藏本、嘉靖钞本、乾隆本、百子全书本衍"为人"二字。

②善,道藏本、嘉靖钞本、乾隆本、百子全书本讹作"害"。

③俞樾曰:陶注断"终无惑"三字属下节,则"害至于诱也"句文意未足,虽曲为之说而不可通。今按:俞樾说是。

圣人所以能成其事者,有五:有以阳德之者,有以阴贼之者,有以信诚之者,有以蔽匿之者,有以平素之者〔一〕。阳励于一言,阴励于二言,平素、枢机以用。四者,微而施之〔二〕。于是度之往事，验之来事，参之平素，可则决之〔三〕。王公大人之事也①，危而美②名者，可则决之〔四〕；不用费力而易成者，可则决之〔五〕；用力犯勤苦，然不得已而为之者，可则决之〔六〕；去患者，可则决之；从福者，可则决之〔七〕。

【注】

〔一〕陶弘景曰：圣人善变通，穷物理，凡所决事，期于必成。事成理著者，以阳德决之；情隐言伪者，以阴贼决之；道诚志直者，以信诚决之；奸小祸微者，以蔽匿决之；循常守故者，以平素决之。　○尹桐阳曰：谋篇曰："圣人之制道，在隐与匿。"即此所谓蔽匿也。平素，偏索也。德、贼韵。五、诚、匿、素亦韵。诚读午也。　○俞棪曰：淮南子人间训曰："物或损之而益，或益之而损。"又曰："事或夺之而反与之，或与之而反取之。"此之谓阳德阴贼。又淮南子人间训引君子曰："美言可以市尊，美行可以加人。"此之谓信诚。又庄子渔父篇曰："析交离亲谓之贼，称誉诈伪以败恶人谓之慝。"又淮南子诠言训曰："平者，道之素也；虚者，道之舍也。"鹖冠子学问曰："道德者，操行所以为素也。"陆佃注云："素如献素之素。道德，操行之本，故曰素。"　○萧登福曰：阳德，谓明施恩德，使之感激；阴贼，谓阴加贼害，以抑其长；信诚，谓待之以诚信，使其不疑；蔽匿，谓隐蔽实情，不使之知；平素，谓待之以常道，使其娴习。　**按**：陶、萧说皆通，要在于善决。

〔二〕陶弘景曰：励，勉也。阳为君道，故所言必励于一。一，无为也。阴为臣道，故所言必励于二。二，有为也。君道无为，故以平素为主；臣道有为，故以枢机为用。言一也，二也，平素也，枢机也，四者其所施为，必精微而契妙，然后事行而理不壅道藏本、乾隆本作"难"。矣。　○尹桐阳曰：天一，地二。言，道也。一言谓天道，二言谓地道。四者，谓阳德、阴贼、信诚、蔽匿也。微同儀，谨也。机、四为韵。　○俞樾曰：贾谊曰："虚者，言其精微也，平素而无设施也。"　○萧登福曰：励，勉也。一言，谓言辞须专诚不二；二言，谓言辞疑惑难明。阳贵在明施以德，故言辞须专诚不二；阴重在蔽匿贼害，故须使之疑惑难明。　**按**：励，勉励，这里意谓追求。一言，前后一致的话；二言，前后不一、真假难辨的话。

〔三〕陶弘景曰：君臣既有定分，然后度往验来，参以平素，计其是非，于理既可，则为决之。　○俞樾曰：庄子天下篇曰："以参为验，以稽为决。"荀子大略篇曰："是非疑则度之以远事，验之以近物，参之以平心。"

〔四〕陶弘景曰：危，由高也。事高而名美者，则为决之。　○尹桐阳曰：则，即也。事虽危而名美，其事尚可行。　○俞樾曰：王公大人四字连称数见墨子尚贤篇，此战国时人之通语也。

〔五〕陶弘景曰：所谓惠而不费，故为决之。　○尹桐阳曰：成与上文名为韵。

〔六〕陶弘景曰：所谓知之，无可奈何，安之若命，故为决之。　○尹桐阳曰：犯，侵也，指攻伐言。

〔七〕陶弘景曰：去患、从福之人，理之大顺，故为决之。　○俞樾曰：韩非外储曰："势不足以化，则除之。"又曰："赏之、誉之不劝，罚之、毁之不畏。四者加焉不变，则其除之。"又曰："子夏曰：善持势，早绝奸之萌。"此均去患正乱之义也。　**按**：去患，除去祸患；从福，招致福佑。

【校】

①"王公"二字，道藏本、乾隆本、百子全书本乙倒作"公王"，误。俞樾曰：此七字衍文，陶注亦不及，是其本无此七字。

②美，一本讹作"变"。

故夫决情定疑，万事之基①。以正治乱②，决成败，难为者〔一〕。故先王乃用蓍龟者，以自决也③〔二〕。

【注】

〔一〕陶弘景曰：治乱以之正，成败以之决。失之毫厘，差之千里，枢机之发，荣辱之主，故曰难为。　○俞棪曰：国语引申包胥曰："……不勇，则不能断疑以发大计。"荀子议兵篇曰："智莫大乎弃疑，行莫大乎无过，事莫大乎无悔。事至无悔而止矣，成不可必也。"又解蔽篇曰："凡观物有疑，中心不定则外物不清，吾虑不清则未可定然否也……以疑决疑，决必不当。"此言决之要也。

〔二〕陶弘景曰：夫以先王之圣智无所不通，犹用蓍龟以自决，况自斯以下，而可以专己自信、不博谋于通识者哉？　○尹桐阳曰：福、疑、治、龟韵，决、机、败亦韵。　○俞棪曰：箕子洪范曰："汝则有大疑，谋及乃心，谋及卿士，谋及庶人，谋及卜筮。"此卜筮之说之始也。王充论衡引孔子曰："蓍者，耆也；龟者，旧也。狐疑之事，当问耆旧蓍龟，未可取神也，取其名耳。"又曰："武王伐纣，卜筮大凶。太公推蓍蹈龟，曰：枯骨死草，何能知吉凶乎？"仲任达识，陈义甚高，诚为卓解。

【校】

①基，道藏本、乾隆本、百子全书本作"机"。

②治乱，道藏本、乾隆本、百子全书本乙倒作"乱治"。

③以上四句，太平御览卷七百二十八作"以正乱治，夫决诚为难者也，先生乃用蓍龟以助自决也"。

符言第十二

陶弘景曰:发言必验,有若符契,故曰符言。　○杨慎曰:符言者,揣摩之所归也,捭阖之所守也,千圣之所宗也,如符然,故曰符言。　○尹桐阳曰:符同莩,葭中白皮。符言,犹管子所谓内言人主所当执守者,其文与管子九守篇略同。　○俞棪曰:管子九守篇内主位、主明、主听、主赏、主问、主因、主周、主参、督名各章均与此篇各章大致从同。余疑此文故系齐史记所载太公兵权谋之遗说,而为齐学者,如苏子及管子,均掇载之也。　**按**:符,即内符。情在于内,外摩之,则彼情如符信然,故云内符。符言即内符之言,人主所当执守于内者,则可防被摩而情出外也。全篇结构上由九个部分所组成,分别为:主位、主明、主德、主赏、主问、主因、主周、主恭、主名。与管子九守篇各章大致相同。

安徐正静,其被节(先)[无不]肉①〔一〕。善与而不静②,虚心平意以待倾损〔二〕。右③主位〔三〕。

【注】

〔一〕陶弘景曰:被,及也;肉,肥也,谓饶裕也。言人若居位能安徐正静，则所及之节度无不饶裕也。　○高金体曰：节难割也，肉易裁也。被节无不肉，难割者皆易裁也。　○尹桐阳曰：被节为制也；肉，肥也，饶裕之义。　**按**：被，施及，加于某某之上。玉篇衣部："被，及也。"广雅释诂二："被，加也。"书尧典："光被四表。"荀子不苟："去乱而被之以治。"被节无不肉，意谓骨节之上无不有肉加于其上。此言居位者须安徐正静，就像骨节必须有肉加于其上一样，才能活动，发挥作用。高说虽就肉与骨节关系立论，但未达旨意。陶、尹说不可取。

〔二〕陶弘景曰：言人君善与事接而不安静者，但虚心平意以待之，倾损之期必至矣。　○高金体曰：不静者，不偏静也。　○尹桐阳曰：善，同顲，倨视人也。与，举也。善与者，谓倨傲以举事也。又曰：虚同魖，衺也。广雅作戏。本经阴符七篇曰："故辞不烦而心不虚，志不乱而意不邪。"虚、邪对文耳。平意，偏意也。例与权篇以谝言为平言同。待同时。　○俞棪曰：管子势篇曰："安徐正静"，"其所处者，柔安静乐，行德而不争，以待天下之潰作也"。（尹注：潰，动乱也。韦注周语曰：待犹备也。）又宋本六韬文韬大礼篇曰："安徐而静，柔节先定，善与而不争，虚心平志，待物以正。"管子九守篇亦作"柔节先定"。"其被节无不肉"，义极晦，疑有讹误。又按老子曰："孰能浊以静之徐清？孰能安以久动之徐生？保此道者，不欲盈。"又韩非杨权篇曰："虚而待之，彼自以之。"此安徐正静、虚心平志之说也。　**按**：此亦从敌对双方而言，己静，同时亦要使对方不静。言在位者，要善于给予或放纵对方，使之不能安静；自己则坐观其变，以待其倾损。谋篇曰："故去之者从之，从之者乘之。"即其意。

〔三〕陶弘景曰：主于位者，安徐正静而已。　○尹桐阳曰：有，右也。言右所记者，为人主居位之法。六韬大礼篇、管子九守篇皆有。　○俞棪曰：管子九守篇均作"右主位"，"有"字误，以下均同。

【校】

①“先肉”二字道藏本、乾隆本、百子全书本作“无不肉”，今据改。李学勤曰：“先肉”应作“先定”，说见古文献丛论。

②静，六韬大礼篇作“争”。

③右，道藏本、乾隆本、百子全书本作“有”。下同。

目贵明，耳贵聪，心贵智①〔一〕。以天下之目视者，则无不见；以天下之耳听者，则无不闻；以天下之心思②虑者，则无不知〔二〕。辐辏并进，则明不可塞〔三〕。右主明〔四〕。

【注】

〔一〕陶弘景曰：目明则视无不见，耳聪则听无不闻，心智则思无不通。此三者无壅，则何措而非当也。　○尹桐阳曰：权篇曰：“听贵聪，智贵明。”

〔二〕陶弘景曰：昔在帝尧，聪明文思光宅天下，盖用此道也。

〔三〕陶弘景曰：夫圣人不自用其聪明思虑而任之天下，故明者，为之视；聪者，为之听；智者，为之谋。若云从龙，风从虎，沛然而莫之能御。辐辏并进，则道藏本、乾隆本作“不”。亦宜乎。若日月之照临，其可塞哉？故曰明不可塞也。　○尹桐阳曰：说文：“辐，轮轑也。”老子：“三十辐共一毂。”汉书刘向传：“众辐凑于前。”文选吴都赋：“果布辐溢而常然。”　○俞樾曰：韩诗外传曰：“独视不若与众视之明也，独听不若与众听之聪也，独虑不若与众虑之工也。故明主使贤臣，辐辏并进，所以通中正而致隐居之士。诗曰：‘先民有言，询于刍荛。’”此其释义甚明。　**按**：辐，又称辐条，车轮中连接毂和辋的直条。辏，车轮上的辐条向毂聚集。

玉篇："辏，辐辏也。"淮南子主术："夫人主之听治也，清明而不暗，虚心而弱志，是故群臣辐辏并进，无贤愚不肖，莫不尽其能。"此言目、耳、心同时并用，遍视、广闻、全虑，则君必英明。俞棪说是。

〔四〕陶弘景曰：主于明者以天下之目视也。　○尹桐阳曰：六韬大礼、管子九守皆有。　○俞棪曰：管子九守篇"主明"与此章同，六弢文礼篇"主明"一节亦大致相同。惟"见"、"闻"、"智"下均有"也"，又"明不可塞"作"明不蔽矣"。又按：箕子洪范曰："貌曰恭，言曰从，视曰明，听曰聪，思曰睿。恭作肃，从作乂，明作哲，聪作谋，睿作圣。"此主明之说所由本也。

【校】

①智，邓析子转辞作"公"。

②心，邓析子转辞作"智"。思，道藏本、乾隆本、百子全书本"无"。

德[①]之术曰：勿坚而拒之〔一〕。许之则防守，拒之则闭塞〔二〕。高山仰之可极，深渊度之可测，神明之[位]德[②]术正静，其莫之极〔三〕。右主德〔四〕。

【注】

〔一〕陶弘景曰：崇德之术，在于恢弘博纳，山不让尘，故能成其高；海不辞流，故能成其深。圣人不拒众，故能成其大。故曰勿坚而拒之也。　○俞樾曰：坚乃望字之误。疑假朢为望，形与坚似，因误为坚也。管子九守篇作"勿望而距，勿望而许"，可据以订正，句上亦应有"勿望而许之"五字，宜据管子补。　○尹桐阳曰：坚同掔，牛很不从引也。　**按**：此言成德之术，当须海纳百川。一说德乃听（聽）字形近而误，此句言听之术，亦通。

〔二〕陶弘景曰：言许而容之，众必归而防守；拒而逆之，众必违而闭塞。归而防守，则危可安；违而闭塞，则通更壅。夫崇德者，安可以不宏纳哉？　○尹桐阳曰：许，听也，从也。防，有也。广雅作方。从德之引而与合，则内有守而不为物移。闭犹止也。塞同寋，实也，安也。后汉书郅寿传注引郑注：书考灵曜："道德纯备谓之塞，宽容覆载谓之安。"　○俞棪曰：说苑曰："夫政者，无迎而拒，无望而许。"其语本此。　**按**：陶说是。

〔三〕陶弘景曰：高莫过山，犹可极；深莫过渊，犹可测。若乃神明之"位"，德术正静，迎之不见其前，随之不见其后，其可测量哉。○尹桐阳曰：神明之位即主位也。主位者，安徐正静，主德而天下比之神明，因云神明之位。塞、极、测为韵。　○俞棪曰：六弢文礼篇主听曰："勿妄而许，勿逆而拒。许之则失守，拒之则闭塞。高山仰之，不可极也；深渊度之，不可测也。神明之德，正静其极。"又管子九守篇曰："听之术，勿望而距，勿望而许。"余同六弢文。　**按**：神明，谓无所不知。淮南子兵略："见人之所不见谓之明，知人之所不知谓之神，神明者，先胜者也。"尹说"神明之位即主位也"，是。此言主位者，德正而静，则无所不能。

〔四〕陶弘景曰：主于德者，在于含弘而勿距也。

【校】

①德，管子九守作"听"。下同。

②德，道藏本、乾隆本、百子全书本作"位"。下注道藏本、乾隆本作"神明之位，德术正静"。依注补"位"字。

用赏贵信，用刑贵正〔一〕。赏赐贵信，必验耳目之所闻见，其所不闻见者，莫不暗化矣〔二〕。诚畅于天下神明，而况奸者干君〔三〕。右主赏〔四〕。

【注】

〔一〕陶弘景曰：赏信，则立功之士致命捐生；刑正，则更道藏本、乾隆本作"受"。戮之人没齿无怨。　○尹桐阳曰：刑、正半句韵。　按：此言使用赏赐贵守信诺，使用刑罚贵能公正。

〔二〕陶弘景曰：言施恩行赏，耳目所闻见，则能验察不谬，动必当功，如此，则信在言前，虽不闻见者，莫不暗化也。　○俞樾曰：此本作"用赏贵信，用刑贵必。刑赏信必，验于耳目之所见闻者，莫不暗化矣"，管子九守篇作"用赏者贵诚，用刑者贵必。刑赏信必于耳目之所见，则其所不见，莫不暗化矣"，是其证也。　○尹桐阳曰：验、暗，句中韵。闻与下文君韵。　按：此言赏赐贵守信，一定要以自己亲眼所见亲耳所闻为依据。这样做，那些自己没有亲见亲闻的事，也因欲取信于君而暗自转化。

〔三〕陶弘景曰：言每赏必信，则至诚畅于天下，神明保之如赤子，天禄不倾如泰山，又况不逞之徒，而欲奋其奸谋，干于君位者哉。此犹腐肉之齿，利剑锋接，必无事矣。　○尹桐阳曰：畅，通也。畅与下文明、况为韵。又曰：况同并，比也。言天下以神明比之。干，捍也，卫也。言奸者暗化而为君之捍卫。诗兔罝："公侯干城。"后汉书庞参传作"捍城"。　○俞棪曰：管子九守篇主赏曰："用赏贵诚，用刑贵必。刑赏信必于耳目之所见，则其所不见，莫不暗化矣。诚畅乎天地，通于神明，见奸伪也。"戴望校正"见字当为况"。又六弢赏罚曰："凡用赏者贵信，用罚者贵必。赏信罚必于耳目之所闻见，则所不闻见者，莫不阴化矣。夫诚畅于天地，通于神明，而况于人乎？"又按康诰曰："敬明乃罚。"此正刑之说也。又礼缁衣曰："上不可亵刑而轻爵。"此言赏刑之不可忽也。　按：干君，冒犯君主。商君书定分："故吏不敢以非法遇民，民不敢犯法以干法官也。"此言每赏必信，则诚信畅行于天下，达到神明境地，那些想以奸邪的手段求得奖赏的人，则被感化。

〔四〕陶弘景曰:主于赏者,贵于信也。

一曰天之,二曰地之,三曰人之〔一〕。四方上下,左右前后,荧惑[①]之处安在〔二〕。右主问〔三〕。

【注】

〔一〕陶弘景曰:天有逆顺之纪,地有孤虚之位,人有通塞之分。有天下者,宜皆知之。　○尹桐阳曰:天、地、人,三才之道,深远幽邃,故必问于贤者而后知之。　○俞棪曰:管子房玄龄注曰:"言三才之道,幽邃深远,必问于贤者而后行之。"　**按**:下文云四方上下,左右前后,则天之即"上下"、地之为"四方"、人之曰"左右前后"。此言善问。征询意见,既考虑天时、地利,也要广泛听取身边之人的看法。

〔二〕陶弘景曰:夫四方上下,左右前后,有阴阳向背之宜。有国从事者,不可不知。又荧惑,天之法星,所居灾眚吉凶尤著。故曰虽有明天子,必察荧惑之所在,故亦须知之。　○俞樾曰:此以人事言,非言天象也。注云"荧燏,天之法星,所居灾眚吉凶尤著",失其旨矣。　○尹桐阳曰:此凡皆有逆顺之宜,故须问之。又曰:法星所在之处,亦必求而知之。论衡:"荧惑,天罚也。"广雅释天:"荧惑,谓之罚星,或谓之执法。"　○俞棪曰:管子房注曰:"凡此皆有逆顺之宜,故须问之。"又云:"又须知法星所在也。"又按韩非内储篇曰:"挟智而问,则不智者至,深智一物,众隐皆变。"此主问之道也。戴望管子校正:"荧惑,犹眩惑也。"逸周书史记篇曰:"荧惑不治。"赵策曰:"苏秦荧惑诸侯。"或作营惑。史记吴王濞传:"晁错荧惑天下。"淮南王传:"荧惑百姓。"汉书均作营惑。　○萧登福曰:荧惑,或作荧燏;火星之异名。史记天官书:"(荧惑)出则有兵,入则兵散。以其舍命国。荧惑为勃乱,残贼、疾、丧、饥、兵。"张守节正义云:"天官占云:荧惑为执法之星,其行无常,以其舍命国,为残贼、为疾、为丧、为饥、为兵。"荧惑所在有灾,故有国者须察之。　**按**:荧惑,迷惑。戴望管子校正说是。此言广泛征求各方意见,就不会被迷惑。陶、萧以星占为据,非。

〔三〕陶弘景曰:主于问者,须辨三才之道。

【校】

①惑,道藏本、乾隆本作"熜"。

心为九窍之治,君为五官之长〔一〕。为善者,君与之赏;为非者,君与之罚〔二〕。君因其所以求[①],因与之,则不劳〔三〕。圣人用之,故能赏[②]之。因之循理,固能久长[③]〔四〕。右主因〔五〕。

【注】

〔一〕陶弘景曰:九窍运,为心之所使;五官动作,君之所命。　○尹桐阳曰:治同始,长也。　○俞棪曰:管子作"心不为九窍,九窍治;君不为五官,五官治"。　**按**:九窍,耳、目、鼻孔各二,口一,下两排泄孔,共九数。庄子齐物论:"百骸、九窍、六藏,赅而存焉。"成玄英疏曰:"九窍,谓眼、耳、鼻、舌、口及下二漏也。"五官,有三种说法:(一)为人身五官。荀子天论以耳、目、口、鼻、形为五官;针灸甲乙经五藏六府以鼻、目、口、舌、耳为五官。(二)五行之官。左传昭二十九年:"故有五行之官,是谓五官。……木正曰句芒,火正曰祝融,金正曰蓐收,水正曰玄冥,土正曰后土。"(三)五种官职。相传殷制以司徒、司马、司空、司士、司寇典司五众为五官。说见礼曲礼下。周代以冢宰、司徒、宗伯、司马、司寇、司空为六官,去冢宰为五官。见周礼春官小宗伯。此处当指五种官职而言,泛指百官。

〔二〕陶弘景曰:赏善罚非,为政之大经也。　○尹桐阳曰:管子与作予。赏与上文长为韵。　○俞樾曰:邓析子曰:"为善者,君与之赏;为恶者,君与之罚。因其所以来而报之,循其所以进而答之。圣人因之,故能用之。因之循理,故能长久。"文意约略相同,足资参证。

〔三〕陶弘景曰:与者,应彼所求;求者,得应而悦。四字道藏本、乾隆本作"应而无得"。应求则取施不妄,得应则行之无怠。循性而动,何劳之有。　○尹桐阳曰:求、劳为韵,劳读牢也。　○俞樾曰:韩非外储曰:"因事之理,则不劳而成。"管子作"君因其所以来,因而予之"。求字,管子九距作来,误也,见小称。　○萧登福曰:因,依也,循也,顺也。管子心术篇上:"因也者,舍己而以物为法者也。""君因其所以求,因与之,则不劳",意谓国君如能依据臣下所行的而施以赏罚,则赏罚完全由对方之行为而决定,自己无须费神,因此便不会过分劳苦了。　**按**:萧说是。

〔四〕陶弘景曰:因求而与,劳权校改作"应"。悦莫大焉。虽无玉帛,劝同赏矣,然因逆理,祸莫速焉。因之循理,故能长久。　○尹桐阳曰:用同庸,功也。周礼司勋:"民功曰庸。"又曰:固能,管子作故能。故、固声转通用。子华子:"北宫意问故能久长而不蔽。"　○俞樾曰:因、掌二字据管子改正。又按韩非杨权篇曰:"因而任之,使自事之;因而予之,彼将自举之;正与处之,使皆自定之。""因其所为,各以自成。"　**按**:因之循理,意谓根据赏罚的原则。

〔五〕陶弘景曰:主于因者,贵于循理。　○尹桐阳曰:论语曰:"因民之所利而利之。"太史公自序:"因者,君之纲也。"皆此所谓主因者。

【校】

①“所以”前,道藏本、乾隆本、百子全书本衍“政之”二字。求,管子、邓析子作“来”。

②赏,管子作“掌”。

③固,嘉靖钞本作“故”,邓析子亦作“故”。故、固古字通。战国策东周策:“齐重故有周而已取齐。”史记周本纪“故”作“固”。久长,管子、邓析子作“长久”。下注中,“故”字道藏本、乾隆本作“固”。

人主不可不周。人主不周,则群臣生乱〔一〕。家于其无常也[①],内外不通,安知所开〔二〕。开闭不善[②],不见原也〔三〕。右主周〔四〕。

【注】

〔一〕陶弘景曰:周谓遍知物理,于理不周,故群臣乱也。 ○尹桐阳曰:周,遍也。生同眚,目病生翳也。 ○俞棪曰:管子势篇曰:“善周者,明不能见也。”“善明者,周不能蔽也。”房注曰:“周谓谨密也。” 按:陶说是。俞棪引房注作谨密解,亦通。

〔二〕陶弘景曰:家犹业也。群臣既乱,故所业者无常,而内外闭塞,触途多碍,何如知所开乎。 ○尹桐阳曰:礼:“诸侯曰国,大夫曰家。”于,以也。常同矘,直视也。家与下文所,半句与全句韵。知,见也。所同许,听也,谓无见又无闻也。 ○俞棪曰:开,一本作闻。管子作“怨”。房注曰:“内外不通,则事不泄,故无怨。”又按曰:韩非曰:“其事不当,下考其常。”常,常理也。 ○萧登福曰:家,居也(说见说文解字)。“家于无常”,犹处于无常也。 按:其,指代群臣。家,落户安居。史记陆贾传:“以好畤田地善，可以家焉。”这里指使群臣安分。荀子修身：“趣舍无定，谓之无常。”国语晋语：“国乱民扰，大夫无常，不可失也。”此言管理群臣之无常，使之安分。如果内外信息不通，怎知如何进行。

〔三〕陶弘景曰：开闭即捭阖也，既不用捭阖之理，故不见为善之源也。　○尹桐阳曰：开同訮，诤语，訮訮也。闭谓君拒止之而不受。见同覞，面见也。原即謜，徐语也。不见原者，谓无面语人君不善之事。善、原为韵。　○俞棪曰：王引之曰：“管子作关閈不开，閈当作闭。”又管子作“关閈不开，善否无原”。房注曰：“既不闻其关閈，故善之与不善，不得知其原。”　**按**：原，本原。礼记孔子闲居：“必达于礼乐之原。”尹说非是。

〔四〕陶弘景曰：主于周者，在于遍知物理。

【校】

①家于其无常也，管子作“寂乎其无端也”。

②陈乃乾按：“开”当作“关”，“善”上脱“开”字。

一曰长目，二曰飞耳，三曰树明〔一〕。明知①千里之外，隐微之中，是谓洞天下奸，莫不暗变[更]②〔二〕。右主恭③〔三〕。

【注】

〔一〕陶弘景曰：用天下之目视，故曰长目；用天下之耳听，故曰飞耳；用天下之心虑，故曰树明。　○高金体曰：长目、飞耳语更奇也。　○尹桐阳曰：树同烛，庭燎大烛也。例与说文鼓读若属同。明与下文更为韵。　**按**：陶说是。尹以树同烛，非。

〔二〕陶弘景曰：言用天下之心虑，则无不知。故千里之外，隐微之中，莫不玄览。既察隐微，故为奸之徒，绝邪于心胸。故曰莫不暗变更改也。　○尹桐阳曰：中，得也。洞同迥，达也。中、洞为韵。又曰：言奸隐变而为善。　○俞棪曰：管子九守主参篇"千里"句上有"明知"二字。管子下二句为："曰动奸，奸动则变更矣。"房注曰："奸在隐微，其理将动；奸既动矣，自然变更。"又按韩非内储曰："数见久待而不任，奸则鹿散。使人问他，则不鬻私。"此义发鬼谷所未道，可以参证。　**按**：陶说是。尹说中为得，洞同迥，非是。

〔三〕陶弘景曰：主于恭者，在于聪明文思。　○尹桐阳曰：恭同穷，极也。长、飞、树，皆有极远义者，管子九守作主参，参，三也，指目、耳、明言。　○萧登福：以文义观之，则"主恭"当为"主参"之误，谓参用众言，以众人为我们之耳、目。　**按**：恭，肃敬。说文："恭，肃也。"书皋陶谟："愿而恭。"礼记曲礼上："是以君子恭敬撙节。"孔颖达疏引何胤："在貌为恭，在心为敬。"此言君主如何使天下肃静。尹、萧以恭为参，非是。

【校】

①"明知"二字道藏本、乾隆本、百子全书本脱。

②"更"字原脱。道藏本、乾隆本、百子全书本有"更"字，陶注亦云"变更改"，则其所见本已有"更"字。今据补。

③恭，管子作"参"。

循名而为，实安而完〔一〕。名实相生，反相为情〔二〕。故曰：名当则生于实，实生于理，理生于名实之德，德生于和，和生于当〔三〕。右主名①〔四〕。

【注】

〔一〕陶弘景曰：实既副名，所以安全。　○尹桐阳曰：为，谓也。墨子经上:“谓移举加。”公孙龙子名实论:“审其名实,慎其所谓。”又曰:“循名则实不误,故安而完。” ○俞棪曰:管子九守督名作“修名而督实,按实而定名”。 **按**:此言“循名”之重要。尹释“循名则实不误,故安而完”,正合题旨。

〔二〕陶弘景曰:循名而为实,因实而生名。名实不亏,则情在其中矣。 ○尹桐阳曰:反谓不相生。墨子耕柱篇曰:“生有反。”又曰:为情,伪诚也。吕览审分:“按其实而审其名,以求其情。” ○俞棪曰:管子此句下有“名实当则治,不当则乱”。又按反字读为还反之反。说文:“还,复也。” ○萧登福曰:反相为情,意谓名实二者,互以对方为情实,为其内涵。 **按**:情,此谓事物之本性。孟子滕文公上:“夫物之不齐,物之情也。”此言名实互生,各为对方之本性。

〔三〕陶弘景曰:名当自生于实,实立自生于理。又曰:无理不当,则名实之德自生也。又曰:有德必和,能和自当。 ○尹桐阳曰:德,得也。 ○俞棪曰:(实生于理)管子此句以下作“名生于实,实生于德,德生于理,理生于智,智生于当”。 **按**:德,相得。逸周书官人:“小施而好德。”大戴礼记文王官人德作得。德、和、当,均指名与实相副的程度。

〔四〕陶弘景曰:主于名者,在于称实。

【校】

①右主名,管子作“右督名”。

转丸第十三　胠乱第十四二篇皆亡

佚注曰：或有取庄周胠箧而充次第者。按：鬼谷之书，崇尚计谋，祖述圣智，而庄周胠箧乃以圣人为大盗之资，圣法为桀、跖之失。乱天下者，圣人之由也。盖欲纵圣弃智，驱一代于混茫之中，殊非此书之意，盖无取焉。或曰转丸、胠箧者，本经、中经是也。　○秦恩复曰：唐赵蕤长短经反经篇引鬼谷子曰："将为胠箧探囊发匮之盗，为之守备，则必摄缄縢，固扃𫔎，此代俗之所谓智也。然而巨盗至，则负匮、揭箧、担囊而趋，唯恐缄縢扃𫔎之不固也。然则向之所谓智者，有不为盗积者乎？其所谓圣者，有不为大盗守者乎？何以知其然耶？昔者齐国邻邑相望，鸡狗之音相闻，网罟之所布，耒耨之所刺，方二千余里，阖四境之内，所以立宗庙社稷、治邑屋州闾乡里者，曷常不法圣人哉？然而田成子一朝杀齐君而盗其国，所盗者岂独其国耶？并与圣智之法而盗之。故田成子有乎盗贼之名，而身处尧、舜之安，小国不敢非，大国不敢诛，十二代而有齐国。则是不乃窃齐国并与其圣智之法，以守其盗贼之身乎？跖之徒问于跖曰：'盗亦有道乎？'跖曰：'何适而无有道耶？夫妄意室中之藏，圣也；入先，勇也；出后，义也；知可否，智也；分均，仁也。五者不备而能成大盗者，天下未之有也。'由是观之，善人不得圣人之道不立，盗跖不得圣人之道不行。天下之善人少，而不善人多。则圣人之利天下也少，而害天下也多矣。"其文与庄子小异，即注所云，或有取庄周胠箧而充次第者也。窃疑鬼谷篇目既经陶弘景删定，不应唐世尚有此篇。赵蕤生于开元，与尹知章同时，可为是尹非陶之证。录之以俟博考。　○尹桐阳曰：忤合篇曰："地而化转之。"地，蹋也，而即媔，丸之孰也。转丸之名篇，盖以此。刘勰文心雕龙曰："战国争雄，辩士云涌，从横参谋，长短角势，转丸骋其巧辞，飞钳伏其精术。"则转丸在梁时，犹未亡矣。　**按**：横秋阁本、高氏本、四库全书本"佚注"作"陶弘景曰"。陶弘景与刘勰同时，刘勰在梁时尚读过转丸，则陶弘景不会没有见到过此篇。此处注曰"或有取庄周胠箧而充次第者"，知此注语非陶也。孙诒让曰："按陶注，晁公武读书志始著录云：'唐志以为尹知章注，未知孰是。'周广业跋谓：'注，笔法绝似管子注，当是尹注。'孙志祖读书脞录说同。今寀校，殆非也。尹注管子今俱存，此书符言篇与管子七法篇文正同。详俞氏读书余录。以彼校此书，捝讹甚夥，注皆沿误妄说，假令果出尹手，岂得注管子而略不省勘乎？然则今本题陶注虽未可尽信，而非尹注则无疑义。"孙说是。此注为佚注，或与太平御览所引佚注同类。

本经阴符七术

陶弘景曰：阴符者，私志于内，物应于外，若合符契，故曰阴符。由本以经末，故曰本经。　○尹桐阳曰：经，常也，法也。本书有中经，此故云本经耳。秦策："得大公阴符之谋，伏而读之。"史记苏秦传索隐云："阴符是大公兵法，谓阴谋之在其列。"鹖冠子武灵王篇曰："阴经之法，谓阴符耳。"　○萧登福曰：文中分七个小标题来论述游说者内在涵养上所须具备的一些条件，偏重在内心的修炼与精神力的运用上，显然与前十二篇偏重在游说技巧者有别。七术之篇目依次如下：盛神法五龙、养志法灵龟、实意法螣蛇、分威法伏熊、散势法鸷鸟、转圆法猛兽、损兑法灵蓍。前面盛神、养志、实意三篇，旨在说明如何去充实意志、涵养精神。后半的分威、散势、转圆、损兑诸篇，是告诉我们如何将内在的心神去处理外在的事物。七术共分两个不同的层次，一是属于内练，一是属于运用。

按：经，义理、法则。书大禹谟："与其杀不辜，宁失不经。"阴符，古书，相传为太公兵法。六韬阴符篇曰："武王问太公曰：'引兵深入诸侯之地，三军卒有缓急，或利或害，吾将以近通远，从中应外，以给三军之用，为之奈何？'太公曰：'主与将有阴符，凡八等：有大胜克敌之符，长一尺；破军擒将之符，长九寸。'本经阴符七术非言兵法,故非是阴符。战国策秦策载苏秦所读之阴符当是纵横家著作,或即是本经阴符七术。太平御览卷二百七十一引周书阴符曰:"凡治国有三常:一曰君以举贤为常,二曰官以任贤为常,三曰士以敬贤为常。夫然虽百代可知也。"然则名阴符者,亦多矣。

本经阴符七术,是关于计谋的七篇专论,"计谋者,存亡之枢机",而要计谋能成,必须要"虑深远",所谓"虑深远则计谋成",而"虑深远"必须要求"心安静",此实意篇主旨。心如何能安静?须心通,"养志则心通矣",此养志篇主旨也。养志谓何?心与气不相一也,心与气合一,只有在"道"中,因此"养神之所,归诸道",此盛神篇意也。神之伏,则静固志意,可分他人之威也,此分威篇旨也。神之动,则"知其计谋",此散势篇旨也。计谋无穷,然转圆可得,此转圆篇旨。果断敢决,"而后为之谋",此损兑旨意。七者均围绕计谋这个中心而论述,为计谋之专论。

全篇结构上由七个部分所组成:盛神法五龙、养志法灵龟、实意法螣蛇、分威法伏熊、散势法鸷鸟、转圆法猛兽、损兑法灵蓍。依据其内容,可分为三组:第一组以神、气、心为核心,对神与气、心与气、心与神三者之间的关系作理论上的探讨,形成盛神、养志、实意三篇;第二组专论神之作用,先言神之覆,次言神之使,对神之伏、神之动对人内心的影响,以及引起的一系列后果作了阐释,形成分威、散势两篇;第三组专论计谋与决断,计谋无穷,然转圆可得,决断关乎安危,故损兑可用,形成转圆、损兑两篇。七术乃对纵横学说进行理论上的构建,十分宝贵。

盛神法五龙〔一〕

陶弘景曰:五龙,五行之龙也。龙则变化无穷,神则阴阳不测,故盛神之道法五龙也。　〇高金体曰:龙变化,神不测,故法之。　〇尹桐阳曰:五龙者,五行之龙。说文:"戊,中宫也。象六甲五龙相拘绞也。"水经注引遁甲开山图曰:"五龙见教,天皇被迹。"荣氏注云:"五龙,治在五方,为五行神。"文选郭景纯游仙诗:"奇龄迈五龙,千岁方婴孩。"　〇俞棪曰:淮南子精神训曰:"耳目清,听视达,谓之明。五藏能属于心而无乖,则教志胜而行不僻矣。教志胜而行之不僻,则精神盛而气不散。精神盛而气不散则理,理则均,均则通,通则神,神则以视无不见,以听无不闻也,以为无不成也。"　**按**:法,效法。商君书更法:"治世不一道,便国不必法古。"五龙,上古主要有两说:(一)古史相传远古部落酋长名。唐司马贞补史记三皇纪:"自人皇以后,有五龙氏。"又见文选汉王文考(延寿)鲁灵光殿赋注引春秋命历序。(二)古代方士传说神仙名。文选郭景纯游仙诗:"奇龄迈五龙,千岁方婴孩。"注引遁甲开山图荣氏解,谓五龙为木、火、金、水、土之仙。

盛神中有五气,神为之长,心为之舍,德为之大①,养神之所归诸道〔一〕。道者天地之始,一其纪也,物之所造,天之所生,包宏无形,化气,先天地而成,莫见其形,莫知其名,谓之神灵②〔二〕。故道者,神明之源。一其化端,是以德养五气,心能得一,乃有其术〔三〕。术者,心气之道所由舍者,神③乃为之使〔四〕。九窍十二舍者,气之门户,心之总摄

也④。生受于天，谓之真人，真人者与天为一〔五〕。

【注】

〔一〕陶弘景曰：五气，五藏之气也，谓精、神、魂、魄、志道藏本、乾隆本作“神、魂、魄、精、志”。也。神居四者之中，故为之长；心能含容，故为之舍；德能制御，道藏本、乾隆本作“邪”。故为之大。然则养神之所宜，归之于道也。　○尹桐阳曰：气一、神二、心三、德四、道五也。五与下文舍为韵。又曰：下文云神其长也。长与下文养为韵。又曰：舍，涂也。墨子非命上：“心涂之辟。”又称心术。子华子北宫意问：“神气舍心。”又曰：“夫心者，五六之主也，精神之舍也。”灵枢大惑论：“目者，心使也；心者，神之舍也。”又曰：下文云德养五气，德，说文作悳，外得于人，内得于己也。人与仁同。诸，同者。　按：五气，指心、肝、脾、肺、肾等五脏之气。周礼天官疾医：“参之以九藏之动。”郑玄注：“正藏五，又有胃、膀胱、大肠、小肠。”贾公彦疏：“正藏五者，谓五藏：肺、心、肝、脾、肾，并气之所藏。”

〔二〕陶弘景曰：无名，天地之始，故曰道者天地之始也。道始所生者一，故曰一其纪也。言天道混成，阴阳陶铸，万物以之造化，天地以之生成，包容宏厚，莫见其形，至于化育之气，乃先天地而成，不可以状貌诘，不可以名字寻，妙万物而为言，是以谓之神灵也。　○尹桐阳曰：纪，基也。说文“一”下云：“惟初太极，道立于一，造分天地，化成万物。”始、纪为韵。又曰：造，成也。造与上文道为韵。生与下文形、名、灵亦为韵。　○俞棪曰：老子曰：“有物混成，先天地生。寂兮寥兮，独立而不改，周行而不殆，可以为天下母。”又按：韩非主道曰：“道者，万物之始，是非之纪也……虚静以待令，令名自命也，令事自定也。”“有言者自为名，有事者自为形。”　按：诗经郑风终南：“有纪有堂。”毛传：“纪，基也。"基,开始。诗周颂昊天有成命:"夙夜基命宥密。"国语晋语九:"基于其身,以克服其所。"韦昭注:"基,始也。"一其纪,谓一是它的开始。造,创建。尚书康诰:"用肇造我区夏。"礼记玉藻:"大夫不得造车马。"

〔三〕陶弘景曰:神明禀道而生,故曰道者神明之源也。化端不一,则有时不化,故曰一其化端也。循理有成,谓之德五气;各能循理,则成功可致,故曰德养五气也。一者,无为而自然者也。心能无为,其术自生,故曰心能得一,乃有其术也。　○高金体曰:德能制五气之邪,故成人形,否则异类将乘之。　○俞樾曰:德、得古通用。德养五气即得养五气也,其下云"五气得养,务在舍神"可证。注曰:"循理有成,谓之德五气;各能循理,则成功可致,故曰得养五气也。"斯曲说矣。　○尹桐阳曰:端,说文作耑,物初生之题也。源、端为韵。又曰:五气,五藏之气,谓神、魂、魄、意、志也。气、术为韵。　○俞棪曰:易系辞曰:"化而裁之,存乎变;推而行之,存乎通;神而明之,存乎其人。"所谓道者,化推而变通之也。神明之源,盖谓是也。又按:韩诗外传曰:"凡治气养心之术……莫慎一好。好一则博,博则精,精则神,神则化,是以君子务结心乎一也。"又云:"智虑潜深,则一之以易谅。"此言养气之术,必源于一也。又吕氏春秋论人曰:"无以害其天则知精,知精则知神,知神之谓得一。凡彼万形得一而后成,故知一则应物变化,阔大渊深不可测也。德行昭美比于日月,不可息也。"此之谓心能得一,乃有其术。论语曰:"女以予为多学而识之者欤……非也。予一以贯之。"尸子分篇曰:"审一之经,百事乃成;审一之纪,百事乃理。"　**按**:得,通德。孟子告子上曰:"为宫室之美,妻妾之奉,所识穷乏者得我与?"俞樾说是。

〔四〕陶弘景曰:心气合自然之道,乃能生术。术者,道之由舍,则神乃为之使。　○高金体曰:道者,天地万物皆父之,故必能舍道则百灵咸役，术之宗也。　　〇尹桐阳曰：说文："术，邑中道也。"上云心为之舍，舍即涂，亦道耳。管子书有心术篇，心与下文十、摄为韵。由舍谓由途也。上文云心为之舍。春秋繁露："循天之道，心气之君也。"舍与下文户为韵。又曰：乃，君也。上文"气，神为之长"，此故云神。君，墨子经上为存也。素问灵兰秘典论："心者，君主之官。"宣明五气篇："心存神。"　　〇俞棪曰：韩非扬权曰："虚心以为道舍。"　　**按**：道，同导。楚辞屈原离骚："来吾道夫先路。"

〔五〕陶弘景曰：十二舍者，谓目见色、耳闻声、鼻臭香、口知味、身觉触、意思事、根境互相停舍。舍有十二，故曰十二舍也。气候由之出入，故曰气之门户也。唯心之所操舍，故曰心之总摄也。凡此皆受之于天，不齖其素，故曰真人。真人者，体同于天，故曰与天为一也。　　〇尹桐阳曰：九窍者，谓阳窍七，阴窍二也。周礼疾医："两之以九窍之变。"管子心术上："心术者，无为而制窍者也。"十同协，和也。说文：协，古文从十声作叶。又曰：二舍，二道也，指阴阳言。摄，合也。又曰：天、人、一为韵。　　〇俞棪曰：易系辞曰："穷神知化，德之盛也。"神化归身者，穷神以知化也。　　〇萧登福曰：眼、耳、鼻、舌、身、意为六根，色、声、香、味、触、法为六尘。佛家将六根六尘合称为十二处或十二入。陶弘景既以佛家十二入释鬼谷子之十二舍，则殆当时十二入或译作十二舍也。　　**按**：舍，说文："市居曰舍。"段玉裁注："此市字非买卖所之，谓宾客所之也。"此处指止息之处。本经阴符曰："故静固志意，神归其舍，则威覆盛矣。"下文曰："气之门户。"则此十二舍，则是"气"之十二处止息之所。周礼以为有九藏，周礼天官疾医："参之以九藏之动。"郑玄注："正藏五，又有胃、膀胱、大肠、小肠。"素问灵兰秘典论除上述九藏外，又加上胆、膻中、三焦三藏，共十二官，称十二藏。十二舍，即十二藏。陶、萧说非是。真人，道家称存养本性的得道之人。庄子大宗师："且有真人而后有真知。何谓真人？古之真人，不逆寡，不雄成，不谟士。"

【校】

①大，道藏本、乾隆本、百子全书本讹作"人"。

②灵，俞棪以为误，改作"明"字。曰："鬼谷书无称神灵者，下文接称神明，足证其误。"俞说可参。

③一本无"神"字。

④自"九窍十二舍"至此十五字，俞棪以为疑晋人注文。

内修练[①]而知之，谓之圣人，圣人者，以类知之〔一〕。故人与一生，出于物化[②]〔二〕。知类在窍，有所疑惑，通于心术，心无其[③]术，必有不通〔三〕。其通也，五气得养，务在舍神，此谓之[④]化〔四〕。化有五气者，志也、思也、神也、德也，神其一长也。静和者养气，气[⑤]得其和，四者不衰，四边威势，无不为存而舍之，是谓神化。归于身，谓之真人[⑥]〔五〕。真人者，同天而合道，执一而养产万类，怀天心，施德养，无为以包志虑思意，而行威势者也。士者通达之。神盛乃能养志〔六〕。

【注】

〔一〕陶弘景曰：内修练，谓假学而知者也。然圣人虽圣，犹假学而知；假学即非自然，故曰以类知之也。　○尹桐阳曰：内同芮，芮芮，草生貌。真人之知，由于自然，因云芮以状之。内与下文类、物为韵。又曰：圣人假学而知，故曰类知。　○俞棪曰：荀子解蔽曰："人生而有知，知而有志，志也者，藏也。……心生而有知，知而有异，异也者，同时兼知之，两也。”“心枝则无知，倾则不精，贰则疑惑。”“类不可两也，故知者择一而壹焉。”又按：荀子非相曰：“不先虑，不早谋，发之而当，成文而类，居错迁徙，应变不穷，是圣人之辩者也；先虑之，早谋之，斯顺之，言而足听，文而致实，博而党正，是士君子之辩者也。听其言，则辞辨而无统；用其身，则多诈而无功。上不足以顺明王，下不足以和齐百姓，然而口舌之于须噡唯则节，足以为奇伟偃却之属，夫是之谓奸人之雄。”又按：易系辞曰：“圣人有以见天下之动，而观其会通。”会通者，类也。

〔二〕陶弘景曰：言人相与生在天地之间，得其一耳。但既出之后，随物而化，故有不同也。　〇尹桐阳曰：生谓众物。又曰：一，皆也；化物，谓天地。　〇萧登福曰：“人与生”三字，陶注作“人相与生”解，窃疑当作“人与万物”解。“生”为含灵之属，此指万物。“物化”一词，庄子齐物论成玄英疏云：“物理之变化也。”林希逸庄子口义云：“此谓万物变化之理。”　**按**：此言人与一同生，故能物化。尹、萧说非。

〔三〕陶弘景曰：窍，谓孔窍也。言知事类在于九窍，然九窍之所疑，必与术相通。若乃心无其术，术必不通也。　〇高金体曰：术多则愈塞，故曰术必有不通。　〇尹桐阳曰：必，闷也。　〇俞棪曰：韩非解老曰：“思虑静，故德不去；孔窍虚，则和气日入。”

按：窍，即九窍。心，心脏，古人认为心脏是人的思维器官。此言人凭感官而知事类，感官不能直接感识的，则需要借助思维。故思维须有一定的方法，若无，则思路堵塞，无法认识事类。

〔四〕陶弘景曰：心术能通，五气自养。然养五气者，务令神来归舍。神既来舍，自然随理而化也。　〇尹桐阳曰：上文云德养五气。又曰：神来归舍，随理而化。　〇俞棪曰：中庸曰：“曲能有诚，诚则形，形则著，著则明，明则动，动则变，变则化。唯天下至诚为能化。""至诚之道,可以前知。""祸福将至。善,必先知之;不善,必先知之。" **按**:五气,肺、心、肝、脾、肾五脏的外征。周礼天官疾医:"以五气、五声、五色眂其死生。"

〔五〕陶弘景曰:言能化者,在于全五气;神其一长者,言能齐一志思而君长之;神既一长,故能静和而养气,气既养,德必和焉。四者谓志、思、神、德也。是四者能不衰,则四边威势,无有不为常存而舍之,则神道变化,自归于身。神化归身,可谓真人也。 ○尹桐阳曰:气一、志二、思三、神四、德五也。者,同也。墨子者多作也。又曰:志、德韵;思、神亦韵。思读囟也。又曰:气与下文衰、势为韵。又曰:和与下文为、化韵。又曰:衰,说文作瘊,减也。又曰:四边,四方也。势,说文作埶,穜也。埶植用力最劳,因以为气势。易象传"地势坤"虞注:"势,力也。"韩非子八说:"势者,胜众之资也。"为,行也。又曰:身、真为韵。 ○俞棪曰:易系辞曰:"穷神知化,德之盛也。"神化归身者,穷神以知化也。 **按**:化有五气,即五气之化。此言五气之变化,产生不同效果,或志、或思、或神、或德,而神乃最佳效果。五气之融和合一,则志、思、神、德四者均有效果。五气混行五脏之内,此谓神化,归诸肉体,便成真人。

〔六〕陶弘景曰:一者,无为也。言真人养产万类,怀抱天心,施德养育,皆以无为为之,故曰执一而养产万类。至于志意思虑运行,威势莫非自然循理而动,故曰无为以包也。然通达此道,其唯善为士者乎!既能盛神,然后乃可养志也。 ○高金体曰:浩然充塞两间,正是此数势,一语拈出。 ○尹桐阳曰:上文云"真人者与天为一"。又曰:产,生也。类,物也。类与下文势、达为韵。又曰:上文云"德养五气"。又曰:士盖壬字误。上文作圣。说文:"圣,通也。"意、志为韵。 ○俞棪曰:尸子分篇曰:"执一以静,令名自正,令事自定。"韩非子扬权曰:"圣人执一以使名自命，令事自定。”中庸曰：“诚者，不勉而中，不思而得，从容中道，圣人也。”又按：中庸曰：“高明配天。”高者，天之道也。又言：“今夫天，斯昭昭之多，及其无穷也，日月星辰系焉，万物覆焉。”无穷者，天道运行之纪也。　**按**：执一，执道，坚守无为。荀子尧问：“执一无失。”士疑为圣字残。尹说可参。

【校】

①练，道藏本、乾隆本、百子全书本作“炼”。“内修练”前，道藏本、嘉靖钞本、乾隆本、百子全书本衍“而知之者”四字。

②“一生”二字道藏本、乾隆本、百子全书本作“生一”，嘉靖钞本作“生，生一”。俞樾以为“人与一生，出于物化”错简，当在“真人者，与天为一”句下。

③“心无其”三字道藏本、乾隆本、百子全书本脱。

④谓之，道藏本、乾隆本、百子全书本乙倒作“之谓”。

⑤气，道藏本、乾隆本、百子全书本作“养气”，嘉靖钞本作“若气”。

⑥自“化有五气者”至此，俞樾以为错简，当在“故人与一生，出于物化”之后。俞樾说无版本依据。

养志法灵龟

陶弘景曰：志者察是非，龟能知吉凶，故曰养志法灵龟。　〇高金体曰：志察理，龟察事，故法之。妙理微言。　〇尹桐阳曰：礼记礼运：“而有志焉。”注：“志为识。”古文龟与下文志、思、使为韵。　〇萧登福曰：朱熹四书集注云：“心之所之为志。”心里所企盼达到的，称为“志”。“志”与“欲”都是心里的愿望。

养志者，心气之思不达也〔一〕。有所欲，志存而思之。志者，欲之使也。欲多[①]则心散，心散则志衰，志衰则思不达〔二〕。故心气一，则欲不徨[②]；欲不徨，则志意不衰；志意不衰，则思理达矣〔三〕。理达则和通，和通则乱气不烦[③]于胸中〔四〕。故内以养志[④]，外以知人。养志则心通矣，知人则职分[⑤]明矣〔五〕。

【注】

〔一〕陶弘景曰：言以心气不达，故须养志以求通也。　○尹桐阳曰：毛诗序："在心为志。"孟子："夫志，气之帅也。"子华子北宫意问："志之所造谓之思。"　○俞棪曰：孟子曰："志，气之帅也；气，体之充也。夫志，至焉；气，次焉。故曰持其志，无暴其气。……志一则动气，气一则动志……我知言，我善养吾浩然之气……其为气也，至大至刚，以直养而无害，则塞于天地之间……行有不慊于心则馁矣。"　**按**：古人认为心脏是思维器官。心气之思不达，意谓思路不畅。

〔二〕陶弘景曰：此明纵欲者，不能养气志，故所思不达者也。　○尹桐阳曰：衰、达为韵。　**按**：此言思路不畅是缘于多欲。

〔三〕陶弘景曰：此明寡欲者，能养其志，故思理达矣。　○高金体曰：杨子演玄，必曰泊如；张衡思玄，亦曰晏如。故知欲多者理浅，情淡者志深，思郁则害乘于心，理达则和通于气，故庄生逍遥，列子御风，皆理达之验也。　○尹桐阳曰：徨同㞷，妄生也。说文："㞷读若皇。"皇、㞷声转。

〔四〕陶弘景曰：和通则莫不调畅，故乱气自消。　○尹桐阳曰：烦，扰也。通、中为韵。

〔五〕陶弘景曰：心通则一身泰，职明则天下平。　○尹桐阳曰：任人皆当其才。通、明为韵。明读蒙也。易注齐人谓萌曰蒙。书洪范叶恭、从、明、聪、容，文子微明叶明、聪、从、公，三略上叶明、聪、忠，例皆同此。　按：职分，职责。

【校】

①"多"字后，道藏本、嘉靖钞本、乾隆本衍"志"字。

②徨，道藏本、乾隆本、百子全书本作"偟"。下同。

③烦，一本作"暴"。

④志，道藏本、乾隆本、百子全书本讹作"气"。

⑤职分，道藏本、嘉靖钞本、乾隆本、百子全书本乙倒作"分职"。

将欲用之于人，必先知其养气志，知人气盛衰，而养其志气①，察其所安，以知其所能〔一〕。志不养，则心气不固；心气不固，则思虑不达；思虑不达，则志意不实；志意不实，则应对不猛；应对不猛，则志失②而心气虚；志失而心气虚，则丧其神矣〔二〕。神丧则髣髴，髣髴则参会不一〔三〕。养志之始，务在安己。己安则志意实坚，志意实坚则威势不分，神明常固守，乃能分之〔四〕。

【注】

〔一〕陶弘景曰：将欲用之于人，谓以养志之术用人也。养志则气盛，不养则气衰。盛衰既形，则其所安所能可知矣。然则善于养志者，其唯寡欲乎。　○尹桐阳曰：其，己也。说文：丌读与记同。诗扬之水"彼其之子"笺："其"或作"记"。志与下文能为韵。

〔二〕陶弘景曰：此明丧神始于志不养也。　○尹桐阳曰：猛，敏也。神与下文一为韵。　○俞棪曰：韩诗外传："孔子曰：好辩论而畏惧，教之以勇。”畏惧者，失志心虚，教以勇，所以养其气志也。　按：猛，凶猛，勇猛。此意谓快速，果断。

〔三〕陶弘景曰：髣髴，不精明之貌；参会，谓志、心、神三者之交会也。神不精明则多违错，故参会不得其一也。　○高金体曰：参会不一者，纷纭酬酢不见至一之理。　○尹桐阳曰：说文：“仿，相似也。”“髴，若似也。”髣、仿，别体字。字林作仿佛，云：见不审。参会谓糁杂也。　按：髣髴，好像。楚辞远游：“时髣髴以遥见兮，精皎皎以往来。”洪兴祖补曰：“说文云：髣髴，见不諟也。”参，即三。

〔四〕陶弘景曰：安者谓寡欲而心安也。威势既不分散，神明常来固守，如此则威积而势震“则”下五字道藏本、乾隆本讹作“威精分势震动”。物也。上“分”，谓散亡也；下“分”，谓我有其威，而能动彼，故曰乃能分之也。　○杨慎曰：分之以应物。　○尹桐阳曰：始、己为韵。能，熊属。下文曰：分威法伏熊。　○俞棪曰：韩诗外传：“孔子曰：夫谈说之术，齐庄以立之，端诚以处之，坚强以待之，辟称以喻之，分以明之，欢忻芬芳以送之，宝之珍之贵之神之，如是，则说恒无不行矣。夫是之谓能贵其所贵。若夫无类之说，不形之行，不赞之辞，君子慎之。诗曰：无易由言，无曰苟矣。”齐庄者，养志也；端诚者，安己也；坚强者，实坚也；分明者，分也；欢忻芬芳者，神明所守也。孟子曰：“充实之谓美，充实而有光辉之谓大。”论语曰：“君子不重则不威，学则不固。”又按：吕氏春秋具备曰：“说与治之务莫若诚……说与治不诚，其动人心不神。”　按：陶说是。

【校】

①志气，道藏本、乾隆本、百子全书本乙倒作“气志”。“养其气志”，俞棪曰：疑似衍文。

②志失，道藏本、乾隆本、百子全书本乙倒作“失志”。

实意法螣蛇

陶弘景曰：意有委曲，蛇能屈伸，故实意者，法螣蛇也。○高金体曰：意委曲，蛇屈伸，故法之。实犹诚也。○尹桐阳曰：说文：“螣，神蛇也。”荀子劝学：“螣蛇无足而飞。”**按**：螣蛇，传说中一种能飞的神蛇。说文：“螣，神蛇也。”尔雅释鱼：“螣，螣蛇。”郭璞注：“龙类也，能兴云雾而游其中。”

实意者，气之虑也〔一〕。心欲安静，虑欲深远。心安静则神策生①，虑深远则计谋成。神策生则志不可乱，计谋成则功不可间〔二〕。意虑定则心遂安，心遂安则所行不错②，神自得矣，得则凝③〔三〕。识气寄，奸邪④而倚之，诈谋而惑之，言无由心矣〔四〕。故信心术，守真一而不化，待人意虑之交会，听之候[之]⑤也〔五〕。

【注】

〔一〕陶弘景曰：意实则气平，气平则虑审，故曰实意者，气之虑也。○尹桐阳曰：礼记王制：“意论轻重之序。”注：“意，思念也。”虑，说文云：“谋，思也。”虑、意义近耳。

〔二〕陶弘景曰：智不可乱，故能成其计谋；功不可间，故能宁其邦国。○高金体曰：意虑虚则神来，神来者实，实则神气常明，如日居午，如月在空，物不得而蔽之。○尹桐阳曰：静与下文荣、成、定为韵。远与下文乱、间、安为韵。又曰：荣同荧，屋下灯烛之光也。○俞棪曰：邓析子曰：“心欲安静，虑欲深远。

心安静则心策生,虑深远则计谋成。""心不欲躁,虑不欲浅。心躁则精神滑,虑浅则百事倾。"其言与鬼谷子合。大学曰:"知止而后有定,定而后能静,静而后能安,安而后能虑,虑而后能得。"按文子曰:"神者,智之渊,神清则智明;智者,心之府,智公则心平。"此言殆本于鬼谷子欤?

〔三〕陶弘景曰:心安则无为而顺理,不思而玄览。故心之所行不错,神自得之,得则无不成矣。凝者,成也。　○尹桐阳曰:遂同㒸,深也。错,差也。错与下文寄、倚为韵。错读差耳。楚辞悯上:"心怀兮隔错。"注:"失其性也。"以错为差,借字者。又曰:凝,定也。得与下文惑为韵。　○俞棪曰:韩非解老篇曰:"积德而后神静,神静而后和多,和多而后计得。"又按:荀子议兵篇曰:"得之则凝。"唐杨倞注云:"凝,定也。"又庄子逍遥游:"其神凝,使物不疵疠。"达生曰:"用志不分,乃凝于神。"又中庸曰:"苟不至德至道,不凝焉。"凝者,定也。又按:王通中说曰:"凝滞者,知之蟊也。"凝字解作成,陶注不可信也。　**按**:神自得,得则凝,意谓精神自主,则精力就能集中。

〔四〕陶弘景曰:寄谓客寄。言识气非真,但客寄耳。故奸邪得而倚之,诈谋得而惑之,如此则言皆胸臆,无复由心矣。　○高金体曰:识者,虚妄之见。识气易眩,如萤光爝火、飞柯游螟皆得隐之。　○尹桐阳曰:寄同奇,不正也。又曰:言不由心则虚伪。心与下文一为韵。心读信也。说文:"信,古文作訫。"　○萧登福曰:识谓器识,气谓心气。"言无由心",意谓言不由衷。　**按**:识,记住。论语述而:"默而识之,学而不厌,诲人不倦,何有于我哉?"文选宋玉神女赋:"寐而梦之,寤不自识。"李善注:"如有可记识也。"识气寄意谓心里有惦记的东西。此句言心有所惦记,就不能专心一意,奸邪就有了依托的地方,就可能被对方的诈谋所迷惑。这里仍是强调"心斋"。言无由心,萧说是。

〔五〕陶弘景曰：言心术诚明而不亏，真一守固而不化，然后待人接物，彼必输诚尽意，智者虑能，明者献策，上下同心，故能谋虑交会也。用天下之耳听，故物候可知矣。　○尹桐阳曰：术与下文会、机为韵。候，伺望也。飞箝篇曰："或伺候，见间而箝之。"　○俞棪曰：蒯彻说韩信曰："听者，事之候也；计者，事之机也。听过计失而能久安者，鲜矣。"庄子渔父篇曰："真在内者，神动于外。"　**按**：此言要相信净心的方法，守住真气而不使之外流，安神静心，待人精力高度集中，就可以听任等待事物的任何变化了。

【校】

①神策生，道藏诸本作"神明荣"。下同。邓析子转辞篇作"神策生"。

②心遂安则所行不错，道藏本、乾隆本、百子全书本有脱文，作"则其所行不错"。

③"神自得矣，得则凝"，道藏本、乾隆本、百子全书本作"神者得则凝"。

④此处"奸邪"与下文"诈谋"，道藏本、乾隆本、百子全书本均作"奸邪得"、"诈谋得"。观陶注，则原文疑有"得"字。

⑤候，道藏本、乾隆本、百子全书本均作"候之"，今据补。

计谋者，存亡之枢机。虑不会，则听不审矣，候之不得。计谋失矣，则意无所信，虚而无实〔一〕。故计谋之虑，务在实意，实意必从心术始①〔二〕。无为而求安静五脏，和通六腑，精神魂魄固守不动，乃能内视、反听、定志。虑②之太虚，待神往来〔三〕。以观天地开辟，知万物所造化，见阴阳之终始，原人事之政理，不出户而知天下，不窥牖而见天道，不见而命，不行而至〔四〕，是谓道知，以通神明，应于无方，而神宿矣〔五〕。

【注】

〔一〕陶弘景曰：计得则存，计失则亡，故曰计谋者存亡之枢机。虑不合物，则听者不为己听，故听不审矣。听既不审，候岂得哉！乖候而谋，非失而何？计既失矣，意何所信？惟有虚伪，无复诚实也。　○尹桐阳曰：谋与下文得为韵。又曰：无所信则诈。失、信、实为韵。　○俞棪曰：韩非解老篇曰："体道则其智深，其智深则其会远，其会远，众人莫能见其极。"　**按**：虑不会，言意虑不交会。听、候皆承上"听之候之"而来。此言计谋与实意之间的关系。计谋失则意虚，欲使计谋得，则必须实意。

〔二〕陶弘景曰：实意则计谋得，故曰务在实意；实意由于心安，故曰必在心术始也。

〔三〕陶弘景曰：言欲求安心之道，必先寂淡无为。如此则五脏安静，六腑和通，精神魂魄各守所司，淡然不动，则可以内视无形，反听无声，志虑宅道藏本、乾隆本作"定"。太虚，至神明千万往来归于己也。　○尹桐阳曰：为，伪也。无伪即上文所谓实意，而与如同。求，即虬，龙子有角者，螣蛇是其类也。诗桑扈："兕觥其觩。"说文斛下引作斛。心、肝、脾、肺、肾曰五脏。脏，说文作藏。与装通用。谓其有所装裹耳。韩诗外传曰："何谓五藏？精藏于肾，神藏于心，魂藏于肝，魄藏于肺，志藏于脾，此之谓五藏也。"则脏字以藏为之。腑，说文作府。白虎通："性情六府，谓大肠、小肠、胃、膀胱、三焦、胆也。"府者，为五藏宫府也。后汉书马融传注引韩诗外传曰："何谓六府？喉咽者，量肠之府也；胃者，五谷之府也；大肠者，转输之府也；小肠者，受成之府也；胆者，积精之府也；膀胱者，凑液之府也。"白虎通数三焦，韩诗外传数喉咽，二书说异，余均从同。子华子北宫意问："六腑化谷，津液布阳。"又曰：魄与下文虚为韵，动与上文通为韵。又曰：（内视即）察人隐微。又曰：反应篇曰："古善反听者，乃变鬼神以得其情。"又曰：

"皆以先定为之法则。"志与下文来为韵。又曰:是即上文所谓法塍蛇者。思,通也,说文作丨。待同𦐇,飞盛貌。塍蛇能飞,故云待神往来耳。　　○俞棪曰:庄子天下篇曰:"独与天地精神往来而不傲倪万物。"又中庸曰:"至诚无息,不息则久,久则征,征则悠远,悠远则博厚,博厚则高明。""如此,不见而章,不动而变,无为而成。"易系辞曰:"神以知来,知以藏往。"此待神往来之说也。　　○郑杰文曰:内视,古代养生术语,即通过意念而自己窥见自己体内脏、腑、经络的一种方法。反听,运用意念而听到体内之音的一种方法。　　**按**:内视,即以心视。庄子列御寇:"贼莫大乎德有心而心有睫。及其有睫也而内视,内视而败也。"俞樾诸子平议十九庄子平议:"内视者,非谓收视反听也,谓不以目视而以心视也。后世儒者,执一理以断天下事,近乎心有睫矣。"反听与内视并列,此亦指用心去听。董仲舒春秋繁露同类相动:"故聪明圣神,内视反听,言为明圣;内视反听,故独明圣者,知其本心皆在此耳。"越绝书:"范蠡内视若盲,反听若聋。"郑说非。

〔四〕陶弘景曰:唯神也,寂然不动,感而遂通天下之故,能知于不知,见于不见,岂待出户窥牖,然后知见哉!同于道藏本、乾隆本作"固以"。不见而命、不行而至也。　　○尹桐阳曰:捭阖篇曰:"阴阳其和,终始其义。"辟、化为韵。化韵尽也。又曰:理与上文始为韵。又曰:老子有其语,户、下为韵。又曰:命,明也。命、至为韵。　　○俞棪曰:易系辞曰:"夫易,圣人之所以极深而研几也。唯深也,故能通天下之志;唯几也,故能成天下之务;唯神也,故不疾而速,不行而至。"鬼谷此说,盖深得易理焉。韩诗外传曰:"昔者,不出户而知天下,不窥牖而见天道,非目能视乎千里之前,非耳能闻乎千里之外,以己之情量之也。"此之谓不见不行也。又按:徐幹中论虚道篇曰:"君子……务鉴于人以观得失,故视不过垣墙之里,而见邦国之表;听不过阈槷之内,而闻千里之外。因人也,人之耳目尽为我用，则我之聪明无敌于天下矣。是谓人一之，我万之；人塞之，我通之。”韩非喻老篇曰：“空窍者，神明之户牖也；耳目竭于声色，精神竭于外貌，故中无主。中无主，则祸福虽如丘山，无从识之。故曰：不出于户，可以知天下；不窥于牖，可以知天道。此言神明之离其实也。”又曰：“智周乎远，则所遗在近，是以圣人无常行也。能并智，故曰不行而知；能并视，故曰不见而明。随时以举事，因资而立功。用万物之能而获利其土，故曰不为而成。”又按：吕氏春秋君守曰：“不出者，所以出之也；不为者，所以为之也。”此吕氏之释义也。

〔五〕陶弘景曰：道，无思也，无为也。然则道知者，岂用知而知哉！以其无知，故能通神明，应于无方而神来舍矣。宿犹舍也。 ○尹桐阳曰：道与下文宿为韵。明、方为韵。宿同忧，和也。尔雅作优。说文：卣读若“三年导服”之导，其例同此。 **按**：无为而知，是谓道知。达到道知状态，即能与神明相通而无所不能，神亦来宿于此矣。

【校】

①“故计谋之虑，务在实意，实意必从心术始”一段，道藏本、乾隆本、百子全书本均误作注文，且脱此句下“实意则计谋得，故曰务在实意；实意由于心安”十八字注文。

②虑，道藏本、乾隆本、百子全书本作“思”。

分威法伏熊

陶弘景曰：精虚动物谓之威，发近震远谓之分。熊之搏击，必先伏而后动，故分威法伏熊也。 ○高金体曰：伏者，藏也，静也。静藏者，明以乘彼暗，无物不可得而攫也。物皆有威，不可相犯。我乘其暗，则其威势忽然分散。譬如觳卵在彼盲手，我从攫之，无不得者。故善伏熊之法，万物虽有威势，莫不分散如彼盲者也。　〇尹桐阳曰：分，奋也。熊之搏击，必先伏而后动。分威，故法之。　〇俞棪曰：武韬文伐曰："亲其所爱，以分其威。一人两心，其中必衰。廷无忠臣，社稷必危。"又管子禁藏曰："视其所爱，以分其威。一人两心，其内必衰也。"房注曰："令敌国之所爱者，各权则其威分，威分则每人各怀二心，心二则力不齐，故内衰也。"韩非外储曰："马惊于出彘，而造父不能禁制者，非辔筴之严不足也，威分于出彘也。"此谓彘令马畏，故曰威分也。　**按**：分威，散发威势。本篇言散发己方威势。下文"散势"则言分散对方威势。鬼谷之学，以阴阳两方立论，不可片面作解。杨慎、俞棪解为分散对方威势，非是。尹说奋己之势，近是。

分威者，神之覆也〔一〕。故静意固志①，神归其舍，则威覆盛矣〔二〕。威覆盛，则内实坚；内实坚，则莫当；莫当，则能以分人之威而动其势，如其天〔三〕。以实取虚，以有取无，若以镒称铢②〔四〕。故动者必随，唱者必和，挠其一指，观其余次，动变见形，无能间者〔五〕。审于唱和，以间见间，动变明而威可分也〔六〕。将欲动变，必先养志伏意以视间〔七〕。知其固实者，自养也；让己者，养人也。故神存兵亡，乃为之形势〔八〕。

【注】

〔一〕陶弘景曰：覆，犹衣被也。神明衣被，然后其威道藏本、乾隆本作"职"。可分也。　〇尹桐阳曰：神藏于内，乃有威以奋于外。

覆与下文意为韵。　○俞棪曰：吕氏春秋本生曰："精通乎天地，神覆乎宇宙。"此之谓神之履也。　按：覆，意即伏。左传桓公十二年："楚人坐其北门而覆山下，大败之。"杜预注："覆，设伏兵而待之。"吴子治兵："常令有余，备敌覆我。"此言威势散发，必须要神伏于其中。

〔二〕陶弘景曰：言致神之道，必须静意固志，自归其舍，则神之威覆隆盛矣。舍者，志意之宅也。　○尹桐阳曰：上文云心为之舍。舍、盛为韵。盛读午也。说文："成，古文从午，声作戚"　○俞棪曰：俞樾古书疑义举例曰："故者，承上之词，而古人亦或用以发端。"又按：荀子不苟篇曰："君子……未施而亲，不怒而威……"又儒效篇："勇则速威。"又议兵篇："礼者……威行之道也。"

〔三〕陶弘景曰：外威既盛，则内志坚实，表里相副，谁敢当之。"之"字与下文"物不能当"，道藏本、乾隆本衍。物不能当，则我之威分矣；威分势动，则物皆肃然，畏敬其人若天也。"势"字、"敬"字道藏本、乾隆本脱。　○尹桐阳曰：坚与下文天为韵。威如天之可畏，威、势半句韵。　○俞棪曰：韩非八经曰："喜见则德偿，怒见则威分。"中庸曰："发强刚毅，足以有执也；齐庄中正，足以有敬也。""虽善不尊，不尊不信。"又按：韩诗外传引子张谓子夏曰："子亦闻夫子之议论耶？徐言誾誾，威仪翼翼；后言先默，得之推让。巍巍乎，荡荡乎，道有归也。"巍巍、翼翼，威覆之盛也。杨子法言曰："貌重则有威"，"貌轻则招辱"。　按：如，从、随也。说文："如，从、随也。"左传宣公十二年："有律以如己也。"杜预注："如，从也。"孔颖达疏："释诂云：'如，往也。'往是相从之义，故训为从也。"列子力命："胥如志也。"殷敬顺释文："如，随也。"如其天，意谓随其本性，顺其自然。

〔四〕陶弘景曰：言威势既盛，人物肃然，是我实有而彼虚无，故能以我实取彼虚，以我有取彼无。其取之也，动必相应，犹称铢以成镒也。二十四铢为两，二十四两以上六字道藏本、乾隆本脱。为镒也。　○尹桐阳曰：仪礼注："满手曰溢。"小尔雅广量："一手之盛谓之溢。"称，量也。珠蚌之阴精，若以镒称珠，喻其不差。镒者，溢别体字。虚、无为韵。　○俞棪曰：韩诗外传引"子夏曰：与人以实，虽疏必密。与人以虚，虽戚必疏。夫实之于实，如胶如漆；虚之于虚，如薄冰之见昼日"。　**按**：以镒称铢，用重锤称量轻物，比喻以重驭轻，轻而易得。

〔五〕陶弘景曰：言威分势震，靡道藏本、乾隆本脱。物犹风，故能动必有随，唱必有和。但挠其指，以名呼之，则群物毕至，然徐徐以次观其余，众循道藏本、乾隆本作"犹"。性安之，各令得所。于是风以动之，变以化之，犹泥之在钧。群器之形，自见如此，则天下乐推而不厌，谁能间之也。　○尹桐阳曰：随、和为韵。挠同骁，健也。指，说文作恉，意也。观，嬛也。次同恣，态也。指、次为韵。又曰：形与上文珠为韵。珠读袾也。说文：袾读诗"静女其袾"之"袾"。魏文帝志注："尚书卢毓议祀厉殊事云，厉殊谓厉祭耳"。又曰：无同模，法也。说文：无，或说规，模字。能，熊属，足似鹿间，即僩，武貌。间者，犹云僩。著，谓猛著也。即上文所谓分威法伏熊者。　○俞棪曰：孟子曰："至诚而不动者，未之有也；不诚，未有能动者也。"又中庸曰："诚则形，形则著，著则明，明则动，动则变，变则化。唯天下至诚为能化。"此动变之理也。

〔六〕陶弘景曰：言审识唱和之理，故能有间，必知我；既知间，故能见间；而既见间，即莫能间，"故能见间"至此，道藏本、乾隆本作"亦既见间，即能间"。脱文较多。故能明于动变而威可分也。　○尹桐阳曰：间皆同僩，唱、明及间、变均句中韵。　○俞棪曰：杨子法言曰："自后者，人先之；自下者，人高之。"此能让己者也。

〔七〕陶弘景曰：既能养志伏意，视知道藏本、乾隆本作"之"。其间，则变动之术可成矣。　○尹桐阳曰：视，效也；间同僩。视间即上所谓法伏熊。变、间为韵。

〔八〕陶弘景曰:谓自知志意固实者,此可以自养也;能行礼让于己者,乃可以养人也。如此则神存于内,兵亡于外,乃可为之形势也。　〇尹桐阳曰:知同駤,强健也。自即垍,坚也。人同仁。上文曰神乃为之,为即存耳。乃同仍,再也。神存则威自分,而无须再用兵之形势。前汉书艺文志兵家有兵形势。亡与上文养为韵。　**按**:尹说是。

【校】

①静意固志,道藏本、乾隆本、百子全书本讹作"静固志意"。

②铢,道藏本讹作"珠"。下注同。

散势法鸷鸟

陶弘景曰:势散而后物服。犹鸟击禽获,故散势法鸷鸟也。　〇高金体曰:伏熊之法,既分其威,必急击之,其势乃散。若少不击,使得知备,则其威乃振,不可复击。故鸷鸟之翔,一伏一击,不撄其所备,不失其所不备。　〇尹桐阳曰:说文:"鸷,击杀鸟也。"礼记儒行:"鸷虫攫搏,不程勇者。"

按:散势,分散对方的威势。

散势者,神之使也〔一〕。用之,必循间而动〔二〕。威肃内盛,推间而行之,则势散〔三〕。夫散势者,心虚志溢〔四〕。意衰威失①,精神不专,其言外而多变〔五〕。故观其志意为度数,乃以揣说图事,尽圆方,齐短长②〔六〕。无间③则不散势,[散势]④者,待间而动,动而⑤势分矣〔七〕。故善思间者,必

内精五气，外视虚实，动而不失分散之实〔八〕。动则随其志意，知其计谋〔九〕。势者，利害之决，权变之威⑥；势败者，不以神肃察也。〔一〇〕

【注】

〔一〕陶弘景曰：势由神发，故势者神之使也。　○尹桐阳曰：使，说文作"𪏭"，列也。香气酷烈之称。　○俞棪曰：徐幹中论贵言曰："君子将与人语……必先度其心志，本其器量，视其锐气，察其堕衰，然后唱焉以观其和，导焉以观其随。随和之征，发乎音声，形乎视听，著乎颜色，动乎身体，然后可以发口而步远，功察而治微。于是乎闿张以致之，因来以进之，审谕以明之，杂称以广之，立准以正之，疏烦以理之。疾而勿迫，徐而勿失，杂而勿结，放而勿逸。欲其自得之也，故大禹善治水，而君子善导人。导人必因其性，治水必因其势，是以功无败而言无弃也。"　**按**：使，支使、出使，此处意为出。管子枢言："天以时使，地以材使，人以德使。"上文"分威"乃神之伏，此言"散势"乃神之出，正相对文。

〔二〕陶弘景曰：无间则势不行，故用之必循间而动。　○尹桐阳曰：循同揗，摩也。间，僩也。循间者，即上文所谓法鸷鸟。用、动为韵。　○俞棪曰：荀子强国篇曰："得间则散。"杨倞注曰："间，隙也。"

〔三〕陶弘景曰：言威势内盛行之，又因间而发，则其势自然而布散矣。道藏本、乾隆本"威势"作"威敬"，"散"字前无"布"字。　○尹桐阳曰：礼记玉藻："色容厉肃。"注："肃，威也。"肃与上文鸟韵，半句与全句叶法也。　○俞棪曰：论语曰："君子威而不猛"，"君子正其衣冠，尊其瞻视，俨然人望而畏之，不亦威而不猛乎"。

〔四〕陶弘景曰：心虚则物无不包，志溢则事无不决，所以能散其势。　○尹桐阳曰：者、溢为韵。溢读亦也。　○俞棪曰：庄子人间世篇曰："仲尼曰：若一志，无听之以耳，而听之以心；无听之以心，而听之以气。听止于耳，心止于符。气也者，虚而待物者也，唯道集虚。虚者，心斋也。"

〔五〕陶弘景曰：志意衰微而失势，精神挫衄而不专，则言疏外而多谲变也。　○尹桐阳曰：说文："意，志也。"意失威势，则不溢。势与下文外为韵。专，说文作嫥，壹也。外，发也。多变，多乱也。专、变为韵。

〔六〕陶弘景曰：知其志意隆替，然后为之度数。度数既立，乃复揣而说之。其图事也，必尽圆方之理，齐短长之用也。　○尹桐阳曰：观同觵，挥角貌。意与下文事为韵，数与下文短为韵，方、长为韵，全句与半句叶也。

〔七〕陶弘景曰：散不得间，则势不行，故散势者待间而动，动而得间，势自分矣。　○尹桐阳曰：无同模，法也。则、不合音为鵖，鸷鸟之一种。例与夫不合音为鸡同。待同庤，储置屋下也。分，奋也。　○俞棪曰：国语优施以枯菀说里克，使杀太子申生而立奚齐。里克不忍，旦而见平郑，告之。"平郑曰：'子谓何？'曰：'吾对以中立。'平郑曰：'惜也，不如曰：不信以疏之，亦固太子以携之，多为之故以变其志，志少疏乃可间也。今子曰中立，况固其谋。彼有成矣，难以得间。'"平郑之言，所谓散势之术、却语之方也。按陆佃注鹖冠子曰："间，巇隙也。"　**按**：俞棪引文中平郑即丕郑。

〔八〕陶弘景曰：五气内精，然后可以外察虚实之理。不失则[间]"间"字脱，据道藏本、乾隆本补。必可知，其有间，故能不失分散之实也。　○尹桐阳曰：思同偲，强力也。思、间犹云强猛。实、失为韵，全句与半句叶也。

〔九〕陶弘景曰：计谋者，志意之所成。故随其志意，必知其计谋也。　○尹桐阳曰：随同譢，壮也。说文嫷读若隓，是其证。知即駛，谓强健也，一曰随。说文作陸，飞也，即上文所谓志溢者。意、谋为韵。

〔一〇〕陶弘景曰：神不肃察，所以势败秦恩复曰：“败”字疑“散”字。也。○尹桐阳曰：察，杀也。决、威、败、察为韵。

【校】

①意衰威失，道藏本、乾隆本、百子全书本讹作“意失威势”。

②短长，道藏本、乾隆本、百子全书本讹作“长短”。

③间，道藏本、乾隆本、嘉靖钞本、百子全书本脱。

④“散势”二字脱，据道藏本补。

⑤而，道藏本、乾隆本、百子全书本脱。

⑥此句俞樾以为错简，当在“散势者，神之使也”句后。

转圆法猛兽

陶弘景曰：言圣智之不穷，若转圆之无止。转圆之无止，犹兽威无尽，故转圆法猛兽也。　○高金体曰：猛兽之威无尽，犹转圆之势无止。圣人心语顺物，莫得而穷之，盖犹是也。　○秦恩复曰：孙季逑云疑即“转丸”。　○尹桐阳曰：猛兽之威无尽无止，转圆故以之为法。　○萧登福曰：吾人以智慧去处理外物时，须要随物转化，周圆完密，所以称为转圆。　**按**：转圆，即转圜。原指转动圆体的器物，此喻便易迅速。汉书卷六十七梅福传：“昔高祖纳善若不及，从谏若转圜。”注：“转圜，言其顺也。”猛兽捕食，亦便易迅速也，故转圆法猛兽。

转圆者，无穷之计也。无穷者，必有圣人之心，以原不

测之智①而通心术〔一〕。而神道混沌为一，以变论万②类，说义无穷〔二〕。智略计谋，各有形容：或圆或方，或阴或阳，或吉或凶，事类不同〔三〕。故圣人怀此③用，转圆而求其合〔四〕。故与④造化者为始，动作无不包大道，以观神明之域〔五〕。

【注】

〔一〕陶弘景曰：圣心若镜，物感斯应，故不测之智可原，心术之要可通也。　○尹桐阳曰：计与下文术、万、说为韵。原，源也。

按：此言计谋若像圆形器物不停转动一样源源不断产生出来，必须要有圣人一样的心胸，然后才能推原不测之智，通于心术。

〔二〕陶弘景曰：既以圣心原不测，通心术，故虽神道混沌如道藏本、乾隆本作"妙"。物杳冥而能论万类之变，说无穷之义也。　○俞樾曰：礼记礼运篇："大夫死宗庙，谓之变。"郑注曰："变，当为辩。"仪礼乡饮酒礼："众宾辩有脯醢。"燕礼："大夫辩受酬。"郑注并曰："今文辩皆作遍。"是变、辩、遍，古字通用。此云"变论万类"，即遍论万类也。以为万类之变，失其旨也。　○尹桐阳曰：神，变也；道，犹也，若也。尔雅释宫："猷，道也。"道、犹义一耳，字亦同撢。撢，说文云取也。混沌即浑沌，猛兽之一种。史记五帝纪正义引神异经云："昆仑西有兽焉，其状如犬，长毛，四足，似罴而无爪。有目而不见，行不开，有两耳而不闻。有人知性，有腹无五藏，有颈直短，食径过。人有德行而往抵之，有凶恶而行依冯之。名浑沌。"上文云转圆法猛兽，此故举浑沌以为言。广雅释训："浑浑，转也。"则浑沌亦有圆转义者。又曰：为，如也；论同睔，大目也。论万，犹云大万，即巨万也，数之大者。又曰：义与议同；类，法也，象也；说同敚，取也。议取法于猛兽，则议圆而不至于穷。下文故云“圆者所以合语”。　　○俞樾曰：荀子儒效篇曰：“其言有类，其行有礼，其举事无悔，其恃险，应变曲当，与时迁徙，与世偃仰。千举万变，其道一也。是大儒之稽也。”又性恶篇曰：“多言则文而类，终日议其所以，言之千举万变，其统类一也，是圣人之知也。”　　**按**：老子曰：“道生一，一生二，二生三，三生万物。”此言神道为一，由一而变万类，说义无穷。俞樾说迂曲。

〔三〕陶弘景曰：事至，然后谋兴；谋兴，然后事济。事无常准，故形容不同。圆者运而无穷，方者止而有分。阴则潜谋未兆，阳则功用斯（动）［彰］。“动”字讹，道藏本、乾隆本作“彰”，今据改。吉则福至，凶则祸来。凡此事皆反覆，“覆”字道藏本、乾隆本夺。故曰事类不同也。　　○尹桐阳曰：容与上文穷为韵。方、阳为韵。凶、同与下文用为韵。

〔四〕陶弘景曰：此谓所谋“圆方”以下六事，既有不同，或多乖谬，故圣人怀道藏本、乾隆本作“法”。转圆之思，以求顺通合也。　　○尹桐阳曰：怀，思也。此同咨，谋也。合，说文作匌，周匝之意。

〔五〕陶弘景曰：圣人体道以为用。其动也，神其随也。天故与造化其初，以上五字道藏本、乾隆本讹作“兴造教化其功”。动作先（含）［合］“含”字道藏本、乾隆本作“合”，今据改。大道之理，以稽神明之域。神道不违，然后发号施令也。　　○尹桐阳曰：谋能兴国。兴与上文合为韵，兴读歆也。尔雅：“廞，兴也。”说文：“廞，读若歆。”其例同此。又曰：造同浩，大也。造化犹云大化。反应篇以大化为圣人之称。为始，为治也。治与下文域为韵。又曰：观司趯，行。趯，趯也。　　**按**：与，随。淮南子墬形：“蛤蟹珠龟，与月盛衰。”高诱注：“与犹随也。”国语齐语：“桓公知天下诸侯多与己也，故又大施忠焉。”造化即大化，尹说反应篇以大化为圣人之称，是。此言要以跟随圣人为开始，则所行无不合大道，且通神明之域。

【校】

①原，一本作“厚”。“智”字后，道藏本、嘉靖钞本、乾隆本、百子全书本衍“以不测之智”五字。

②“万”字后，道藏本、乾隆本、百子全书本衍“义”字，嘉靖钞本衍“象”字。

③“此”字下，道藏本、乾隆本、百子全书本有“之”字。

④与，道藏本、乾隆本、百子全书本讹作“兴”。下注同。

天地无极，人事无穷，各以成其类，见其计谋，必知其吉凶成败之所终〔一〕。转圆者，或转而吉，或转而凶，圣人以道先知存亡，乃知转圆而从方〔二〕。圆者，所以合语；方者，所以错事。转化者，所以观计谋；接物者，所以观进退之意〔三〕。皆见其会，乃为要结以接其说也〔四〕。

【注】

〔一〕陶弘景曰：天地则独长且久，故无极；人事则吉凶相生，故无穷。天地以日月不过陵谷，不迁为成人事，以长保元亨，考终厥命为成。故见其事之成否，则知其计谋之得失。知其计谋之得失，此句道藏本、乾隆本夺。则吉凶成败之所终皆可知也。　○尹桐阳曰：极、深为韵。凶、终与上文穷为韵。　○俞棪曰：易孔子曰："知至至之，可与几也；知终终之，可与存义也。"又按：书蔡仲之命曰："慎厥初，慎厥终，终以不困。"

〔二〕陶弘景曰：言吉凶无常准，故取类转圆。然唯圣人坐忘遗鉴，体同乎道。故能先知存亡之所在，乃后转圆而从其方，弃凶而趋道藏本、乾隆本作“从”。吉，方谓吉道藏本、乾隆本作“存亡”。之所在也。　○俞棪曰：淮南子人间训曰："或誉人而适足以败之，或毁人而反以成之。""事或为之，适足以败之；或备之，适足以致之。”必知成败之数，乃能转吉转凶也。又按：中庸曰：“至诚之道，可以前知……祸福将至，善必先知之，不善必先知之。”此先知存亡之说也。又贾子新书曰：“先王见终始之变，知存亡之由，是以牧之以道。”又曰：“善为天下者，因祸而为福，转败而为功。”皆此义也。

〔三〕陶弘景曰：圆者，通变不穷，故能合彼此之语；方者，分位斯定，故可以错有为之事；转化者，改祸为福，故可以观计谋之得失；接物者，顺通人情，故可以观进退［之意］、“进退”下，夺“之意”二字，据道藏本、乾隆本补。是非之事也。　○尹桐阳曰：反应篇曰：“未见形圆以道之，既形方以事之。”观字，皆同趯，行也。意，礼也。说文：“礼，古文从乙声，作𥘵。”乙、意声转通用。庄子徐无鬼：“抱德炀和以顺天下，此谓真人。于蚁弃和，于鱼得计，于羊弃意。”于，如也。知即伎，敌也。蚁，性好斗，因云弃知。意字亦同礼，羊类。知礼，道家因取弃礼以为言。意与上文事、谋为韵。　○俞棪曰：淮南子人间训曰：“或争利而反强之，或听从而反止之。”“或明礼义、推道理而不行，或解构妄言而反当。”此则极合语错事之能事也。　**按**：圆与转化者对应，方与接物者对应。圆能转化，故能合言语，观计谋；方能接物，故能处事物，观进退。

〔四〕陶弘景曰：谓上四者，必见其会通以上四字，道藏本、乾隆本夺“其”、“通”二字。之变，然后总其纲要以结之，则情伪之说，可接引而尽矣。　○尹桐阳曰：会，快也。进退得其所则快。说文：“哙读若快。”会、快声转。会与下文说为韵。　**按**：会，交会。尹说非。

损兑法灵蓍

陶弘景曰：老子曰：“塞其兑。”河上公曰：“兑，目也。”庄子曰:“心有眼。”然则兑者,谓以心眼察理也。损者,谓减损他虑,专以心察也。兑能知得失,蓍能知休咎,故损兑法灵蓍也。　○高金体曰:损者,减也;兑者,言也。灵蓍不言,而为是非之决;圣人不言,而为是非之准。　○俞樾曰:老子曰:“塞其兑。”河上公注:“兑,目也。”陶氏即用以说此“兑”字,而又引庄子“心有眼”之说,谓兑者,以心眼察理;损者,减损他虑,专以心察。其说迂曲,殆不可从。据下文曰“益之损之,皆为之辞”,疑此文亦当作损益。揲蓍求数,有多有少,故曰损兑法灵蓍也。下文曰:兑者,知之也;损者,行之也。兑亦当作益。知贵乎博,为学日益之事,故曰益者,知之也。行贵乎约,为道日损之事,故曰损者,行之也。若作兑字,义皆不可通矣。　○尹桐阳曰:损同运,行也。兑即駾,马行疾来貌。下文云“兑者,知之也”,知即駤耳。养与下文决、败、察韵。　○俞棪曰:陶注引老子“塞其兑”,以心眼释兑,谓“兑者以心眼察理也”。陶说非也。兑者,说也,详见下文拙注。　○萧登福曰:兑是悦的意思。释名释天说:“兑,说也。物皆备足,皆喜悦也。”　**按**:兑,直。诗大雅皇矣:“松柏斯兑。”损兑即减损行事直来直去,缺少变化。老子曰:“故坚强者,死之徒;柔弱者,生之徒。”“弱者,道之用。”“天下之至柔,驰骋天下之至坚。”蓍,蓍草,故损直趋曲法灵蓍也。上文“盛神”、“养志”、“实意”、“分威”、“散势”、“转圆”,语法结构皆为动宾式(动词加名词),则“损兑”也应照此理解。“兑”为名词。又分威与散势相对,转圆与损直也相对。诸说皆非是。

损兑者,机危之决也〔一〕。事有适然,物有成败,机①危之动,不可不察〔二〕。故圣人以无为待有德,言察辞合于

事〔三〕。兑者，知之也；损者，行之也〔四〕。损之说之，物有不可者，圣人不为之[②]辞〔五〕。故智者不以言失人之言，故辞不烦而心不虚，志不乱而意不邪〔六〕。当其难易而后为之谋，因[③]自然之道以为实〔七〕。圆者不行，方者不止，是谓大功。益之损之，皆为之辞〔八〕。用分威散势之权，以见其兑威、其机危，乃为之决〔九〕。故善损兑者，譬若决水于千仞之堤，转圆石于万仞之溪。而能行此者，形势不得不然也[④]〔一〇〕。

【注】

〔一〕陶弘景曰：几危之兆，动理以上三字，道藏本、乾隆本乙倒，作"理兆动"。之微，非心眼莫能察见，故曰"损兑者，机危之决也"。　〇尹桐阳曰：说文："几，微也。"几危即几微。后汉书陈宠传："而计几微之故。"考工记轮人："欲其微至也。"司农注："微至，或作危至。"　〇俞棪曰：易曰："损益盈虚，与时偕行。"彖曰："损：损下益上，其道上行。"王弼注曰："损之为道，损下益上，损刚益柔也。"又彖曰"损刚益柔有时"，"故曰损者，行也，盖上行也"。又易彖曰："兑，说也。刚中而柔外，说以利贞，是以顺天而应乎人；说以先民，民忘其劳；说以犯难，民忘其死。"象曰："丽泽，兑，君子以朋友讲习。"故曰兑者口说也。又按：易系辞曰："损，德之修也。""损以远害。"此谓几危之决也。又说卦言"兑为口"，"巽者，入也，入而后说之，故受之以兑。兑者，说也，说而后散之，故受之以涣"。此言几危既决，然后入而说之也，所谓损兑法灵蓍也。又按：易系辞曰："几者，动之微，吉凶之先见者也。"荀子解蔽篇引道经曰："人心之危，道心之微。"解蔽篇又曰："危微之几，惟明君子，而后能知之。"管子侈靡篇曰："阳者进谋，几者应感。"房注曰："显明其事者，欲进而为谋，几理之动，惟应所感也。"　**按**：此言对细小微妙现象的判断，不能直接草率。

〔二〕陶弘景曰：适然者，有时而然也。物之成败，有时而然。机危之动，自微至著，若非情识远深，知机玄览，则不能知于未兆，察于未形，使风涛潜骇，危机密发，然后河海之量堙为穷流，一篑之积叠成山岳。不谋其始，虽悔何(之)[追]？"追"字道藏本、乾隆本讹作"之"。故曰不可不察也。　○尹桐阳曰：适然，易难也。诗斯干"载衣之裼"，说文引作䙝。说文："然，或从難声，作䙝。"文选剧秦美新："䕼除仲尼之篇籍。"注："䕼，古然字。"适与下文危，半句韵。又曰：危，微也。　○俞棪曰：淮南子缪称引曰："易曰：即鹿无虞，惟入于林中，君子几，不如舍，往吝。"许注曰："几，终也。"　**按**：适然，偶然。庄子秋水："当桀纣而天下无通人，非知失也，时势适然。"韩非子显学："故有术之君，不随适然之善，而行必然之道。"陶说是，尹说非。

〔三〕陶弘景曰：夫圣人者，勤于求贤，密于任使，故端拱无为以待有德之士。士之至也，必敷奏以言，故曰言察辞也。又当明试以功，故曰合于事也。　○尹桐阳曰：有与下文辞、事为韵。又曰：德同直，正见也。合同彶，急行也。史记商君传："持矛而操闟戟者。"索隐："闟，亦作钑。"同及，合声转。

〔四〕陶弘景曰：用其心(服)[眼]，"服"字讹，道藏本、乾隆本作"眼"，今据改。故能知之；减损他虑，故能行之。　○尹桐阳曰：自此至圣人不为辞，所以明合于事之旨。知同駃，强健也。损，运也。庄子山木："无受天损易，无受人益难。"损易即运移，益难即厄难耳。　○俞棪曰：易说卦："兑以说之。""说言乎兑。""兑者，说也。"又韩康伯注杂卦："兑见而巽伏也。"又言："兑贵显说。"则兑者，说也。又按：说文："兑，说也。"段注曰："说者，今之悦字，借为阅。阅同穴。"诗大雅："行道兑也。"传曰："兑成蹊也，松柏斯兑。”此为引伸之义。下文“以见其兑威”，此“兑”字则宜作隙穴之义。　　**按**：诸说皆非是。

〔五〕陶弘景曰：言减损之，说及其所说之物，理有不可，圣人不生辞以论之也。　　○尹桐阳曰：说，上文作兑。圣人能扶危定倾也。辥同辞，止也。　　○萧登福曰：全句意谓：处理事情时，或损之以求事功，或兑之以察其言辞；至于不可以损兑二法加以解决的，则圣人便不肯多费言辞去解说它。　　**按**：萧说是。

〔六〕陶弘景曰：智者听舆人之讼，采刍荛之言，虽复辩周万物，不自说也，故不以已能言而弃人之言。既用众言，故辞当而不烦。还任众心，故心诚而不伪。心诚言当，志意岂复乱邪哉？　　○尹桐阳曰：守默，静也。（失人之言）即上文听言察辞者。失同眣，视也。辞，词也。虚同魅，衺也，广雅作戏。符言篇曰：“虚心平意。”谓衺心与偏意耳。烦、乱韵，虚、邪亦韵。　　**按**：舆人之讼，语出左传僖公二十八年；刍荛之言，语出诗经大雅板：“先民有言，询于刍荛。”失人之言，弃人之言。陶说是。

〔七〕陶弘景曰：夫事变而后谋生，改常而后计起，故必当其难易之际，然后为之计谋。失自然之道，则事废而功亏，故必因自然之道，以为用谋之实也。　　○尹桐阳曰：当同矘，直视也。易、为为韵。为读规也。说文：鬹读若妫。又曰：（谋自然之道以为实）即上文所谓失人之言者。谋，媒也，所以诱人言语之物。文选射雉赋：“睨骁媒之变态。”徐爰曰：“媒者，少养雉子，至长狎人，能招引野雉，因名为媒。”道，言也。　　**按**：尹说迂曲。

〔八〕陶弘景曰：夫谋之妙者，必能转祸为福，因败成功，沮道藏本、乾隆本作“追”。彼而成我也。彼用圆者，谋令不行；彼用方者，谋令不止。然则圆行方止，理之常也。吾谋既发，彼不得守其常，岂非大功哉！至于谋之损益，皆为生辞，以论其得失也。　　○尹桐阳曰：使圆不行，使方不止，则有转移，固有之能，因云大功。止与下文辞为韵。为同讹，伪言也。伪言为知者，所不听。辞即辤，不受也。权篇曰："饰言者，假之也；假之者，益损也。"假、伪义同耳。

〔九〕陶弘景曰：(兑)［夫］"兑"字讹，道藏本、乾隆本作"夫"，今据改。所以能分威散势者，心眼之由也。心眼既明，机危之威可知之矣。既知之，然后能决之也。　○尹桐阳曰：兑与下文决为韵。又曰：威同畂，视高貌。上文云"损兑者，几危之决也"。　**按**：用分威、散势之术，可见其直行的威力与其隐微，于是作出决断。

〔一〇〕陶弘景曰：言善损虑以专心眼者，见事审，得理明，意决而不疑，志雄而不滞。其犹决水转石，谁能当御哉。　○尹桐阳曰：堤、溪与上文危为韵。史记太史公自序："缪权于幽。"正义："言吕尚稠缪于幽权之策，谓六韬、三略、阴符、七术之属也。"盖指七法而言。

【校】

①机，道藏诸本作"几"。下注同。

②之，道藏本、乾隆本、百子全书本脱。下注同。

③因，道藏诸本脱。

④"而能行此者，形势不得不然也"一句，道藏本、乾隆本、百子全书本脱。

持 枢

陶弘景曰：枢者，居中以运外，处近而制远，主于转动者也。故天之北辰，谓之天枢；门之运转者，谓之户枢。然则持枢者，执运动[①]之柄以制物者也[②]。　○尹桐阳曰：说文："枢，户枢也，所以主运转者。"中经篇曰："其变要在持枢、中经。"　**按**：持枢即言抓住关键。陶弘景曰："此持枢之术，恨太简促，畅理不尽，或简篇脱烂，本不能全故也。"此篇残缺，陶说是。其主旨与结构无法得见。残留部分言人君治国要遵从天道，顺任自然规律，不可违背。

【校】

①执，道藏本、乾隆本脱。运动，道藏本、乾隆本乙倒。

②此下杨氏本、高氏本、四库全书本又曰："陶弘景曰：此持枢之术，恨太简促，畅理不尽，或简篇脱烂，本不能全故也。"

持枢，谓春生、夏长、秋收、冬藏，天之正也〔一〕。不可干而逆之，逆之者，虽成必败〔二〕。故人君亦有天枢，生、养、成、藏，亦复不可[①]干而逆之，逆之者[②]，虽盛必衰〔三〕。此天道，人君之大纲也〔四〕。

【注】

〔一〕陶弘景曰：言春夏秋冬四时运行，不为而自然也。不为而自然，所以为正也。　○尹桐阳曰：正同政。　**按**：此言做到春生、夏长、秋收、冬藏，顺其自然，即抓住了为政治国的关键。

〔二〕陶弘景曰：言理所必有物之自然，静而顺之，则四时行焉，万物生焉。若乃干其时令，逆其气候，成者犹败，况未成者乎？元亮曰："含气之类，顺之必悦，逆之必怒，况天为万物之尊而逆之乎。"　○尹桐阳曰：干，犯也。　**按**：元亮，晋陶潜的字。

〔三〕陶弘景曰：言人君法天以运动，故曰亦有天枢。然其生养成藏，天道之行也。人事之正，亦复不别耳。又曰：言干天之行，逆人之正，所谓倒置之，故曰逆非衰而何。道藏本、乾隆本"故"字脱，"逆"字讹作"道"，"衰"字讹作"义"。　○尹桐阳曰：人君法天而运动，故云亦有天枢。养、长声转。秋时万物皆成，故又云成。又曰：别犹背也。　**按**：尹说别，乃依道藏本。

〔四〕陶弘景曰：此持枢之术，恨太简促，畅理不尽，或简篇脱烂，本不能全故也。　**按**：意林引鬼谷子佚文曰："以德养民，犹草木之得时；以仁化仁，犹天生草木，以雨润泽之。"此篇残缺，陶说是。

【校】

①可，道藏本、嘉靖钞本、乾隆本、百子全书本讹作"别"。

②者，道藏本、乾隆本、百子全书本脱。

中　经

陶弘景曰：谓由中以经外，发于心本，以弥缝于物者也，故曰中经。　〇高金体曰：中者，心也。经者，经也。事有经有纬。士饰言进辞，要在济物，此中经之意也。下“见形”等七事，中经之数。　〇尹桐阳曰：淮南王安有内书、外书，又有中篇。中经者，当为对内、外经以立名。本书有本经。本即笨，谓内经耳，其捭阖至胠乱十四篇，古殆名曰外经与？

按：庄子分内篇、外篇、杂篇。韩非子有内、外储说，鬼谷子有本经、中经。尹说可取。

本经篇有七术，集中讨论计谋问题，是谋略专论；中经则集中讨论士处于时世变异之时，如何赈穷趋急、转危为安、救亡使存之七术。全篇由八个部分所组成：先言士之社会责任，士不仅要承担救拘执、能言、施德等社会责任，还要自保，并提出完成上述责任须掌握见形为容、闻声知音、解仇斗郄、缀去、却语、摄心、守义等七术；以下分言七术。

中经，谓振穷趋①急，施之能言厚德之人。救拘②执，穷者不忘恩也〔一〕。能言者，俦善博惠〔二〕。施德(人)③者，依道〔三〕。而救拘执者，养使小人〔四〕。盖士遭④世异时危⑤，

或当因免阗坑，或当伐害能言，或当破德为雄，或当抑拘成罪，或当戚戚自善，或当败败自立〔五〕。故道贵制人，不贵制于人也。制人者握权，制于人者失命〔六〕。是以见形为容，象体为貌，闻声知⑥音，解仇斗郄，缀去，却语，摄心，守义〔七〕。本经记事者，纪道数，其变要在持枢、中经〔八〕。

【注】

〔一〕陶弘景曰：振，起也；趋，向也。物有穷急，当振趋而向护之，及其施之，必在能言之士，厚德之人。若能救彼拘执，则穷者怀德，“德”字道藏本、乾隆本脱。终不忘恩也。　○尹桐阳曰：振，救也。趍急犹云缓急。人与下文恩为韵。执，谓拘执。恩，惠也。○俞棪曰：管子五辅篇曰：“养长老，慈幼孤，恤鳏寡，问疾病，吊祸丧，此谓匡其急。衣冻寒，食饥渴，匡贫窭，赈罢露，资乏绝，此谓赈其穷。”又说苑曰：“饥渴得食，谁能不喜？赈穷救急，何患无有？”　**按**：此言中经能救助陷入困境或有急难的人。只有能言善变、德行深厚的人才能施之。救人于困境之中，那些被解救的人，不会忘记你的恩德。

〔二〕陶弘景曰：俦，类也。谓能言之士，解纷救难，不失善人之类，而能博行恩惠也。　○尹桐阳曰：俦同雠，譍也。俦善者，谓其善于譍对也。说文：“俦，读若醻。”寿、雠声转通用。　**按**：此言能言善辩之士，多行善事，广施恩惠。

〔三〕陶弘景曰：言施德之人，动能循理，道藏本、乾隆本讹作“勤能修理”。所为不失道也。　○尹桐阳曰：即上文所谓厚德者。

〔四〕陶弘景曰：言小人在拘执而能救养之，则小人可得而使也。○尹桐阳曰：礼记檀弓：“而妻妾执。”注：“执，拘也。”养，利也，犹恩也。养与下文坑为韵。　○俞棪曰：王通中说言曰：“薛收善接小人，远而不疏，近而不狎，颓如也。”此言善养使小人者也。

〔五〕陶弘景曰：填坑，谓时道藏本、乾隆本作“将”。有兵难，转死沟壑，士或有所因，而能免斯祸者；伐害能言，谓小人之道，谗人罔极，故能言之士，多被残害；破德为雄，谓毁文德，崇兵战；抑拘成罪，谓贤人不辜，横被缧绁；戚戚自善，谓天下荡荡，无复纲纪，而贤者守死善道，贞心不渝，所谓岁寒然后知松柏之后雕，风雨如晦，鸡鸣不已者也；败败自立，谓天未悔过，道藏本、乾隆本作“祸”。危败相仍，君子穷而必通，终能自立，若管敬仲者也。　○尹桐阳曰：因免，抑免也。抑而不用，曰因免填坑。慎，旎也，谓谨直之人。又曰：如桀杀关龙逢，纣杀王子比干，是伐害杀害也。言与下文善为韵。又曰：为，剥也。雄，英俊之称。又曰：抑拘，谓抑抑自守之人。后汉书仲长统传：“得拘絜而失才能。”注：“谓自拘束而絜其身者，即隐逸之人也。”成同朾，撞也。罪，捕鱼竹网成罪，犹云离于罪网耳。罪与下文立为韵。立读位也。又曰：戚同慼，忧也。论语：“小人长戚戚。”自善，谓其自修而不摇。又曰：败同蹩，因突出也。败败自立者，若管仲是。　**按**：害，妒忌。史记屈原列传：“上官大夫与之同列，争宠而心害其能。”此言士在乱世之中的六种处境：有的仅免一死，有的成为善于加害妒忌的能言善辩之士，有的弃德而成为一世雄主，有的被拘成为罪人，有的明哲保身，有的在危败的形势中谋得自立。

〔六〕陶弘景曰：贵有术而制人，不贵无术而为人所制者也。　○尹桐阳曰：人与下文命为韵。不保其生，语见谋篇。

〔七〕陶弘景曰：此总其目，下别序之。

〔八〕陶弘景曰：此总言本经、持枢、中经之义。言本经纪事，但纪道数而已。至于权变之要，乃在持枢、中经也。　○尹桐阳曰：说文：“史，记事者也。”然则本经者，乃为周时史官记事之书。鬼谷因取而详解之。道数，治法也。本经阴符七篇，更益以持枢、中经,共为九篇。前汉书艺文志:“儒家有周法九篇。”班固自注:“法天地,立百官。”其斥此书言与?内揵篇曰:“外内者,必明道数。”又曰:变要,谓治要。说文:“䜌,一曰治也。”变与䜌同,乱之借字。前汉书曹参传:“其治要用黄老术。” **按**:此言本经阴符七术与持枢、中经三者之间的关系。

【校】

①趋,道藏本作“趍”。下注同。

②拘,道藏诸本作“物”。

③“人”字衍,依道藏本、乾隆本、百子全书本删。

④遭,道藏本、乾隆本、百子全书本作“当”。

⑤危,道藏本、乾隆本、百子全书本脱。

⑥知,道藏本、嘉靖钞本、乾隆本、百子全书本作“和”。下同。

见形为容、象体为貌者,谓爻为之生①也〔一〕。可以影响形容,象貌而得之也〔二〕。有守之人,目不视非,耳不听邪,言必诗书,行不淫僻,以道为形,以德②为容,貌庄色温,不可象貌而得之。如是,隐情塞郄而去之〔三〕。

【注】

〔一〕陶弘景曰:见彼形,象彼体,即知其容貌者,谓用爻卦占卜“卜”字道藏本、乾隆本脱。而知之也。 〇俞樾曰:爻乃交字之误。交读曰狡,为读曰伪,并古通用字也。此言狡伪之主,其中无守,故可以象貌得之。若有守之人,不可象貌而得矣。陶注未达假借之旨,乃谓用卦爻占而知之,殊误。 〇尹桐阳曰:爻为之生,犹云动荡之眚,斥无守者言也。易系辞传:“道有变动,故曰爻。”墨子经上云:“为有六义,荡其一耳。”字盖与披通用。容、貌为韵。容读谷，貌读庙也。说文："容从谷声。"公羊桓二传："纳于大庙。"注："庙之为言皃也。"思想仪皃而事之。释名释宫："室，庙皃也，先祖形皃所在也。" 〇俞棪曰：徐幹中论引孔子曰："唯君子，然后贵其言，贵其色。"荀卿曰："色从，然后可与言道之致。"又按：淮南子缪称训曰："说之所不至者，容貌至焉；容貌之所不至者，感忽至焉。"许注曰："说之粗不如容貌精微之入人深也。"易曰："系辞焉以断其吉凶，是故谓之爻。" **按**：爻，周易中组成卦的符号，分阳爻和阴爻。爻有爻位，亦曰爻数，以爻之位次表明事物之位置关系。亦有爻象，即阴阳两爻所象之事物。易系辞："六爻之动，三极之道也。"此言用爻位、象之理，从事物的表象推究实质。形、象分别为爻之位与象。

〔二〕陶弘景曰：谓彼人之无守，故可以影响（及）［形容象］"及"字讹，道藏诸本作"形容象"，今据改。貌，占而得之。

〔三〕陶弘景曰：有守之人，动皆正直，举无淫僻，浸昌浸盛，以上四字，道藏本、乾隆本、百子全书本作"厥后昌盛"。晖光日新，虽有辩士之舌，无从而发，故隐情、塞郄、闭藏而去之。 〇尹桐阳曰：邪、书为韵。形与下文情为韵。情隐而不可见。塞，止也。郄同膝，舌也。有守之人，情隐难见，非辩士所能动，故宜止舌而急去。鹖冠子度万："无欲之君，不可与举。"陆佃注云："昔有鬼谷著书，以为驰骋诸侯，阳开阴闭，必因其好恶忧乐而捭阖之。然至于无好者，盖不得而说也。若然，多欲之君，乃纵横之家，欲以售术。而鹖冠言道末流乃至此，不亦卑乎。"其云"无好者，不得而说"，即此所云"塞郄而去"之意也。郄、去为韵。 〇俞棪曰：说苑曰："是以贤人闭其智，塞其能，待得其人，然后合。故言无不听，行无见疑。"闭智塞能者，隐情塞郄也。盖待其人，然后合也。本文"去"字疑为"待"之误。若有守之人，非辩士所能撼，则伊尹、太公不合于汤与文王矣。此非鬼谷之意甚明。熟读全书，固知智者之说"因化说事,通达计谋”,必无窘于“有守之人”之理。陶解既因其误,遂使后人误以为鬼谷之学邪僻而不轨,于正岂不冤哉!又按刘向说苑曾引鬼谷之言甚精辨,今本鬼谷无此文,知刘固见鬼谷全书者,此其征引必本鬼谷可知。吾人试按其言“文信侯李斯,天下所谓贤也。为国计,揣微射隐,所谓无过策也”,其言直为揣情之论,与鬼谷同,符若合一契。吾故以说苑正今本之误,自谓其不谬也。 **按**:有守,有操守。书洪范:“凡厥庶民,有猷、有为、有守,汝则念之。”此言有操守之人,养身正性,不为外物所动,不可凭外在现象而揣其内情。如果遇到有守之人,则隐匿塞隙而去。

【校】

①生,道藏本、乾隆本、百子全书本作“主”。

②德,道藏本、乾隆本、百子全书本讹作“听”。

闻声知①音者,谓声气不同,恩爱②不接。故商、角不二合,徵、羽不相配,能为四声主者,其唯宫乎〔一〕。故音不和则悲③,是以声散、伤、丑、害者,言必逆于耳也〔二〕。虽有美行、盛誉,不可比目、合翼相须也。此乃气不合、音不调者也〔三〕。

【注】

〔一〕陶弘景曰:商金、角木、徵火、羽水,递相克食,性气不同,故不相配合也。宫则土也,土主四季,四者由之以生,故能为四声之主也。 ○高金体曰:商金、角木、徵火、羽水,递相克食,不相配合。土主四时,四者由之以生,故为四声之主也。 ○尹桐阳曰:音与下文接合韵,接读入也。同与下文宫为韵。受同侜,有痡蔽也。商金、角木、徵火、羽水,递相克食,故不相合配。宫则土也，土主四季，四者由之而生，故能为四声主。史记律书："杀气相并而音尚宫。" ○俞樾曰：乐记曰："其哀心感者，其声噍以杀；其乐心感者，其声啴以缓；其喜心感者，其声发以散；其怒心感者，其声粗以厉；其敬心感者，其声直以廉；其爱心感者，其声和以柔。"此闻声和音之术也。 **按**：宫、商、角、徵、羽，合称五声、五音。左传昭二十五年："章为五声。"疏："声之清浊，差为五等，圣人因其有五分配五行……土为宫，金为商，木为角，火为徵，水为羽。""闻声知音"与上文"见形为容、象体为貌"的认识方式是一致的，皆为透过表象看实质。俞樾解"和音"，当依道藏本，于义未洽。

〔二〕陶弘景曰：散、伤、丑、害，不和之音，音气不和，必与彼乖，故其言必逆于耳。 ○尹桐阳曰：悲同比，和也。是即湜，清也。以与矣同。一曰是同諟，理也。丑同啾，小声也。害即齘，齿相切声也。例与说文丯读介同。害与上文配、悲为韵。耳与上文是为韵。耳读儿也，说文弭或作𢐀。 ○萧登福曰：散，指言谈时心志不专；伤，谓以言语伤人；丑，言辞不雅训；害，谓言辞暗藏祸机。 **按**：尹说以道藏本为据，故解"悲"为比、和。然前已言"不和"，释悲为和，重复。

〔三〕陶弘景曰：言若音气乖彼，虽行誉美盛，非彼所好，则不可如比目之鱼、合翼之鸟，两相须也。其有能令两相交道藏本、乾隆本作"求"。应，不与同气者乎。 ○尹桐阳曰：美，说文作媄，色好也。誉与下文须者为韵。须读苏也。史记司马相如传："蒙鶡苏。"集解："苏，尾也。"东京赋注："凡下垂为苏。"苏皆须借字。合翼，比翼鸟也。尔雅谓之鹣鹣，山海经作蛮蛮。管子封禅："东海致比目之鱼，四海致比翼之鸟。"须同胥，相胥，相助也。调，和也。 **按**：须，需要。须、需均为心母侯部，为同源字。论衡效力："化民须礼义，礼义须文章。"尹说前后不一，既解须为苏，又解为胥，不妥。陶说是。

【校】

①知，道藏本、乾隆本、百子全书本讹作“和”。

②“恩爱”二字道藏本、乾隆本、百子全书本讹作“则恩受”。

③悲，道藏本、嘉靖钞本、乾隆本、百子全书本作“不悲”。

（执）［解］仇①斗郄，谓解羸（征）［微］②之仇；斗郄者，斗强也〔一〕。强郄既斗，称胜者高其功，盛其势也〔二〕；弱者哀其负，伤其卑，污③其名，耻其宗〔三〕。故胜者闻④其功势，苟进而不知退；弱者闻哀其负，见其伤，则强大力倍，死（者）［而］⑤是也〔四〕。郄无强大⑥，御无强大，则皆可胁而并〔五〕。

【注】

〔一〕陶弘景曰：辩说之道，其犹张弓。高者抑之，下者举之，故羸（徵）［微］为仇，从而解之；强者为郄，从而斗之也。　○高金体曰：辩说之道，其犹张弓，高者抑之，弱者举之。故羸微为仇，从而解之；强者为郄，从而斗之也。　○尹桐阳曰：羸微，羸弱也。仇同究，穷也。郄，却之或体，与剧通用。说文：“剧，务也。”尔雅：“务，强也。”郄，故可以强释之。说文谷或作臄，可证。　**按**：羸微，指弱小者。仇，同伴。诗周南兔罝：“赳赳武夫，公侯好仇。”解仇斗郄，即团结弱者，抵抗强者。此节分析其理论依据。

〔二〕陶弘景曰：斗而胜者，从而高其功，盛其势也。　○尹桐阳曰：谓既说强者，使与人斗。功与下文宗为韵。　**按**：强者一旦羸对方，则高其功，盛其势。

〔三〕陶弘景曰：斗而弱者，从而哀其负劣，伤其卑小，污下其名，耻辱其宗也。 ○尹桐阳曰：负同北，败也。行，言也，唁也。名同边，行垂崖也。行垂崖者必危。一曰名读如字。行即佻，小也。宗同嵏，敛足也。

〔四〕陶弘景曰：知进而不知退，必有亢龙之悔。弱者闻我哀伤，则勉强其力，倍意致死，为我为是也。 ○尹桐阳曰：苟，亟也。势、退为韵。力同协，材，十人也。强大力倍者，谓强大其力而或协或倍也。诗黄鸟："百夫之特。"特即协耳。负、倍为韵。是同寔，止也，犹云死而后已。 **按**：此言胜者听到自己的功劳与威势，一味地进攻而不知退；弱者听到己方失败，受到损伤，反而会强大实力，倍增力量，拼死抵抗。

〔五〕陶弘景曰：言虽为郄，非能强大，其于捍御，亦非强大。如是者，则以兵威胁，令从己，而并其国也。 ○高金体曰：郄无极大，御无极大者。恃强好斗以御人，虽大可小也，可破也，故曰可协而并。 ○尹桐阳曰：言以兵威胁，令从己而并其国。并与上文是为韵。并读携也。说文："研读若携，手。" **按**：此言敌方的势力威力无比强大，那么我们的防御也会无比强大，皆可吞并掉它。

【校】

①执，道藏诸本作"解"，下文亦作"解"。今据改。

②征，下注作"徵"。道藏本、乾隆本、百子全书本正文及注皆作"微"。疑作"微"。

③污，道藏本、百子全书本讹作"行"。

④闻，道藏本、嘉靖钞本、乾隆本、百子全书本作"斗"。

⑤者，道藏本、乾隆本、百子全书本作"而"。

⑥强大，道藏本、乾隆本、百子全书本作"极大"。

缀去者，谓缀已之系言，使有余思也〔一〕。故接贞信者，称其行，厉其志，言（可）[①]为可复，会之期喜〔二〕。以他人庶，引验以结往，明欸欸[②]而去之〔三〕。

【注】

〔一〕陶弘景曰：系，属也，谓已令去，而欲缀其所属之言，令后思而同也。　○尹桐阳曰：缀同辍，车小缺复合者；去，驱也。缀去者，谓事已缀而复驱之使行也。车小缺则有已义，因云谓缀已之。尔雅释诂："缀，已也。"是其证。已与下文思、志、期为韵。又曰：系言，翩言也，犹云飞语。权篇曰："故系言而不乱，翱翔而不迷。"思即偲，强力也。　**按**：缀去，系连去者。缀去之术，旨在称赞将离开之人，使之心里时刻不忘自己。尹说可参。

〔二〕陶弘景曰：欲令去后有思，故接贞信之人，称其行之盛美，厉其志令不怠，谓此美行必可常为，必可报复，会通其人，必令至于喜悦也。　○尹桐阳曰：故，诂也，谓释。上文"缀去者"至"使有余"，思之义。继续而行曰接。厉同励，勉也。言可谓信，行可谓贞也。会，快也，对下文喜字言。　**按**：此言要交接诚信者，称赞他们的言行，勉励他们的志向，言辞中流露出希望他们回来，表达出再次相会的喜悦之情。论语曰："信近于义，言可复也。"管子曰："言而不可复者，君不言也。"皆无可字。

〔三〕陶弘景曰：言既称行厉志，令其喜悦，然后以他人庶几于此行者，引之以为成，验以结已往之心，又明己欸欸至诚，如是而去之，必思己而不忘也。此句道藏诸本残。　○高金体曰：会通其辞，必令至于喜悦，又以他人之庶几于此者引而验之，以结往日之诚，而明前言之疑。　○尹桐阳曰：庶同蹠，行也。庶与下文去为韵。说文："验，马名。"结字当同趨，走也。谓人引马而走。往贞信之途，以明行贞信者之德不孤。明，勉也。疑疑，即莘莘，往来之貌，说文作“桑”。去，驱也。　○俞樾曰：吕氏春秋察传曰：“凡闻言必熟论，其于人必验之以理。”又按：说文曰：“款，意有所欲也。”杨倞注荀子曰：“款，诚款也。”又按说文有两疑字，一作𠤕，训定也；一作𦍩，训惑也，如诗“靡所止疑”及仪礼“疑立”等皆当作“定”解。依此两义，本文上一疑字宜从本义，下一疑字当作定解。又按荀子非十二子篇曰：“信信，信也；疑疑，亦信也。”如其说，则本文或脱一疑字，共为三疑字。上句明疑，下句则为“疑疑而去之”，说亦可通，但究以前说为近是。　**按**：庶，也许可以，表示希望或揣测。左传昭公十六年：“宣子喜曰：‘郑其庶乎！’”诗大雅江汉：“四方既平，王国庶定。”此处以他人之庶几于此者引而验之，表示希望对方能够明白自己，即使走了以后，心还留在这里。

【校】

①“可”字疑衍。

②欵欵，道藏本、乾隆本、百子全书本讹作“疑疑”。

却语者，察伺短也〔一〕。故言①多必有数短之处，识其短，验之〔二〕。动以忌讳，示以时禁〔三〕。其人恐畏，然后结信②，以安其心，收语盖藏而却之〔四〕。无见己之所不能于多方之人〔五〕。

【注】

〔一〕陶弘景曰：言却语之道，必察伺彼短也。　○尹桐阳曰：却，隙也。权篇曰：“却论者，钓几也。”却论即却语耳。语与下文处、短与下文数为韵。　**按**：却，闲隙。史记绛侯周勃世家：“由此梁孝王与太尉有却。”却语，即有缺陷之语。却语之术，是善于发觉别人言语的缺陷或漏洞，利用它来为自己服务。

〔二〕陶弘景曰：言多不能无短，既察其短，必记识之，取验以明以上四字，道藏本、乾隆本作“以取验之相”。也。　○尹桐阳曰：多同哆，张口言也。数同謱，謰謱也，支离牵引之谓。处，敷也，陈也。验同譣，问也。验与下文禁、心为韵。

〔三〕陶弘景曰：既验其短，则以忌讳动之，时禁示之。　**按**：以犯忌讳触动他，以当时禁令明示于他。

〔四〕陶弘景曰：其人既以怀惧，必有求服之情，然后结以诚信，以安其惧，以收其以上三字，道藏本、乾隆本讹脱作“心”。向语，盖藏道藏本、乾隆本作“利”。而却之，则其人之恩感，固以深矣。　○尹桐阳曰：结，束缚也。安同按，抑也。收同孈，竦身也。收语犹云竦语，盖藏则隙不见，故云收语盖藏而却之。诗：“纠纠葛屦。”丩、篡声转。无与下文所韵。

〔五〕陶弘景曰：既藏向语，又戒之曰：勿于多方人前，见其所不能也。　○尹桐阳曰：无，说文孈读若。见，俔也。罄尽也。所同许，听也。诗：“伐木许许。”说文引作所所。不能，不怠也。多方之人，语虽少隙，而始终伺之，不怠，必可见其短。墨子小取：“故言多方，殊类异故。”　**按**：此言不要把自己不能做的显露给有见识的人。

【校】

①言，道藏本、乾隆本、百子全书本脱。

②“其人恐畏”四字道藏本、乾隆本、百子全书本脱。信，道藏本、乾隆本、百子全书本脱。

摄心者，谓逢好学伎术者，则为之称远〔一〕。方验之

道[1]，惊以奇怪，人系其心于己〔二〕。効之于人[2]，验去，乱其前，吾归诚于己〔三〕。遭淫酒色者，为之术；音乐动之，以为必死，生日少之忧〔四〕。喜以自所不见之事，终可以观漫澜之命，使有后会〔五〕。

【注】

〔一〕陶弘景曰：欲将摄取彼心，见其好学伎术，则为作声誉，令远近知之也。　○尹桐阳曰：摄，服也。伎，说文作技，巧也。称同偁，誉也，扬也。术、远与下文怪、己间句韵。远读陟，怪读窟也。说文："远，古文从陟。"古文德，省声作遗。又圣读若兔窟之窟。按：摄心，摄取人心，收买赢得人心。伎术即技艺道术。称远，称扬其名，使之远播。

〔二〕陶弘景曰：既为作声誉，方且以道德验其伎术，又以奇怪从而惊动之，如此，则彼人必系其心于己也。"则"字下，道藏本、乾隆本作"彼人心系于己"。　○尹桐阳曰：方，有也。验，信也。方验之者，谓称远而人多信之，人感德而系其心于己，则心摄。

〔三〕陶弘景曰：人既系心于己，又効之于时人，验之于往贤，然后更理其目前所为，谓之曰：吾所以然者，归诚于彼人之己，如此，则贤人之心可得，而摄乱者理也。　○尹桐阳曰：効同效，明也。去，无也，谓称远而人无信之者。去与下文吾为韵。乱同奻，好也。前即揃，窃也。吾，语也。前吾即窃语，谓私语也耳。归诚，终信也。终信则人心仍摄。　按：乱，治也。陶说是。

〔四〕陶弘景曰：言将欲探道藏本、乾隆本作"摄"。下同。愚人之心，见淫酒色者，为之术；音乐之可说，又以过于酒色，必之死地，生日减少，以此可忧之事以感动之也。　○尹桐阳曰：酒与下文忧为韵。术，说也。书说命、墨子尚同作术令。死与下文会为韵。　按：言贪恋酒色者，用摄心之术的做法，就是以音乐打动他，让他以为这样做必死，活着的日子已经不多，使他因忧愁而醒悟。

〔五〕陶弘景曰：又以音乐之事，彼所不见者，以喜悦之言，终以可观，何必淫于酒色？若能好此，则性命漫澜而无极，终会于永年。愚人非可以道胜说，故惟音乐可以探其心。　○尹桐阳曰：自，始也。始所不见之事，指音乐言。又曰：（此节）承上文“必死生日少”而反言之。可同诃，大言而怒也。尔雅：“观，多也。”即，延也。漫澜，放荡之貌。命谓寿命。郑玄礼记注：“司命主督察。”三命即养生经所谓上寿、中寿、下寿者。后会，后快也。　**按：**漫澜之命，意即灿烂前景。

【校】

①道，道藏本、乾隆本、百子全书本脱。

②人，道藏本、乾隆本、百子全书本讹作“验”。

守义者，谓［守］以人［义］①，探其②在内以合也〔一〕。探心，深得其主也。从外制内，事有系曲③而随之〔二〕。故小人比人，则左道而用之，至能败家夺国〔三〕。非贤智，不能守家以义，不能守国以道。圣人所贵道微妙者，诚以其可以转危为安，救亡使存也〔四〕。

【注】

〔一〕陶弘景曰：义，宜也。探其内心，随其人所宜，遂道藏本、乾隆本作“遂人”。所欲以合之也。　○尹桐阳曰：人同仁，义与下文随为韵。在，裁也。在内即下文所云制内。合同彶，行也。心、合为韵。　**按：**此言谨守人之符合社会合宜的行为，探取对方内心，再迎合他。

〔二〕陶弘景曰：既探知其心，所以得主深也。得心既深，故能从外制内，内由我制，则何事不行。故事有所属，莫不由曲而随己以上五字，道藏本、乾隆本脱讹作“随之”。也。　○尹桐阳曰：探、深声近。素问灵兰秘典论：“心者，君主之官，神明出焉。”淮南精神：“心者，形之主也。”故心可以主释之。由，说文作䌛，囮之或体，译也。率鸟者，系生鸟以来之，名曰囮。唐吕温有由鹿赋，由即囮耳。　**按**：此言探其心，得其内心深处的真实意图，然后可以从外事控制其内心，让其因有事系于我，而委曲从于我也。尹依道藏本解“由”，可参。

〔三〕陶弘景曰：小人以探心之术来比于君子，必以左道用权。凡事非公正者，皆曰小人反道乱常、害贤伐善，所用者左，所违者公，百度道藏本、乾隆本作“庆”。昏亡，万机旷紊，家败国夺，不亦宜乎！　○尹桐阳曰：则，贼也，言小人则为人害者相亲。比与下文国、存为韵。左同尯𡯂尯，行不正也。左道，谓不正之道。礼记王制：“执左道以乱政。”说文：“夺，手持隹失也。”孟子：“勿夺其时。”荀子注作“失”。　○俞棪曰：荀子非十二子篇曰：“知而险，贼而神，为诈而巧言，无用而辩，辩不给，惠而察，治之大殃也。行辟而坚，饰非而好，玩奸而泽，言辩而逆，古之大禁也。”此所谓小人也。　**按**：比，合也。庄子逍遥游：“故夫知效一官，行比一乡，德合一君，而征一国者，其自视也亦若此矣。”释文引李云：“比，合也。”此处小人与下文圣人对言。

〔四〕陶弘景曰：道，谓中经之道也。此句注语脱，依道藏本补。　○尹桐阳曰：微，说文作㣲，妙也。商君书定分：“夫微妙意志之言。”

【校】

①“以人”二字，道藏本、嘉靖钞本、乾隆本、百子全书本作“守以人义”，今

据改。蓝格本作“守以仁义”。

②其，道藏本、嘉靖钞本、乾隆本、百子全书本作“心”。

③曲，道藏本、嘉靖钞本、乾隆本、百子全书本讹作“由”。

附录一

鬼谷子佚文

鬼谷子曰:人之不善而能矫之者,难矣。说之不行,言之不从者,其辩之不明也;既明而不行者,持之不固也;既固而不行者,未中其心之所善也。辩之,明之,持之,固之,又中其人之所善,其言神而珍,白而分,能入于人之心,如此而说不行者,天下未尝闻也。此之谓善说。(说苑善说)

故曰:圣人不朽,时变是守。虚者,道之常也;因者,君之纲也。(史记太史公自序)

鬼谷子曰:不放不忘。(北堂书钞卷二十七)

鬼谷子曰:鲁酒薄而邯郸围。(北堂书钞卷一百四十八)

鬼谷子曰:人动我静,人言我听。能固能去,在我而问。(意林卷二)

鬼谷子曰:知性则寡累,知命则不忧。忧累去则心平,心平而仁义著矣。(意林卷二)

鬼谷子曰:以德养民,犹草木之得时;以仁化人,犹天生草木以雨润泽之。(意林卷二)

鬼谷子反覆篇云:其和也,若比目鱼;其司言也,若声与响。注曰:和答问也,因问而言,申叙其解。如比目鱼,相须而行,候察言辞,往来若影随形,响之应声。(太平御览卷四百六十二)

鬼谷子抵巇(音熙)篇云:巇者始有朕,可抵而塞,可抵而却。圣人知之,独保其用,因作说事。(太平御览卷四百六十二)

鬼谷子午合篇云:伊尹五就桀,五就汤,然后合于汤;吕尚三入殷朝,三就文王,然后合于文王。此天知之至,归之不疑。注云:伊尹、吕尚各以至知说圣王,因泽钓行其术策。(太平御览卷四百六十二)

鬼谷子揣情篇云:说王公君长,则审情以说王公,避所短,从所长。(太平御览卷四百六十二)

鬼谷子摩意篇云:摩者,揣之也。说莫难于悉行,事莫难于必成。注曰:摩不失其情,故能建功。(太平御览卷四百六十二)

鬼谷子量权篇云:与智者言,依于博;与博者言,依于辩;与辩者言,依于要。此其说也。(太平御览卷四百六十二)

鬼谷子量权篇云：言有通者，从其所长；言有塞者，避其所短。注曰：人辞说条通理达，即叙述从其长者，以昭其德。人言壅滞，即避其短，称宣其善以显其行。言说之枢机，事物之志务者也。（太平御览卷四百六十二）

鬼谷子量权篇云：介虫之捍，必以甲而后动；螫虫之动，必先螫毒。故禽兽知其所长，而谈者不知用也。注云：虫以甲自覆鄣而言，说者不知其长。（太平御览卷四百六十二）

鬼谷子谋虑篇云：乃立三仪，曰上、中、下。曰：参以立焉，变生事，事生谋，谋生计，计生仪，仪生说，说生进。注曰：三仪，有上有下有中。会同异曰仪，决是非曰说。（太平御览卷四百六十二）

鬼谷子曰：君得名则群臣恃之，君失名则群臣欺之。（太平御览卷六百二十）

鬼谷子曰：夫决情定疑，万事之基。以正乱治天决，诚为难者也。（太平御览卷七百二十八）

附录二

历代官私书志著录

隋书经籍志纵横家：鬼谷子三卷，皇甫谧注。鬼谷子，周世隐于鬼谷。鬼谷子三卷，乐一注。

旧唐书经籍志纵横家：鬼谷子二卷，苏秦撰。又三卷，乐台撰。又三卷，尹知章注。

新唐书艺文志纵横家：鬼谷子二卷，苏秦。乐壹注鬼谷子三卷，尹知章注鬼谷子三卷。

宋史艺文志纵横家：鬼谷子三卷。

崇文总目：鬼谷子三卷，鬼谷先生撰。

陈骙中兴书目：鬼谷子三卷。周时高士，无乡里族姓名字，以其所隐，自号鬼谷先生。苏秦、张仪事之，授以捭阖以下至符言等十有二篇,及转圆、本经、持枢、中经等篇,亦以告仪、秦者也。一本始末皆东晋陶弘景注。一本捭阖、反应、内揵、抵巇四篇,不详何人训释,中、下二篇与弘景所注同。元冀为指要几千言。

晁公武郡斋读书志子部纵横家:鬼谷子三卷,鬼谷先生撰。按史记,战国时隐居颍川阳城之鬼谷,因以自号。长于养性治身,苏秦、张仪师之,受纵横之事。叙谓此书即授秦、仪者,捭阖之术十三章,本经、持枢、中经三篇,梁陶弘景注。隋志以为苏秦书,唐志以为尹知章注,未知孰是。陆龟蒙诗谓鬼谷先生名诩,不详所从出。柳子厚尝曰:"刘向、班固录书无鬼谷子,鬼谷子后出而险盭峭薄,恐其妄言乱世,难信。尤者晚乃益出七术,怪谬异甚,言益隘,使人狙狂失守。"来鹄亦曰:鬼谷子,昔教人诡绐激讦揣测憸猾之术,悉备于章旨。六国时得知者,惟仪、秦而已。如捭阖、飞箝,实今之常态。是知渐离之后,不读鬼谷子书者,其行事皆得自然符契也。昔仓颉作文字,鬼为之哭。不知鬼谷作是书,鬼何为耶?世人欲知鬼谷子者,观二子言略尽矣,故掇其大要著之篇首。

尤袤遂初堂书目杂家类:鬼谷子。

郑樵通志艺文略:鬼谷子三卷,皇甫谧注。鬼谷先生,楚人也。生于周世,隐居鬼谷。又三卷,乐壹注。又三卷,唐尹知章注。又三卷,梁陶弘景注。

陈振孙直斋书录解题:鬼谷子,三卷。战国时,苏秦、张仪所师事者,号鬼谷先生。其地在颍川阳城。名氏不传于世。此书汉志亦无有,唐志则直以为苏秦撰,不可考也。隋志有皇甫谧、乐壹二家注。今本称陶弘景注。又云:按唐书艺文志作二卷。

马端临文献通考经籍考:鬼谷子三卷。

钱曾读书敏求记:陶弘景注鬼谷子三卷。鬼谷子,无乡里族姓名字,战国时隐居颍川阳城之鬼谷,故以为号。其转丸、胠箧二篇今亡。贞白曰:或云即本经、中经是也。

张之洞书目答问子部周秦诸子:鬼谷子,陶弘景注,一卷。秦恩复校刻两本。纵横。

姚振宗隋书经籍志考证子部纵横家:鬼谷子,三卷,皇甫谧注。鬼谷子者,周时隐于鬼谷。

范希曾书目答问补正子部周秦诸子:补:陶弘景,南朝梁人。秦刻两本皆三卷,此题一卷误。四库本作一卷。秦氏乾隆五十四年刻本,据道藏本刊。又,嘉庆十年刻本,据述古堂钞本刊。四部从刊景印秦氏乾隆刻本。涵芬楼道藏举要景印道藏本。

陈钟凡诸子通宜附周秦迄元明诸子书目:鬼谷子一卷。汉志不著录,隋志纵横家有三卷。注:"周世隐于鬼谷。"唐志卷数同,注"苏秦"。胡应麟谓:"汉志有苏秦三十一篇,张仪十篇。必东汉人本二书之言,荟萃为此,而托于鬼谷,若子虚亡是之属。"其为伪托灼然可见。子汇本、十二子本、绵渺阁本、清江都秦氏重刊陶弘景注本、卢文弨以述古堂旧钞本补道藏本陶弘景注三卷、江都秦氏刊本。

高维昌周秦诸子概论：鬼谷子一卷。汉志不著录，隋志纵横家有三卷，注："周世隐于鬼谷。"唐志卷数同，注"苏秦"。胡应麟谓："隋志有苏秦三十一篇，张仪十篇。必东汉人本二书之言，荟萃为此，而托于鬼谷，若子虚亡是之属。"其为伪托明矣。绵渺阁本、陶弘景注本、江都秦氏刊本。

附录三

历代序跋

佚名鬼谷子序曰：周时有豪士，隐于鬼谷者，自号鬼谷子。言其自远也。然鬼谷之名，隐者通号也。（文选卷二十一郭璞游仙诗李善注引）

乐壹鬼谷子序曰：秦欲神秘其道，故假名鬼谷。（史记苏秦列传索隐引，秦恩复曰："鬼谷子序。"）

长孙无忌鬼谷子序曰：隋书经籍志鬼谷子三卷，皇甫谧注。鬼谷子，楚人也，周世隐于鬼谷。梁有陶弘景注三卷。又有乐壹注三卷。从横者，所以明辩说，善辞令，以通上下之志者也。汉志以为本出行人之官。受命出疆，临事而制，故曰："诵诗三百，使于四方，不能专对，虽多，亦奚以为？"周官掌交"以节舆币巡邦国之诸侯，及万姓之聚，导王之德意志虑，使辟行之，而和诸侯之好，达万民之说，谕以九税之利、九仪之亲、九牧之维、九禁之难、九戎之威"是也。佞人为之，则便辞利口，倾危变诈，至于贼害忠信，覆邦乱

国。监修国史赵国公长孙无忌等撰上。（子汇，明周子仪编，明万历四年刊本）

尹知章序鬼谷子曰：苏秦、张仪往事之，受捭阖之术十有二章，复受转丸、胠箧二章。然秦、仪用之，裁得温言酒食货财之赐。秦也、仪也，知道未足行，复往见，具言："所受于师，行之，少有口吻之验耳；未有倾河填海移山之力，岂可更至要，使弟子深见其阃奥乎？"先生曰："为子陈言至道！"斋戒择日而往见。先生乃正席而坐，严颜而言，告二子以全身之道。（王应麟困学纪闻卷十，商务印书馆一九五九年版）

鬼谷子曰：周有豪士，居鬼谷，号为鬼谷先生，苏秦、张仪往见之。先生曰："吾将为二子陈言至道，子其斋戒，择日而学。"后仪、秦斋戒而往。（太平御览卷五百三十，秦恩复曰："此条疑是鬼谷子序文。"）

杨慎鬼谷子序：鬼谷捭阖之旨，其探窃人意，诚有似于子舆氏穿窬之案。然其本经七篇，非知道而深隐自养者未易作也。其言曰："神为之长，心为之舍，德为之人，养神之所归诸道。"又曰："心气一则欲不徨，欲不徨则志意不衰，志意不衰则思理达，思理达则和通，和通则乱气不烦于胸中。"又曰："无为而求，安静五脏，和通六腑，精神魂魄，固守不动，乃能内视反听定志，思之太虚，以观天地开阖，知万物所造化，见阴阳之终始，原人事之政理，不出户而知天下，不窥牖而见天道，不见而命，不行而至。"其为言如是，夫岂以言不言餂人者哉！夫物之乖理，人言为甚；言之善饰，不迷为难。庄子曰："无听之以耳，而听之以心；无听之以心，而听之以气。气者，虚之府也；虚者，明之藏也。"明，故终日听而不昏，终日辩而不乱。鬼谷子其有得于是说者哉！其精言玄思，更多可诵。读者善

用之，糜不为仪、秦之续耳。（杨升庵先生评注先秦五子全书，明天启五年，武林张懋寀横秋阁刻本）

谢其盛鬼谷子序：鬼谷子，无姓名里俗。战国时隐居颍川阳城之鬼谷，因以自号。长于养性治身。苏秦、张仪师之，受捭阖之术十三章。晚乃益出七术，险盭峭薄，言益奇而道益狭，使人狙狂失守，而易于陷坠。柳子厚尝辨之。刘向、班固录书无鬼谷子，隋志始列之纵横家，唐志以为苏秦之书，大抵皆捭阖钩箝揣摩之术，观仪、秦二子之言略尽矣。昔仓颉作文字，鬼为之哭，不知鬼谷作是书，鬼何哭耶！今考其言有曰："人动我静，人言我听。知性则寡累，知命则不忧。"至盛神养志诸论，所谓中稽道德之祖、散入神明之赜者，殆亦几乎！（二十家子书，明万历六年吉藩崇德书院刊本）

高金体鬼谷子叙：古之有道德者必有文章，有文章者必有事功，谓德非言不著，言非事不彰也。故以鲁连之高蹈，不能忘情于聊城一矢。名心之中人，虽养真弢晦之士，有未易消除者。如战国有一隐士号鬼谷子者，其姓族行事不可概见于人间，倘所谓龙德而隐者乎？至其所为书，则一翕一张，一阖一辟，通阴阳，法天地，渊乎真人之撰，莽乎大人之言，出其余绪，直将囿一世于钩索之中，措诸侯于掌股之上。举当世掉舌之雄，鲜有出其藩者。及按而求之史册，春秋六七君虽不尚，曳裾时王之门，盱衡列国之宇，能详筹熟计乃尔耶。予有以窥其微矣。盖伤当时短长家，言不本于道德，法不轨于先王，惟挟其狙伏鸷攫之术，以伺察时王之隙，不媚则激，干禄爵于一时，以故久之不内，生世主之疑，则外来邻国之谤，致身名俱败者，比比也。是以洞泄其緘，为从横家准的。其言亦夷奥，乍浅乍深，王简栖所谓不可以学地知、不可以意生及者也。余尝问侍之余，休居无事，聊而读之，反复讨索，转有遗音。觉他书之理，随读竟者，了无味也。（合诸名家批点诸子全书，高金体鬼谷子评点，明天启间刊本）

谢镛鬼谷子序：鬼谷先生，不知何许人也。皇甫谧以为楚人，然无族氏乡里可考，乌知其为楚、其为周末隐君子乎？彼其抱道幽栖，负神识圣智之品，隐于鬼谷，不使姓字落人间，如巢、由辈，岂止为一代之雄而已哉？书出隋书经籍志，乐壹、皇甫谧、陶弘景、尹知章诸人各有注，而此书之神髓精妙，何曾模仿其万一。当时少得其解者，惟苏秦、张仪二子从学于先生。三年后，方以此书授之。二子不过得其捭阖、揣摩之理，至于本经阴符，包罗乾坤之道，则茫然未晓也。夫所谓法五龙、法灵龟、法螣蛇、法伏熊、法鸷鸟、法猛兽、法灵蓍，如此数法，变幻无穷，非圣智神识，安能穷其涯际？二子知用其术而不知善用其术，一从一横，败不旋踵，是不能用先生持枢之道而逆天之正。故曰："逆之者，虽成必败，此天道人君之大纲也。"嗟乎！千载而下，谁有能诵先生之言，而行先生之行者乎！溯之往古，则有管夷吾、晏平仲，庶几近之。然亦不能善藏其用，则又不如先生之远引高蹈，如苍龙之在云雾中，见其首则不见其尾，见其尾则不见其首，犹龙之称不独老聃为！然予于先生，亦云大哉鬼谷，其犹龙乎？人第知先生之神，而不知其神之神。此书特先生之一端耳，而其深微奥妙，如盛神养志，解仇斗郄，可以转危为安，救亡使存。苟非聪明圣智达天德者，其孰能知之？况转丸、胠箧二篇亡失无存，此必有人秘而藏于金匮石室之中而不使流传世上，如玉枕之在一家，千百年后必有发之者矣。或曰：此书载在诸子集中，非秘也。子何奇而刻之？予曰：不然。予正谓世人不知其为秘而忽之，如论语、四书，今人只以此为梯荣之具，而不知济世奇书不外论语、四书之内，特人人虽读，皆不能用耳！赵普以半部论语佐太祖，半部论语佐太宗，犹侈言之也。即如道千乘一章，三言两句，何等直截，何等真切，经济之奇，宁越是耶！先生身不见用于世，以时衰道微，故隐于清溪，如深潭之潜龙，常人岂能测之！其书虽在世间，人多忽之而不学，以为非本业，不若论语、四书可以梯荣。嗟嗟，不知此正今时用世之奇书也。今国家当多事之秋，海内元气半为虏寇所耗，奴插伺于外，流寇讧于内。征兵兵疲，调饷饷诎，当事者剿除无期，而九重庙算未定，人能取先生是书而读之，探玄阐奥，繇飞箝以及七法，必能穷天之用，贼人之私。建威销萌，破贼灭虏，奠宇宙于安澜，茂勋猷于竹帛，亦不难矣。予不肖，一副热血肝肠，愿与海内有志匡济者共之，不但知性命寡忧累而已也。时崇祯乙亥夏五月，谢镛禹铭父题于摄山栖霞寺之药师庵。（鬼谷子，明崇祯八年刻本）

周广业鬼谷子跋曰：绿饮鲍君购得鬼谷子注钞本，属余是正。注甚明白简当，自非五季宋人可及。乃其卷首题曰“东晋贞白先生丹阳陶弘景注”，则非也。陶系梁人，大同初赐谥贞白。东晋之误，无待深辨。案鬼谷录自隋志，有皇甫谧、乐壹注各三卷。新旧唐志无皇甫谧而增尹知章注三卷，不闻陶也。陶注始见于晁氏读书志，潜溪诸子辨继之，卷如乐、尹而亡转丸、胠箧二篇，是本篇卷适与相符，当即宋氏所见者。其书不类古本，如以捭阖、反应、内揵、抵巇列上卷，飞箝、忤合、揣、摩、权、谋、决事、符言并亡篇列中，本经阴符七术及持枢、中经列下，与近刻无异。凡文之轶见于史记、意林、太平御览诸书者，此皆无之。其篇名旧有作反覆、抵巇、飞钻涅暗、午合、揣情、摩意、量权、谋虑者，今亦不然。至盛神、养志诸篇，正柳子厚所讥“晚乃益出七术，怪谬不可考校”之言。梁世宁遽有此？

纵有之，隐居抗志华阳，安用险诡之谈？梁史及邵陵王碑铭亦绝不言其注鬼谷，而伪托焉，可乎！困学纪闻载尹知章序鬼谷子，有云：苏秦、张仪事之，受捭阖之术十三章，复受转丸、胠箧三章。晁氏则但言序谓此书，即受秦、仪者。虽详略不同，可证其皆为尹序。序出于尹，安见注不出尹？观其注文，往往避唐讳，如以"民"为"人"、"世"为"代"、"治"为"理"、"缧绁"作"缧绁"之类，而笔法又绝似管子注，是为尹注无疑。尹生中宗、睿宗之世，卒于开元六年，故于"隆基"字不复避也。其注亡篇云：或有取庄周胠箧充次第者，以非此书之意不取。注持枢云：恨太简促，或简篇脱烂，本不能全故也。盖自底柱漂没之后，五部残缺，不能复睹文德旧本，故注家以为憾事。若果系陶注，则同时刘勰作文心雕龙，明言"转丸骋其巧辞，飞箝伏其精术"矣。此岂不见原文者，可遽云转丸已亡乎？庾仲容亦梁人，其所钞子今在意林"人动我静"及"以德养民"二条，显有完书可据，何是本独以脱烂为恨？此亦是尹非陶之明征也。乃其讹尹为陶，莫解其由，以意揣之，尹注在旧史。虽云颇行于时，而新志却自注云尹知章不著录。意其本在宋初，原无标识，而持枢篇中尝一称"元亮曰"。元亮系晋陶渊明字，或错认陶渊明为陶通明，遂妄立主名，而读者不察，致成久假耳。抑或谄道之徒，既诡鬼谷子为王诩，强名为玄微子，复以贞白寓情仙术，矫托以注，未可知也。然是注世已罕传，大可宝贵。似宜改题曰唐国子博士尹知章注，与赵蕤长短经合梓以行。其裨益人神智，正不少也。乾隆辛丑闰五月七日海宁周广业书。（鬼谷子，清嘉庆十年江都秦氏石研斋刻本）

卢文弨鬼谷子跋：鬼谷子，小人之书也。凡其捭阖、钩箝之术，只可施于暗君耳！其意欲探厥意指之所向，从而巧变其说以要结之，使得亲悦于我，胶固而不可离，千古奸邪之愚弄其主者，莫不如是。彼岂待教之而后知,学之而后能哉?其用术一一与此书暗合,未必皆见此书也。来鹄有云:捭阖、飞箝,实今之常态。不读鬼谷子书者,皆得自然符契也。兹言信矣!及观其施于常人,亦必在于昏邪庸怯之辈。其言曰:“有守之人,目不视非,耳不听邪,言必诗书,行不淫僻,以道为形,以德为容,貌庄色温,不可象貌而得也。如是隐情塞却而去之。”观此言,是其术,遇正人而穷也。又其抵巇篇云:“世无可抵,则深隐而待时。”此非遇明君治世,所挟之术皆无所可用乎!或问曰:“如此,则是书何以不毁?”曰:凡夫奸邪之情状,毕见于斯。为人主者,不可不反覆留意焉!庶几遇若人也,洞见其肺肝然。彼欲以其术尝我,而我得以逆折之,是助上知人之明也,何可毁也!吾甚惜其方寸之间,神明之舍,惟诡谲变诈之是务,而终不免于穷,亦何苦而为此?且其术亦有至浅至陋而断不能转移人者,如遭淫酒色者,为之术;音乐之可悦,谓足以移其所好。夫闻正乐则唯恐卧,必将以靡靡之乐庶或动之?靡靡之乐,适足以助其情欲耳,其术不更疏乎!是书,余年家子江都秦太史敦夫曾依道藏本绣梓,为校一过。今年甲寅,始见钱遵王手钞本,乃知道藏本之讹脱不可胜计,内揵篇内至脱去正文、注文四百十有二字,余亟借以补正之。噫,若使无此本,不即以藏本为善本哉!校既竟,因为书其后。东里卢文弨跋。(鬼谷子,清嘉庆十年江都秦氏石研斋刻本)

阮元鬼谷子跋:陶弘景注鬼谷子,为道藏旧本。吾乡秦编修敦夫博览嗜古,精于校雠,因刺取诸书,考订讹谬,梓行之,其略见自序中。元读鬼谷子,中多韵语,又其抵巇篇曰:“巇者,罅也。”读巇如呼,合古声训字之义,非后人所能依托。其篇名有飞箝,按周礼春官典同:“微声韽。”后郑读为“飞钻涅韽”之“韽”。箝、钻同字。贾疏即引鬼谷子证之。又揣、摩二篇,似放苏秦传“简练以为揣摩”

之语为之。然史记虞卿传称虞氏春秋亦有揣摩篇，则亦游说者之通语也。窃谓书苟为隋、唐志所著录而今仅存者，无不当精校传世，况是编为纵横家独存之子书。陶氏注又世所久佚，诚网罗古籍者所乐睹也。乾隆戊申冬月仪征阮元跋尾。（鬼谷子，清嘉庆十年江都秦氏石研斋刻本）

秦恩复鬼谷子序：鬼谷子，陶弘景注，三卷。阳湖孙渊如同年读道藏于华阴岳庙时所录本也。乾隆丁未，恩复与渊如校书于文源阁，暇日出以相示，计欲付梓，旋以乞假归里，不果。戊申冬来京师，因取而校之。按鬼谷子，不知何人。道藏目录云："姓王名诩，晋平公时人。"史记云："苏秦师事鬼谷先生。"拾遗记则以鬼谷为归谷。盖归、鬼声转。尔雅曰："鬼之言归也。"其谓苏秦托名鬼谷者，以史记苏秦列传有"简练以为揣摩，期年，揣摩成"之语，而鬼谷子适有揣、摩二篇，遂附会其说，实无所据。或云，周时有豪士，隐于鬼谷者，近是。书凡三卷，自捭阖至符言凡十二篇，转丸、胠箧二篇旧亡。又有本经阴符七术，及持枢、中经共二十一篇。考说苑、史记注、文选注、太平御览、意林诸书所引，颇有数条为今书所不载，或文与今本差异，则知书之脱佚不仅转丸、胠箧二篇也。是书不见汉志，至隋唐始著录。隋书作三卷，旧唐书、新唐书皆作二卷，又作三卷。直题曰：苏秦撰。史记索隐引乐壹注云："苏秦欲神秘其道，故假名鬼谷。"然汉书"从横家"有苏子三十二篇，使假名鬼谷，何以班固略而不注也？柳子厚尝讥其险盭峭薄，妄言乱世。今观其书，词峭义奥，反覆变幻，苏秦得其绪余，即掉舌为从约长，真从横家之祖也。注鬼谷者，旧有乐壹、皇甫谧、陶弘景、尹知章四家。陶注至中兴书目始见；乐注，文选注中一引之。太平御览游说部所引注皆与陶注不同，意亦乐氏注也。今藏本不著注者名氏，渊如据注中有

"元亮曰"云云,元亮为陶潜字,弘景引其言,故去姓称字,断为陶注。恩复按:中兴书目、晁公武读书志、陈振孙书录解题、钱遵王读书敏求记皆称陶弘景注。则知陶注自宋迄今犹存。鬼谷子,世多有其书,而陶注不传,向非道藏所存,则亦终湮失矣!恩复因剌取唐宋书注所引,校正文字一二,旧注亦掇而存之,附于本文之下,其或他书所引本文,今本不载;及称鬼谷事迹足相考证者,并附录于后,以备观览焉。乾隆五十四年八月朔日书。(鬼谷子,清乾隆五十四江都秦氏石研斋刻本)

秦恩复鬼谷子序:鬼谷子,不见于汉志,至隋唐始著录。新旧唐书皆以为苏秦撰。然汉书纵横家别有苏子三十二篇,其文与鬼谷不类。使秦托名鬼谷,班固何以略而不注?陆龟蒙以鬼谷为王诩。王嘉拾遗记以鬼谷为归谷,盖归、鬼声转。尔雅曰:"鬼之为归也。"其谓苏秦假托者,以仪、秦师事鬼谷,而史记苏秦传有"简练揣摩"之语,鬼谷书适有揣、摩二篇,遂附会其说,实无所据。或云:周时豪士,隐于鬼谷者,近是。书凡三卷,自捭阖至符言十二篇,转丸、胠箧二篇旧亡。又有本经阴符七术,及持枢、中经共二十一篇。柳子厚尝讥其险盩峭薄,妄言乱世。今观其书,抉摘幽隐,反覆变幻,苏秦得其绪余,即掉舌为从约长,真从横家之祖也。考说苑、史记注、文选注、意林、太平御览诸书所引,或不见于今书,或文与今本差异。盖自五季散乱之后,传写渐失其真,陶阴帝虎,讹脱相仍,不仅转丸、胠箧也。注鬼谷者,旧有乐壹、皇甫谧、尹知章三家。乐注一见于文选注中,太平御览数条亦不著注者名氏。中兴书目始列陶弘景注,晁、陈二家继之。贞白生于萧梁,书乃晚出,读者不无然疑。同年海宁周耕崖孝廉以注中多避唐讳,断为是尹非陶,词颇博辩,然亦凭虚臆言,绝无佐证。惟马贵舆文献通考于陶注下云:

唐志以为尹知章注，未知孰是。则在宋时已两存其说。幸赖华阳真逸之名，得籍收于道藏。无论为陶为尹，皆可决其非宋以后之书矣。是书刻于乾隆乙酉，仅据孙渊如观察华阴岳庙所录本雠校刊行。卢抱经先生重加勘定，至再至三，最后邮示述古堂旧钞，始知道藏所存讹脱正复不少。读书固难，校书亦不易也。因重付剞劂，一以钱本为主，其有钱本所无而藏本所有者，审其异同，互相考证。又剌取唐宋书注所引旧注，掇而存之，附于本文之下。其或今本亡佚别见他书，及称鬼谷事迹足资参考者，附录于后，以备观览焉。嘉庆十年乙丑八月十五日江都秦恩复序。（鬼谷子，清嘉庆十年江都秦氏石研斋刻本）

严元照鬼谷子跋：壬子之岁，予于虎邱萃古斋钱氏得此旧钞本，闻有新刻本，未之见也。今春寄示卢抱经学士，为校一过。云新刻注中脱十余字，得此补之。孟秋之月，过知不足斋，向以文先生假得旧钞本，字甚潦草。据以文云是钱遵王述古堂本。予亦未之信。归而以三本对校，新刻本脱落错误极多。上卷内揵篇白文注文共脱四百十有二字（劳权云实四百五十一字，当改正）。而此本亦同。其余更不必言。不有钱氏本，则无以见其真矣！大抵此本少愈于刻本而大段皆同。予既取刻本，校阅一过，复以余力校此本，正讹补阙不一而足，庶可读矣。呜呼！书籍佳否，故不可以钞手精粗论。若不以两本对校，则几乎不弃彼而留此，又重叹夫刊刻古书者之不可轻率，当博访善本，以资参考也。乾隆五十有九年秋八月望前一日，芳椒堂主人严元照校罢识。（鬼谷子，上海大一统图书局民国十七年排印本）

严元照鬼谷子跋：予既得善本，校此一过，亦殊漏略。季秋之月，抱经学士过予芳椒堂，取去校阅一过，又指出数处。良足是正吁。予年二十二耳，而心且粗率如此，视抱经先生真不啻霄壤之别矣！孟夏廿三日元照又识。（鬼谷子，上海大一统图书局民国十七年排印本）

徐鲲鬼谷子跋：甲寅夏，鲍君以文出所藏鬼谷子注钞属余，与坊刻对勘，坊刻出道藏，其讹脱至多，不可枚举。鲍君所藏为钱遵王旧物，乃据宋本传录者，如卷首所题东晋贞白先生丹阳陶弘景注一行，系沿南宋中兴书目之误，似即当时馆阁著录之本。余既硃末细勘，复手录清本一通，且属吾友钱君广伯证定之，因缀数语于简末。嘉庆元年腊月萧山徐鲲识。（鬼谷子，上海大一统图书局民国十七年排印本）

劳权鬼谷子跋：此先友归安严修能手校，复经卢学士臬徐北溟先生重校。北溟补校，甚为精宷，学士所校，尚有遗漏。惜江都秦氏于嘉庆乙丑重梓此书，但据学士校本耳。秦氏初用藏本校刊，在乾隆己酉，即严跋所云新刻本也。咸丰丁巳六月校秦本一过，并识数语。丹铅生仁和劳权记。（鬼谷子，上海大一统图书局民国十七年排印本）

缪荃孙鬼谷子跋：鬼谷子，世以嘉庆乙丑石研斋刻本为最佳。秦本出于卢抱经，所据鲍绿饮藏述古堂本。秦氏又自辑古今论鬼谷子者，为附录。较乾隆己酉刻道藏本高出不啻倍蓰。壬子二月，傅君沅叔以明钞蓝格本见眎，正文顶格，注文低一格，原出道藏，末有嘉靖乙丑三月九日校毕一行，又有小字。此本原系苏州文氏所藏。乾隆甲寅，严九能以钱述古堂本校过，又经抱经先生覆校，九能有跋。明年徐北溟再校。咸丰丁巳藏劳平甫所，亦跋之。可谓善本矣。徐北溟于嘉庆元年手写一本，今在况夔生处。曾录其跋，亦按次写入。此书之注，钱氏本次行则云东晋贞白先生丹阳陶弘景注。弘景梁人，非东晋，其误不足辨。注中多避唐讳，如以“民”为“人”、“世”为“代”、“治”为“理”、“缧绁”作“缧絏”之类。昔人又以为尹知章注，因为其唐人也。然尹注管子，今具存。此书符言篇与管子九守篇大略相同，因以彼校此，讹脱甚多，注皆望文生义，果出尹知章手，岂有自注管子而略不省勘乎！然则今本题陶注固难信，而非尹注则无疑义。异同以朱笔志于眉间，佳字尚不少也。清明后三日缪荃孙校讫因识。（鬼谷子，上海大一统图书局民国十七年排印本）

尹桐阳鬼谷子新释序：今之谈目录学者，其于周秦诸子，辄以见于班志与否为剐真伪之资。噫，谬矣！夫一人之耳目有限，而欲飞长以周知天下图籍，固戛戛乎难之。即或能之，秉笔者为谁？于其书不合谁之意者，往往删而戍削之，斯乃世儒之通病。知此则可以论不见于汉志之诸子之未必为伪矣。鬼谷子者，从横家之苏秦、张仪师也。史记苏秦传曰：“东事师于齐，而习之于鬼谷先生。”张仪传曰：“始尝与苏秦俱事鬼谷先生学术。”集解徐广曰：“颍川阳城有鬼谷，盖是其人所居，因以号。”裴骃引风俗通义曰：“鬼谷先生，六国时纵横家。”夫史公既云东事师于齐，习之于鬼谷，又云张仪与苏秦俱事其学术，则鬼谷明明为齐人，而且有书以传于世者。周礼典同云：“微声韽。”注“韽”读为“飞钻涅韽”之“韽”。飞钻者，即鬼谷子第五篇名之飞箝也。郑君生于距周未远之汉末，博学多闻，固曾披读阴言阴经，摭摭之以证音读，又岂仅晋郭璞、唐李翱辈之啧啧称道弗衰哉！桐阳癖治先秦丙部书，管、商、韩、墨、庄、列、於陵诸子，均有诠释，恒自诩一得之愚可质当世而信来兹。而时值多艰，曲学贾鸣，揣摩乏术，仕门横扃，铎振北南，金声罕应，轸逾艾岁，不禁扼擘。民国辛未夏，载游旧都，重设讲所。狼豺横掠于梓第，雎鹗勃溪于衡馆。课授之暇，惆然愸然，因检鬼谷子读以自娱。文义方良，籯兜以终。而本、中二经尤为蒙鸿，大类尚书。渺渺然而环奥旨古，节古音确为陈籍。乃挥毫操笞，梼昧譔注，钩其训故，考其固实，以攸省览。越旬余而帙成，颜曰鬼谷子新释。盖将欲原同异，抒权谋。以抵巇抵却而抵得也。春秋而降，沦为战国，姬、姒守府，雄裂为七。苏、张撷鬼谷数术，犹能福利于一时。民邦佻造，忾今廿载。内而群猾，外而强敌。纷籍并起，烝黎困备火热水深，问谁能掇振穷之策，持中正之道，施之以定倾而抚危？此桐阳所以穆然于鬼谷书而弗之舍，而为之注也。嗟乎！国故陵夷，珠玉瓦屑，众流百家，半等疣赘。桐阳前滥竽宁省财政厅秘书，而厅长张公寿镛酷嗜子籍，諈诿征购鬼谷，亦战国诸子之一。以古无善注而盖阙，耿耿如也。拙释新成，回忆旧事，特速镂劀，以公同玻籍，广河间之储。厥时，从学弟子之分任雠校者，有蔡鉴、曾鸿昌、易廷毓、邓高僧、吴世拱、邓崇礼、商鸿逵、黄辉仁、易启藩、胡吉宣、王焯勋诸生，例得书而志之。大中华民国二十年七月廿八日，常宁尹桐阳侯青氏叙于北平六书讲习所。（鬼谷子新释，民国二十一年上海文明印刷所排印本）

俞棪鬼谷子新注自序：余于民国初元始读鬼谷子，辄苦其古奥，以为非浅学所能解，尝望安得乐壹、皇甫谧诸家注而一读之，顾其书早亡，卒不可得。越数载，复寻绎其义，稍增兴会，因辄介之于昆弟朋好，共同研索，冀或有得。顾朋辈中类以其义蕴不易诠释，咸嘱余为任述作之役。余幼孤贫，屡失学，无所师承，夫讵敢妄有所论述？惟心焉识之，期异日或得，当一申其志云尔。迨十二年冬，余自辽海南归岭表。襄垣李君枫桥自平寓书，督望甚殷。余以庸陋,奔命海隅,私意亦欲于此暇日姑试为之。顾每一执笔,辄自觉其空疏,稿成而毁之者三,遂废然而辍。夫作然后知述学之匪易,断非浅学者所能任也。虽然,自斯以还,每一研诵,遂为劄记以志其意。积日累年,忽忽十载,所记凡若干条。虽意无所信,虚而无实,然以战国时代,学人辈出,其与鬼谷先生同时并世或先后者不少,其文体义理,较相近接,取彼释此,义自恰当。至于学说从同,或且溯流寻源,而本出于鬼谷者,则举一反三,其理益显。其或义无可索,则取之秦汉诸家学说,虽历时稍远,而旁搜远绍,摭其片词瘠义,亦足资诠诂;以视陶注之以己意诠释者,其取径自殊,庶几或犹不悖鬼谷先生之真意也欤。至于鬼谷原书,历代传本,文多舛错,余维战国初期作品,文多从韵,以便口诵,流习任授,斯为正宗。鬼谷文中错简类,多可以古韵校正。因不避梼末,辄择其于义尤晦涩者,为易其序。至文中讹误,传袭既久,亦抉其最不通者,校而正之。于是,鬼谷文义,始豁然开朗,为初学者所易探悉矣。然此固一家之私见,固犹待是正于大雅君子也。民国二十二年八月番禺俞棪诚之。(鬼谷子新注,民国二十二年上海商务印书馆排印本)

(日)皆川愿刻鬼谷子序:君子喻于义,小人喻于利。余知君子之言可因以之利,而小人之言亦可因以之义。易不言乎:"一致而殊途,同归而百虑。"夫文武之道,及至战国已坠于地,而诸子因裂之,其家百数,近者孟、荀,远者苏、张、申、韩。若老若庄,若衍若龙,诡谲幻恢,变端不测。譬之鬼魅,逞妖于晦夜,及旦察之,其所弄作者,皆假之夫常者尔,是故诸子亦皆文武之残也。昧者眩,未明者眎,本是谓读诸子法。鬼谷子,身阴山严,而言狙世,主捭阖之术,峭薄极矣哉!吾未信古果有若是人也。然而熟玩其书,文最简深,义多奥邃。要之,其人材是为苏、张之师而其世必战国之人也。

先儒尝谓一辟一阖，易之神也；一翕一张，老氏之几也。鬼谷子，其术往往有得于阖辟翕张之外，神而明之。盖至于自拉溃裂而不可御。由此言而推之，虽曰文武之残之尤者，不亦可乎！顾善读者，及得其道用，反之易则其或庶矣。予十七八时尝为人一订此书，今已二十年。其人请出付梓人，予不能拒，乃为之序。安永甲午夏六月皆川愿撰。（鬼谷子考阅，日安永三年大阪嵩山堂刊本）

附录四

鬼谷子书目

鬼谷子，一卷，存。分内、外篇，无注。前有长孙无忌序并高似孙子略文。隋书经籍志、郡斋读书志并著录。

明景阳宫刊大字十行本（台湾“国立故宫博物院”藏）；

明正德间刊十二子本；

明方疑编刊十二子本；

明刊十子本；

明万历五年刊子汇本；

民国二十六年上海商务印书馆“元明善本丛书”景印子汇本；

一九六九年台湾商务印书馆“宋元明善本丛书”景印子汇本；

百部丛书景印子汇本；

明万历二十五年吴勉学校刊二十子本；

明万历三十年刊先秦诸子合编本；

明天启间刊诸子褒异本；

明万历间刊且且庵初笺十六子本；

清乾隆间四库全书钞本；

清光绪十九年上海鸿文书局二十五子汇函石印本；

清光绪二十三年上海文瑞楼子书二十八种排印本；

民国八年上海扫叶山房百子全书石印本；

一九六三年台湾古今文化出版社景印本。

鬼谷子，三卷，皇甫谧注。佚。隋书经籍志著录。

清宣统三年上海育文楼书局子书二十八种石印本；

民国九年上海五凤楼子书四十八种石印本。

鬼谷子，三卷，（梁）陶弘景注，存。上、中、下三卷，分篇分段低一格作注，不引他说。篇目下间亦注明篇旨。未署注者姓氏。郡斋读书志著录。

明正统道藏本；

道藏举要本；

民国八年上海涵芬楼四部丛刊景印道藏本；

民国十八年四部丛刊重印本；

民国二十五年四部丛刊缩印本；

明万历六年吉藩崇德书院刊二十家子书本（中国国家图书馆藏）；

清乾隆五十四年秦氏石研斋刊本；

民国十二年沔阳卢氏慎始基斋刊湖北先正遗书本（北京大学图书馆藏）；

民国十五年上海中华书局四部备要排印本；

民国二十五年四部备要缩印本；

民国十一年古书流通处古书丛刊景印本（北京大学图书馆藏）；

民国十二年阳曲第一高等小学校“中经”单篇本（台湾“中研院”藏）。

鬼谷子，三卷，乐壹注，佚。隋书经籍志著录，并注云：“乐壹注”。

鬼谷子，三卷，尹知章注，佚。旧唐书经籍志、新唐书艺文志著录。

鬼谷子，五卷，马总录。存。摘录鬼谷子要语九条，无注。作“五卷”，注云：“乐氏注，名壹。”首有按语：“总按：其序云：周时有豪士，隐者，居鬼谷，自号鬼谷先生，无乡里族姓名字。下并注云：‘此苏秦作书记之也。鬼之言远，犹司马相如假无是公云尔。’”

在意林内。

明正统十年道藏本（中国国家图书馆藏）；

上海涵芬楼四部丛刊景印道藏本。

鬼谷子，三卷，陶宗仪节钞，存。节钞鬼谷子原文，分段删节，不标篇名，无注，作“三卷”。

在说郛内。

民国十六年上海商务印书馆排印本；

一九六三年台湾新兴书局景印本。

鬼谷子，一卷，郑子龙、方疑批点，存。无注。眉批引南华经，间附“音注”。前有叙录引徐渭曰：“鬼谷子，姓王名谢，河南府人。”

在十二子内。

明万历间且且庵刊本(台湾“中央图书馆”藏)。

鬼谷子,一卷,方疑辑校,存。分内、外篇,无注。篇目下间引陶弘景注,内篇末附事略、鬼谷子书考。

在十六子内。

明万历间且且庵初笺十六子本(中国国家图书馆藏)。

鬼谷子,一卷,沈津纂,存。节录鬼谷子中之捭阖、反应、飞箝、忤合、揣、摩、权、谋、符言、阴符七篇文字。无注。前有“鬼谷子题辞”,谓:“掇其大要。”

在百家类纂内。

明隆庆元年刻本。

鬼谷子,一卷,周子仪编,存。内篇十四篇,转丸、胠箧二篇有目无文。外篇题:“本经阴符七篇、持枢及中经篇间引陶弘景注。”前有长孙无忌叙并高似孙子略文。

在子汇内。

明万历五年刊子汇本(中国国家图书馆藏);

民国二十六年上海商务印书馆“元明善本丛刊”景印子汇本;

一九六九年台湾商务印书馆“宋元明善本丛刊”景印子汇本;

百部丛刊景印子汇本。

鬼谷子,一卷,谢汝韶编,存。鬼谷子十三篇,双行夹注。篇目下有注,采陶弘景注本,前有鬼谷子序。

在二十家子书内。

明万历六年吉藩崇德书院刊本(中国国家图书馆藏)。

鬼谷子,陈继儒编,未见。国学总目著录。

在古今粹言内。

明刊本。

鬼谷子,陈继儒、王衡编,存。节录鬼谷子原文,分类编入各目内,无注。

在诸子类语内。

明刊本。

鬼谷子,陆可教、李廷机编,存。录鬼谷子内篇全文,无注。篇名间有双行简注,加以圈点、眉批。杂引虞集、高似孙、林希元、陈后山、罗大经、王维桢、舒芬诸家说。

在诸子玄言评苑内。

明光裕堂刊本(日本国立公文书馆藏)。

鬼谷子,一卷,杨慎评注,张懋寀校,存。录鬼谷子全文,白文无注。眉批、圈点。题上双行夹注,不举主名。前有长孙无忌叙并高似孙子略文。首题"战国隐士撰,杨慎评注,张懋寀校梓"。

在杨升庵先生评注先秦五子全书内(中国国家图书馆藏)。

明天启五年张懋寀横秋阁刻本。

鬼谷子,一卷,外篇一卷,吴勉学编,存。白文无注,附外篇。原阙转丸第十三、胠箧第十四二篇。前有鬼谷子序。

在二十子内。

明万历二十五年吴勉学校刊二十子本（中国国家图书馆藏）；

明万历间黄之寀十九子全集重印本。

鬼谷子，一卷，冯梦祯编，存。录鬼谷子全文，白文无注。不分卷，附外篇，题阴符、持枢、中经。前有长孙无忌叙并高似孙子略文。

在先秦诸子合编十六种内。

明万历三十年绵眇阁刻本（中国国家图书馆藏）。

鬼谷子，焦竑校正、翁正春参阅，朱之蕃圈点，存。录鬼谷子全文，无注。眉评采王维桢、钱福、陈后山、王慎中、林希元、袁宗道诸家杂说。

在二十九子品汇释评内。

明万历四十四年刻本（中国国家图书馆藏）。

鬼谷子，归有光辑，文震孟参订，存。节录捭阖、反应、内揵、抵巇、飞箝、揣篇、摩篇七篇原文，无注，并加圈点，眉评引杨升庵、虞伯生、孙季泉、王凤洲、康励峰、舒国裳等诸家杂说。前有鬼谷子考略。

在诸子汇函内。

明天启五年刻本；

四库全书存目丛书景印本。

鬼谷子，一卷，钟惺辑评，存。原题术言，内题鬼谷子撰。书目综录著录。

在合刻五家言内。

明刊本（上海图书馆藏）。

鬼谷子，李元珍编，存。节录鬼谷子原文，分类编入名目下，并加圈点、旁注。

在诸子纲目类编内。

明刊朱墨套印本；

一九七四年台湾商务印书馆景印本。

鬼谷子，一卷，陈仁锡编，存。录鬼谷子全文，加以旁注，以文评为主。前有鬼谷子序及小传。

在诸子奇赏前集内。

明天启六年蒋氏三径斋刊本。

鬼谷子，李云翔编，存。节录鬼谷子之捭阖、内揵、抵巇诸篇文字，无注。有眉批、圈点，并附王凤洲、李为霖等评语。

在新镌诸子拔萃内。

明天启七年金陵余思泉余庆堂刊朱墨套印本。

鬼谷子，一卷，高金体评点，存。无注。有眉批、圈点，篇目下双行夹注，不举主名。首题"明临安高金体评点"，前有高金体鬼谷子叙、长孙无忌及高似孙鬼谷子序。

在合诸名家批点诸子全书内。

明天启间刻本（中国国家图书馆藏）。

鬼谷子，一卷，谢镛编，存。无注。录鬼谷子全文，白文无注。

前有长孙无忌及高似孙鬼谷子序。题"崇祯乙亥鬼谷子。序于摄山栖霞寺之药师庵"。西谛书目著录。

在谢禹铭五刻内。

明崇祯八年刻本(中国国家图书馆藏)。

鬼谷子,范方评。未见。题"杨慎辑,范方评"。日本尊经国文库汉籍分类目著录。

在权谲秘书内。

明崇祯十五年刊秘书七种本。

鬼谷子,汪定国编。未见。书目综录著录。

明刊本。

鬼谷子,一卷,徐鲲校,存。古书丛刊景印本鬼谷子,末附徐氏嘉庆元年识语云"甲寅夏,鲍君以文出所藏鬼谷子注钞,属余与坊刻对勘,坊刻出道藏,其讹脱至多,不可校举。鲍君所藏为钱遵王旧物,乃据宋本传录者。余既砯末细勘后,手录清本一通,且属吾友钱君广伯证定之,因缀数语于简末"云。

清嘉庆元年手校本。

鬼谷子,姚文田韵读,存。节录鬼谷子文句之有韵者,将叶韵之字加以圆圈,下注篇名或章名,依韵别类辑。

在古音谐内。

清道光二十五年归安姚氏刊本;

清光绪二十一年重刊本。

鬼谷子,三卷,秦恩复校,存。分上、中、下三卷。以乾隆乙酉孙星衍校勘道藏本为底本,并经卢文弨重加勘定。又以钱曾述古堂旧钞本为主,钱本所无,而道藏本所有者,审其异同,互相考证,并剌取唐、宋类书所引旧注,附于本文下。其或今本亡佚,别见他本,称鬼谷事迹,足资参考者,附录于后以备观览。首题"梁陶弘景注"。前有嘉庆十年秦恩复自序,末附鬼谷子篇目考、附录。乾隆辛丑周广业跋、卢文弨跋、乾隆戊申阮元跋尾。

清嘉庆十年江都秦氏石研斋刊本;

民国十一年古书流通处古书丛刊景印本;

一九七五年台湾广文书局景印本;

北京市中国书店一九八五年景印本。

鬼谷先生佚文,严可均辑,存。

在全上古三代文(卷九)内。

中华书局一九五八年景印本。

鬼谷子,江有诰韵读,存。节录鬼谷子之捭阖、反应、内揵、抵巇、忤合、本经阴符六篇中之有韵文字,加以圆圈,并注韵部、音节及四声。

在音学十书先秦韵读内。

清嘉庆道光间刻本;

民国二十年渭南严式诲刻本;

中华书局一九九三年版。

鬼谷子,劳权校正,存。古书丛刊景印本鬼谷子,末附劳氏咸丰丁巳自记,略云:"归安严修能手校,复经卢学士纂徐北溟先生注重校，北溟所校甚为精彩，学士所校尚有遗落。咸丰六年校秦本一过，并识数语。”

清咸丰七年手校本。

在鬼谷子四种内，中国子学名著集成编印基金会景印本。

鬼谷子，一卷，俞樾平议，存。节录鬼谷子中重要文句，引据管子、仪礼、国语、说文、尔雅、陶弘景注校正文字文义，并附己见。

在诸子平议补录内。系李天根从读书余录中辑录而成。

民国十一年双流李氏念劬堂刊本；

中华书局一九五七年排印本。

鬼谷子，孙诒让札记，存。据陶弘景注本、秦恩复校本、俞樾读记，更引管子尹知章注、孙志祖脞录等校订文字文义，并附己见。

在札迻内。

清光绪二十年刻本；

清光绪二十一年重修本；

中华书局一九八九年排印本。

鬼谷子，李宝洤编，存。录鬼谷子之捭阖至持枢九篇原文，加以删节、圈点，间附按语。

在诸子文粹内。

清光绪二十三年原稿本；

民国六年上海商务印书馆排印本。

鬼谷子，缪荃孙校，存。古书丛刊景印本鬼谷子末附缪氏题识，略云：“壬子二月，傅君沅叔以明钞蓝格本见眎，原出道藏，末有

‘嘉靖乙巳三月九日辛未录毕’一行,以朱笔志于眉间,佳字尚不少也。” **按**:此即明嘉靖乙巳钞本。集卢文弨、徐鲲、严元照、劳权等校本于一书。

民国元年朱墨手校本。

在鬼谷子四种内,中国子学名著集成编印基金会景印本。

台湾世界书局一九五八年初版。

鬼谷子校记,陈乃乾校,存。以缪荃孙校本为底本,校于秦恩复石研斋刊本之上,分上、中、下三卷。标举文句,附以校语,以明同异。引缪荃孙、俞樾、劳权诸家校文,并自附按语。前有小叙,略称:“明钞鬼谷子,苏州文氏旧藏。乾隆甲寅严九能以述古堂钞本校过,又经卢召弓覆校。明年徐北溟再校。咸丰丁巳,劳平甫又校。今归江安傅氏缪小珊。尝借校于秦刻本上,佳处甚多。古书流通处既景印秦本,因录其异同,为校记付之,俾附印于后。”

民国十一年古书流通处古书丛刊手稿景印本;

民国十七年上海大一统图书局石印本;

一九七五年台湾广文书局景印古书丛刊本。

鬼谷子佚文,一卷,王仁俊辑,存。

在玉函山房辑佚书续编三种经籍佚文内。

上海古籍出版社一九八九年出版。

鬼谷子治要,张文治编。节录鬼谷子之捭阖、揣篇、摩篇、权篇、谋篇五篇文字,无注,加以断句。前有鬼谷子传略。

在诸子治要内。

民国十九年上海文明书局排印本。

鬼谷子新释，三卷，尹桐阳撰，存。以道藏本为底本，录鬼谷子全文，不取陶弘景注，杂引经、史、子、集以资诠诂者，自作新释，双行夹注，附于文句下，并指明韵字。篇首署常宁尹桐阳侯青新释，前有鬼谷子新释叙，末附鬼谷子佚文。

民国二十一年上海文明印刷所刊本（上海图书馆藏）。

鬼谷子新注，俞棪撰，存。以秦恩复校刊陶弘景注本为底本，分章双行夹注，取秦汉诸家学说，以资诠诂，并校正错简、讹误。前有民国二十二年著者自序、清嘉庆十年秦恩复序、鬼谷子先生事略、鬼谷子真伪考。末附附录，录历代各家评语、篇目考、陈乃乾鬼谷子校记、乾隆辛丑周广业跋、阮元跋尾。

在国学小丛书内。

民国二十年上海商务印书馆排印本。

鬼谷子考，梁嘉彬撰，存。考证鬼谷子其人，谓与关尹有关，可能并受学于老子。

在大陆杂志第十卷第四期内，一九五五年出版。

一九六三年大陆杂志语文丛书第一辑第二册景印本。

鬼谷子考辨，赵铁寒撰，存。对版本源流、今本一二卷即汉志之苏子、部分为后人所纂乱、篇目及其佚文与异文考、第三卷为陶弘景伪托、今本非陶弘景注、汉志鬼谷区即鬼谷子、鬼谷子有无其人等加以考辨。

在大陆杂志第十四卷第五、六期，一九五七年出版；

一九六三年大陆杂志语文丛书第一辑第二册景印本。

鬼谷子研究，萧登福撰，存。以缪荃孙校清嘉庆十年秦恩复刊本为底本，分上下两编，上编为“鬼谷子研究”，对鬼谷子其人及其著作、鬼谷子真伪、版本源流等进行辨析考证；下编为“鬼谷子译注”，杂引各家说，以为佐证。前有一九八四年八月自序，末附作者搜集鬼谷子研究参考资料。

一九八四年台湾文津出版社排印本。

鬼谷子注释，一卷，赵全璧注，存。依鬼谷子，分十六章。每章分段低一格作注，顺文直解，并及字义，间引孟子语。前有一九七八年四月蒋纬国序及作者自序。

一九七八年五月初版自印排印本。

鬼谷子天机妙意，郑杰文撰，存。主要归纳整理鬼谷子的游说术，亦对鬼谷子其人其书作考证。前有杨向奎序，末附鬼谷子注译。

南海出版公司一九九三年出版。

鬼谷子奥义解说，郑杰文撰，存。分两部分：前有“鬼谷子奥义概览”，罗列策士游说三种程式及勾斗权术两种程式，主要对鬼谷子作奥义解说，以清嘉庆十年秦恩复校本为底本，改秦本陶弘景注为唐尹知章注。杂引杨慎、高金体及诸子汇函所引诸家评点，参考俞棪鬼谷子新注、萧登福鬼谷子研究，末附历代有关鬼谷子的著录、评说、序跋、题识、古注及佚文。

山东大学出版社一九九三年出版。

鬼谷子详解，陈蒲清撰，存。分三部分：一是正文的校注翻译。

以道藏本为底本，参考四库全书本、秦恩复乾隆刊本与嘉庆刊本作校勘，保留道藏注释，并吸收俞樾诸子平议补录作新注。二是对鬼谷子真伪、写作年代、道藏本注者作考证。三是资料附录。

岳麓书社二〇〇五年出版。

鬼谷子研究，许富宏撰，存。分上、中、下三编：上编"鬼谷子真伪考辨"，从出土文献、传世文献、思想史、汉语史四个方面对鬼谷子真伪做研究；中编"鬼谷子作者与成书"，对鬼谷子其人与其著作等进行辨析考证；下编"鬼谷子思想"。前有赵逵夫序，末附鬼谷子研究论文目录。

上海古籍出版社二〇〇八年版。

新编鬼谷子全书，房立中主编，存。分上、中、下三编。上编录鬼谷子原文，作校勘、注译，考证鬼谷子其人其书，附录鬼谷子主要版本及传为鬼谷子所作其他作品；中编录当代学者论鬼谷子、鬼谷子实用价值及鬼谷子在国外的影响等；下编录有关鬼谷子遗迹、传说、古典诗文中吟咏鬼谷子之作品。

学苑出版社一九九五年出版。

鬼谷子辞典，阎崇东编。录鬼谷子原文，并作注译、词语集释、战国纵横家事例注译、鬼谷子书中历史人物传、鬼谷子旧注中所引历史人物传和鬼谷子有关的历代作者传。

湖北人民出版社一九九八年出版。

鬼谷子，二卷，皆川愿考阅，存。汉文著述。分上、下二卷。取唐尹知章注本。加假名断句，眉栏校订文字、文义。前有安永甲午皆川愿刻鬼谷子序。首题:“唐尹知章注,平安皆川愿考阅。”

安永三年西村平八青云馆刊本;

安永三年大阪嵩山堂刊本;

明治年间大阪青木恒三郎重印本。

国译鬼谷子,一卷,儿岛献吉郎译,存。以皆川愿考阅本为底本,日文翻译,假名标点,注文则附下栏,以数位标出。参校群书治要、艺文类聚、太平御览等书,并俞樾平议。补脱删衍,皆以己意为之。前有大正九年鬼谷子解题,末附汉文原文。首题儿岛献吉郎译并注。在国译汉文大成内。

大正十年日本东京国民文库刊行会排印本。

(参照严灵峰周秦汉魏诸子知见书目,中华书局一九九三年版;上海图书馆编,中国丛书综录(第二册)上海古籍出版社一九八六年版)

附录五

历代辨伪

柳宗元辩鬼谷子曰：元冀好读古书，然甚贤鬼谷子，为其指要几千言。鬼谷子要为无取。汉时，刘向、班固录书无鬼谷子。鬼谷子后出，而险盭峭薄，恐其妄言乱世，难信，学者宜其不道。而世之言纵横者，时葆其书。尤者晚乃益出七术，怪谬异甚，不可考校。其言益奇，而道益狭，使人狙狂失守，而易于陷坠。幸矣，人之葆之者少。今元子又文之以指要。呜呼，其为好术也过矣！（柳宗元集，中华书局一九七九年版）

欧阳修崇文总目叙释纵横家类：春秋之际，王政不明，而诸侯交乱，谈说之士出于其间，各挟其术以干时君，其因时适变，当权事而制宜，有足取焉。（欧阳文忠公文集，四部丛刊景印元刊本）

欧阳修跋平泉草木记：余尝读鬼谷子书，见其驰说诸侯之国，必视其为人、材性、贤愚、刚柔、缓急，而因其好恶、喜惧、忧乐而捭阖之，阳开阴塞，变化无穷，顾天下诸侯无不在其术中者。惟不见其所好者，不可得而说也。以此知君子宜慎其好。盖泊然无欲而祸福不能动，利害不能诱。此鬼谷之术所不能为者，圣贤之高致也。其次，简其所欲不溺于所好，斯可矣。（皇朝文鉴，四部丛刊景印古里瞿氏铁琴铜剑楼藏宋刊本）

高似孙子略：战国之事危矣！士有挟隽异豪伟之气求聘乎用，其应对酬酢变诈激昂以自放于文章。见于顿挫险怪离合揣摩者，其辞又极矣！鬼谷子书，其智谋，其数术，其变谲，其辞谈，盖出于战国诸人之表。夫一辟一阖，易之神也；一翕一张，老氏之几也。鬼谷之术，往往有得于阖辟翕张之外，神而明之，益至于自放溃裂而不可御。予尝观诸阴符矣，穷天之用，贼人之私。而阴谋诡秘有金匮、韬略之所不可该者，而鬼谷尽得而泄之，其亦一代之雄乎！按刘向、班固录书无鬼谷子，隋志始有之，列于纵横家。唐志以为苏秦之书，然苏秦所记以为周时有豪士隐者，居鬼谷，自号鬼谷先生，无乡里族姓名字，今考其言，有曰："世无常贵，事无常师。"又曰"人动我静，人言我听。""知性则寡累，知命则不忧。"凡此之类，其为辞亦卓然矣。至若盛神、养志诸篇，所谓"中稽道德之祖，散入神明之颐"者，不亦几乎！郭璞登楼赋有曰："揖首阳之二老，招鬼谷之隐士。"游仙诗曰："青溪千余仞，中有一道士。借问此谁何？云是鬼谷子。"可谓慨想其人矣！徐广曰："颍川阳城有鬼谷。"注其书者，乐壹、皇甫谧、陶弘景、尹知章。（子汇，明周子仪编，明万历四年刊本）

王应麟引史记正义：鬼谷，谷名，在雒州阳城县北五里。七录有苏秦书。乐壹注云："秦欲神秘其道，故假名鬼谷也。"鬼谷子，三卷，乐壹注。乐壹，字正，鲁郡人。有阴符七术，有揣及摩二篇，战国策云："得太公阴符之谋，伏而诵之，简练以为揣摩，期年，揣摩

成。”按鬼谷子乃苏秦书明矣。(广陵书社二○○三年景印)

王应麟汉书艺文志考证:纵横家苏子三十二篇,鬼谷子三卷,乐壹注云:“苏秦欲神秘其道,故假名鬼谷也。”史记正义:战国策云:乃发书陈箧数十,得太公阴符之谋,伏而诵之,简练以为揣摩。鬼谷子有阴符七术,有揣及摩二篇,乃苏秦书明矣。东莱吕氏曰:战国游说之风,苏秦、张仪、公孙衍实倡之。秦,周人也。仪与衍,皆魏人也。故言权变辩智之士,必曰三晋两周云。石林叶氏曰:苏秦学出于揣摩,未尝卓然有志天下,反复无常,不守一道,度其隙苟可入者则为之,此揣摩之术也。故始求说周,周显王不能用,则去而之秦,再求说秦,秦孝公不能用,则去而之燕。幸燕文侯适合而从说行。其所以说周者,吾不能知。若秦孝公从而听之,则必先为横说以噬六国,何有于周?此苏秦所以取死也。刘氏泾曰:老之翕张,易之阖辟,其与鬼谷,往来如环。鬼,幽而显者也;谷,扣而应者也。藏幽露显,一显一露,一扣一应,信如其名哉!(江苏广陵古籍刻印社一九八五年刻本)

宋濂诸子辩:鬼谷子三卷,鬼谷子撰。一名玄微子。鬼谷子,无姓名里居,战国时隐颍川阳城之鬼谷,故以为号。或云王诩者,妄也。长于养性治身,苏秦、张仪师之,受捭阖之术十三章,又受转圆、胠箧及本经、持枢、中经三篇。转圆、胠箧今已亡。梁陶弘景注。刘向、班固录书无鬼谷子,隋志始有之,列于纵横家。唐志以为苏秦之书。大抵其书皆捭阖、钩箝、揣摩之术。其曰“与人言之道,或拨动之令有言,以示其同;或闭藏之使自言,以示其异,捭阖也;既内感之而得其情,即外持之使不得移,钩箝也;量天下之权,度诸侯之情,而以其所欲动之,揣摩也”,是皆小夫蛇鼠之智,家用之则家亡，国用之则国偾，天下用之则失天下，学士大夫宜唾去不道。高氏独谓其得于易之阖辟翕张之外，不亦过许矣哉！其中虽有"知性寡累，知命不忧"及"中稽道德之祖，散入神明之颐"等言，亦恒语尔，初非有甚高论也。呜呼，曷不观之仪、秦乎？仪、秦用其术而最售者，其后竟何如也？高爱之慕之，则吾有以识高矣。（国学基本丛书，古书辨伪四种诸子辩，商务印书馆民国二十四年版）

胡应麟四部正讹：鬼谷，纵横之书也。余读之，浅而陋矣！即仪、秦之师，其术宜不至猥下如是。柳宗元谓刘氏七略所无，盖后世伪为之者，学者宜其不道，而高似孙辈辄取而尊信之，近世之耽好之者，又往往而是也。甚矣！邪说之易于入人也。宋景濂氏曰：鬼谷所言"捭阖""钩箝""揣摩"等术，皆小夫蛇鼠之智，家用之则家亡，国用之则国偾，天下用之则失天下。其中虽有"知性""寡累"等语，亦庸言耳。学士大夫所宜唾去，而宋人爱且慕之，何也？其论甚卓，足破千古之讹。杨用修云：汉书艺文志"鬼容区三篇"，注即鬼臾区也。郊祀志"黄帝得宝鼎冕候，问于鬼臾区"云云，注："即鬼容区，'容''臾'声相近。"今案鬼谷即鬼容者，又字相似而误也。高似孙子略便谓艺文志无鬼谷子，何其轻于立论乎？案鬼臾区，黄帝之臣。汉艺文志兵阴阳家有鬼容区三篇，与风后、力牧连类。说者谓即鬼臾区，以"臾"、"容"声相近，是矣。而杨以为鬼谷，则"区"字安顿何所乎？此其可笑，正与"方城"作"万城"切对，漫笔之以当解颐。（案意林注鬼谷者，谓无其人，犹无是公云尔。斯说得之。）鬼谷子，汉志绝无其书，文体亦不类战国。晋皇甫谧序传之。案汉志纵横家有苏秦三十一篇，张仪十篇，隋经籍志已亡；盖东汉人本二书之言，会萃附益为此，或即谧手所成，而托名鬼谷，若"子虚""亡是"云耳。隋志占气家又有鬼谷一卷，今不传。（又关尹传亦称鬼谷，

见隋志。)(顾颉刚校点古籍考辨丛刊四部正讹,中华书局一九五五年版)

姚际恒古今伪书考:鬼谷子,汉志无。隋志始有,列于纵横家。唐志以为苏秦之书。按史记苏秦传云:"东事师于齐,而习之于鬼谷先生。"索隐曰:"乐壹注鬼谷子书云,秦欲神秘其道,故假名鬼谷。"然则其人本无考,况其书乎!是六朝所托无疑。晁子止、高似孙皆信之,过矣。柳子厚曰:"鬼谷后出,而险盭峭薄,恐其妄言乱世,难信,学者宜其不道。"宋景濂曰:"鬼谷所言捭阖、钩箝、揣摩之术,皆是小夫蛇鼠之智,家用之则家亡,国用之则国偾,天下用之则天下失,学士大夫宜唾去不道。其中虽有知性寡累、知命不忧等言,亦恒语尔。"恒按:杨升庵谓汉志有鬼谷区三篇,即鬼谷子,然无考,即有之,亦非今所传也。(国学基本丛书,古书辨伪四种古今伪书考,商务印书馆民国二十四年版)

四库全书总目提要:案鬼谷子,汉志不著录。隋志纵横家有鬼谷子三卷,注曰周世隐于鬼谷。玉海引中兴书目曰:"周时高士,无乡里族姓名字,以其所隐,自号鬼谷先生。苏秦、张仪事之,授以捭阖至符言等十有二篇,及转丸、本经、持枢、中经等篇。"因隋志之说也。唐志卷数相同,而注曰"苏秦"。张守节史记正义曰:"鬼谷在雒州阳城县北五里。"七录有苏秦书,乐壹注云:"秦欲神秘其道,故假名鬼谷。"此又唐志之所本也。胡应麟笔丛则谓隋志有苏秦三十一篇,张仪十篇,必东汉人本二书之言,荟萃为此,而托于鬼谷,若子虚、亡是之属。其言颇为近理,然亦终无确证。隋志称皇甫谧注,则为魏晋以来书,固无疑耳。说苑引鬼谷子有"人之不善而能矫之者,难矣"一语,今本不载。又惠洪冷斋夜话引鬼谷子曰:"崖蜜,樱桃也。"今本亦不载,疑非其旧。然今本已佚其转丸、胠箧二篇,惟存捭阖至符言十二篇。刘向所引或在佚篇之内。至惠洪所引，据王直方诗话，乃金楼子之文，惠洪误以为鬼谷子耳。均不足以致疑也。高似孙子略称其“一阖一辟，为易之神；一翕一张，为老氏之术，出于战国诸人之表”诚为过当。宋濂潜溪集诋为“蛇鼠之智”，又谓“其文浅近，不类战国时人”，又抑之太甚。柳宗元辨鬼谷子以为“言益奇而道益隘”，差得其真。盖其术虽不足道，其文之奇变诡伟，要非后世所能为也。（钦定四库全书总目整理本，中华书局一九九七年版）

姚振宗隋书经籍志考证子部纵横家：按晁氏引陆鲁望诗，谓鬼谷先生名诩；通考又引作训；道藏目录云鬼谷子姓王名诩，晋平公时人，并谓受道于老君。宋人伪子华子，又谓鬼谷子姓刘名务滋，楚人。宋潜溪诸子辨云鬼谷子一名玄微子，皆不知其何所据。其书实苏子之遗。乐壹之言，唐志之载，征实可信，特未必汉志三十一篇之旧耳。王氏汉志考既已证明为苏秦书，玉海诸子篇亦具言之，其识卓矣！而于汉志考证中又别出不著录之鬼谷子一条，以自污其书，是亦不可以已乎！（上海古籍出版社一九九五年版）

姚振宗汉书艺文志拾补诸子略纵横家：按刘向说苑善说篇引鬼谷子，则汉时有其书审矣！注其书者有皇甫谧、乐壹、陶弘景、尹知章四家。今惟陶注三卷在道藏，江都秦恩复刻之。上卷四篇曰捭阖篇第一、反应篇第二、内揵篇第三、抵巇篇第四；中卷八篇曰飞箝篇第五、忤合篇第六、揣篇第七、摩篇第八、权篇第九、谋篇第十、决篇第十一、符言篇第十二，其转丸十三、胠箧十四两篇亡；下卷为本经阴符七篇、持枢、中经，凡二十一篇。（上海古籍出版社一九九五年版）

孙渊如诗文集：纵横家有苏子，而今所传鬼谷子，不见于艺文

志，是一是二，能详考欤！（四部丛刊景印上海涵芬楼藏原刊本）

凌扬藻蠡勺编鬼谷子：陈振孙书录解题："纵横家有鬼谷子三卷，谓战国时苏秦、张仪所师事者，号鬼谷先生。其地颍川阳城，名氏不传于世。此书汉志无，隋唐志始见之，唐志则直以为苏秦撰，不可考也。"按：丹铅总录言："汉艺文志有鬼容区三篇。"注云："即臾区也。"郊祀志："黄帝得宝鼎冕候，问鬼臾区。"注云："即鬼容区。"杨升庵谓容、臾声相近，今鬼谷即鬼容者。又字相似而误也。然则鬼容区即其名氏，而不得谓汉志无有矣。但其为战国时人，而鬼谷又以地而得名，则乃未可强同耳。又隋志有皇甫谧、乐壹二家注，今本称陶弘景注。（清同治二年南海伍氏粤雅堂刻本）

张尔田史微：乐壹注鬼谷子谓苏秦欲神秘其术，故假名鬼谷，然史记明言苏秦、张仪俱学于鬼谷先生，则鬼谷子一书非秦所依托也。鬼谷先生，六国时有道士也。著书十三章，其术曰捭阖，曰反应，曰内揵，曰抵巇，曰飞箝，曰忤合，曰揣摩，曰权谋，曰决，而以符言、阴符二篇推本于君人南面之道。捭阖之术曰："捭之者，开也，言也，阳也；阖之者，闭也，默也，阴也。捭之者，料其情也；阖之者，结其诚也。捭者或捭而出之，或捭而纳之；阖者或阖而取之，或阖而去之。此天地阴阳之道而说人之法也。"反应之术曰："因其言，听其辞，言有不合者，反而求之，其应必出。已反往，彼覆来，言有象比，因而定基。重之袭之，反之覆之，万事不失其辞。此听真伪，知同异，得其情诈也。"内揵之术曰："内者，进说辞；揵者，揵所谋也。可出可入，可揵可开。故圣人立事，以此先知而揵万物。"抵巇之术曰："巇者，罅也。巇始有眹，可抵而塞，可抵而却，可抵而息，可抵而匿，可抵而得，此谓抵巇之理也。"飞箝之术曰："钩箝之语，其说辞也，或量能立势以钩之，或伺候见𡽵而箝之。必度权量能，见天时之盛衰，制地形之广狭，岨崄之难易，人民货财之多少，诸侯之交孰亲孰憎。知其所好恶，乃就说其所重，以飞箝之辞，钩其所好，以箝求之，此飞箝之缀也。"忤合之术曰："计谋不两忠，必有反忤，反于是，忤于彼，忤于此，反于彼，其术也。用之天下，必量天下而与之；用之国，必量国而与之；用之家，必量家而与之；用之身，必量身材能气势而与之。大小进退，其用一也。"揣之术曰："揣情者，必以其甚喜之时往而极其欲也，其有欲也，不能隐其情；必以其甚惧之时往而极其恶也，其有恶也，不能隐其情。情变于内者，形见于外，故常必以其见者而知其隐者，此所谓测深揣情也。"摩之术曰："摩之符也。内符者，揣之主也。用之有道，其道必隐微，摩之以其所欲，测而探之，内符必应。其应也，必有为之，故微而去之。此言内符之应外摩也。"权之术曰："策选进谋者权也。与智者言依于博，与拙者言依于辨，与辨者言依于要，与贵者言依于势，与富者言依于高，与贫者言依于利，与贱者言依于谦，与勇者言依于敢，与过者言依于锐，此其术也。"谋之术曰："因其疑以变之，因其见以然之，因其说以要之，因其势以成之，因其恶以权之，因其患以斥之，摩而恐之，高而动之，微而正之，符而应之，拥而塞之，乱而惑之，是谓计谋。"决之术曰："为人凡决物必托于疑者，度以往事，验之来事，参之平素，可则决之，公主大人之事也。危而美名者可则决之，不用费力而易成者可则决之，用力犯勤苦然而不得已而为之者可则决之，去患者可则决之，从福者可则决之。"其为说也精微繁密如此。呜呼，从横家学备于此矣。彦和有言："鬼谷眇眇，每环奥义。"此所以能于诸子中独成一家也哉。问者曰："子谓从横之学出于鬼谷，是矣，然余观战国一代，若苏代、苏厉、陈轸、甘茂、范睢、蔡泽、樗里子、公孙衍等，其行事大抵以从横著名，史称三晋多权变之士，岂亦闻鬼谷子之遗教欤?"答之曰:"战国者,从横之世也,岂特陈轸、甘茂诸人为从横专家哉?"即儒、墨、名、法,其出而问世,无不兼从横之学也。章实斋言:"九流之学承官曲于六典,及其出而用世,必兼从横,所以文其质也。古之文质合于一,至战国而各具之,质当其用也,必兼从横之辞以文之,周衰文弊之效也。"故孟子历聘齐、梁,荀卿三为祭酒,墨子胼胝以救宋,韩非说难以存韩,公孙龙说平原以止邯郸之封,尉缭子说秦王以乱诸侯之谋,商君争变法,李斯谏逐客,其与结驷连骑抵掌华屋者何以异耶?亦可见从横一术,战国诸子人人习之,无足怪者。后世迂儒既不知从横出于行人之官,又以苏秦、张仪为深耻,而后古人专对之材始为世所诟病矣。(上海书店出版社二〇〇六年版)

孙德谦诸子通考序:苏、张学于鬼谷子,历说诸侯,取富贵于立谈,儒者每鄙之,为不足道;然禁攻息兵,天下稍免干戈之患,其功烈亦何可轻议。

诸子通考卷一:纵横家者,古之掌交也。鬼谷子一书所以明交邻之道。而使于四方者,果能扼山川之险要,察士卒之强弱,识人民之多寡,辨君相之贤愚,沈机观变,以销祸患于无形,则张仪、苏秦其各安中国至于十余年之久者,不难继其功烈矣。

诸子通考卷二:至于纵横一家,后世皆鄙夷之,不知七国时,兵连祸结,使非有仪、秦辈,从而持急扶倾,天下必胥被其害。今刘昼九流篇云:"译二国之情,弭战争之患。"此为孟坚所未言。而读鬼谷子书者,苟知纵横之术,以弭兵为事,则不敢斥为妾妇之道矣。盖今之天下,一纵横之天下也。尝谓为使臣者,果能于口舌之间,隐消祸乱,俾国家受无形之福,则其功为至大,故特表而出之,以告世之有交邻之责者。(清宣统二年江苏存古学堂铅印本)

俞棪鬼谷子真伪考：鬼谷子，三卷，始见于隋志，而班志不录。新旧唐书均以为苏秦撰，乐壹注及王应麟玉海、汉书艺文志考证亦以为苏秦书。考刘向说苑善说篇已引鬼谷子，其权谋篇所称述，亦均熔会鬼谷子之言。兹引证之，比较如下：

鬼谷子文	说苑权谋篇文
“圣人……必先谋虑计定。”忤合篇；“先王乃用蓍龟以自决也。”决篇	“圣王之举事，必先谛之于谋虑，而后考之蓍龟。”
“圣人以道先知存亡。……”转圆篇；“……必知其吉凶成败之所终。”转圆篇	“知命者，预见存亡祸福之原。”“见事而知得失成败之分，而究其所终极。”
“事之危也，圣人知之，独保其身。”抵巇篇	“居乱世则不害于其身，在太平之世则必得天下之权。”
“天下分错……则抵而得之。”抵巇篇；“故小人比人则左道而用之，至能败家夺国。非贤智不能守家以义，不能守国以道。”中经	“君子之权谋正，小人之权谋邪。……诚者隆至后，诈者当身而灭。”

刘向领校中秘时，有诏求天下遗书（成帝三年八月）。固曾亲读鬼谷全书者，其著录已在汉书艺文志之前。（其后向子歆继之，始传七略，班固因为艺文志）可见鬼谷子故存于西汉以前。此其明证一。

又按淮南子氾论训曰：“忤而后合，谓之知权。”又曰：“圣人之言，先忤而后合。”淮南子历引此言，凡四五见。“忤合”为鬼谷书篇目，反忤求合，固纵横家之心传也。又淮南子一书，乃综合先秦诸子百家言，多依诸子旧文，其时必曾见鬼谷书无疑。考淮南王安于汉武元狩元年反诛，是在汉武之前，鬼谷之书具传于世矣。此其二证。

次，史记太史公自序云：“故曰：圣人不朽，时变自守。虚者道之常,因者君之纲也。”索隐曰:“此出鬼谷子,迁引之以成其章,故称故曰。”如索隐所证引,可为鬼谷书存于西汉前之第三证。

次,扬子法言曰:“苏秦、张仪学乎鬼谷术。”又曰:“或问蒯通抵韩信,不能下,又狂之。曰:‘方遭信闭,如其抵。’曰:‘巇可抵乎?’曰:‘贤者司札,小人司巇,况拊键乎。’”雄与歆同时,其言“贤者司札,小人司巇”,固儒者排斥异端之言,不足为训。然其时雄固熟诵鬼谷子抵巇篇无疑,不然,则抵巇之原理不如是之精熟也。此可为歆前鬼谷子具在之第四证。

次,汉书杜业传传赞:“业因势而抵陒。”服虔曰:“抵音纸,陒音羲。苏秦书有此法。”颜师古注:“抵,击也。陒,毁也……亦险也。……鬼谷有抵巇篇。”杜业,汉成帝时人,与刘向同时。班赞用鬼谷书语,而谓其时可无其书,毋乃不合理论。此可为第五证。

然班固述刘氏父子之学,因歆所传七略而为艺文志,何以独漏鬼谷子不载?此必有故。尝考刘向校录遗书,据汉书艺文志叙:“光禄大夫刘向校经传诸子诗赋……每一书已,向辄条其篇目,撮其指意,录而奏之。”鬼谷子书在向时,或虽在中秘,而未经向奏录,故其子歆奏上七略时(哀帝建平元年),于父所作,悉入著录,而独遗鬼谷者此也。至班固作艺文志,全录七略。据班氏艺文志自注:“固于七略所录,有出无入,有省无补,而独无删。”故艺文志之不录其书,非无故也。又考向子歆好左氏春秋、毛诗、周礼、古文尚书,并传孔氏古文之学。歆,妄人也,尝改名秀,以应谶文,以继统受命自居。于古书多窜改,务合己意。其人专欲自是,已非复乃父为学之忠实。鬼谷子书之不见录,或在其时已误指为苏子之作,删并于苏子书,否则为歆所斥为异端而排抑之。二者苟有一于是,则鬼谷书之湮而不彰,理自可见矣。然则鬼谷书固向所目睹而未经奏录之书也。讵能以歆固所未收,遂指以伪作,不亦谬乎。吾尝谓鬼谷子一书，不特传于汉世，亦具存于晋、齐、梁之世，而后传于隋，始见著录。请举其说。

郭璞登楼赋曰："揖首阳之二老，招鬼谷之隐士。"又游仙诗曰："青溪千余仞，中有一道士。借问此何谁？云是鬼谷子。"璞，晋初时人也。又考宋道藏本持枢篇陶注尝一称"元亮曰"，元亮，晋陶渊明也。弘景称其先世，故略其姓而称其字，由此可证此书具传于晋世，未尝中断也。

梁代庾仲容子略，今在意林（见马总意林篇目序）。据意林录马钧（字衡，齐明帝时人），物理论□铭全文，均出鬼谷子捭阖篇。盖因鬼谷子之言，以熔制成铭者。兹举其例证，比较于次。

鬼谷子文	观阴阳之开阖，知存亡之门户。……口者心之门户也，心者神之主也。……	故言长生安乐富贵尊荣……为阳，曰始。故言死亡忧患贫贱苦辱……为阴，曰终。
物理论□铭文	存亡之机，开阖之术。开阖之术，口与心谋，安危之源。	枢机之发，荣辱随焉。

物理论又言："指南车见鬼谷子。"今宋本谋篇有"郑人之取玉也，载司南之车"语，可证南齐时，此书亦流传民间。

梁代刘勰文心雕龙言："转丸骋其巧辞，飞箝伏其精术。"转丸、飞箝皆鬼谷子篇名。此岂不见原文可以云尔乎？又庾钞、子略有鬼谷子，今意林悉依其篇目，亦录有鬼谷子。又陶弘景注鬼谷子，陶亦梁武时人。然则梁世此书具传，固信而有征矣。

由此观之，此书历代流传，未尝中绝，不得谓为晚出，亦不得谓为伪托。何以言之？此书之组织，条理系统，原理方法，皆秩然有序，先秦诸子罕有其比。其词义古茂，韵依古声，断非后世所能依托者。汪中经义新知录断为非后人伪撰，所见至卓。清儒仪征阮元谓:"鬼谷子中多韵语,其抵巇篇,巇者,罅也。读巇如呼,合古声训字之义,非后人所能依托。其篇名有飞箝,按周礼春官典同'微声韽',后郑读为'飞钻涅韽'之'韽'。箝、钻同字。贾疏即引鬼谷子证之。"阮言是也。后世第以班志不录而疑之,苟博考,必有以明其不然也。

余尝疑此书,大体为苏秦纂述师说之作。在西汉之末世,已误乱为苏子书。计鬼谷子,凡二十三篇,合苏子说秦连横,说燕、赵、魏、楚、韩、齐合纵共七篇,又说齐、秦各一篇,凡九篇,合为三十二篇,适与汉志苏子篇数相符。疑班志不录鬼谷,必在刘歆手时已误合为苏子书矣。刘向博览天下遗书,明明录引鬼谷子之言,何缘而中绝?谓非歆误合之而何?总之,鬼谷子为苏秦纂述师说之书,间有窜入己作之处,如揣、摩两篇及阴符说解等是。至其游说之辞,则苏子之成文蒿草也。一述一作,人同事异,故易混淆。……

其书为代表战国时政略学家之思想之书,据吾考订为苏秦述其师学之作。其中有为鬼谷传诵于弟子之言,书中凡古韵之文均是也。有为苏秦自撰之篇,如揣、摩及阴符说解是也。有为苏子纂集吕尚周书之言,如符言之录自齐太公阴符是也。其他如抵巇篇中亦有战国晚年纵横家窜入之词,如"五帝之政,抵而塞之;三王之事,抵而得之"等句,系解释上文之注脚,疑系传写之误,否则为战国末世时注文误窜为正文无疑。其他后人注释之文,误为正文者,亦非绝无。(鬼谷子新注,民国二十二年上海商务印书馆排印本)

顾实重考古今伪书考:汉书杜周传注服虔曰:"抵音纸,陒音羲,谓罪败而复采弹之,苏秦书有此法。"颜师古曰:"陒与戏同音,戏亦险也。鬼谷子有抵戏篇也。"据此,则鬼谷子十四篇,本当在汉志之苏子三十一篇中,盖苏子为总名,而鬼谷子其别目也。秦策记苏秦得太公阴符之谋，伏而诵之，简练以为揣摩，期年，揣摩成。鬼谷子正有揣篇、摩篇、阴符篇，明是苏秦自道其所得，而为重要之部分。故后世苏子书亡，而鬼谷子犹以别行而存也。汉人书籍，如史记太史公自序、苏秦张仪传、说苑善说篇、法言渊骞篇、论衡答佞、明雩两篇及风俗通义，皆有引用鬼谷子语及事迹。乐壹谓苏秦假名鬼谷，尚无大谬，至柳宗元辈失考，而几莫知鬼谷子为何书矣。杨升庵谓汉志有鬼容区，则在术数略，与鬼谷子无涉。又后汉王符传李注引苏子一条及太平御览引苏子二条，当俱从他书转引而来，非必唐宋时苏子书犹存。别详汉书艺文志讲疏。（大东书局民国十五年印行）

顾实汉书艺文志讲疏：史记本传曰："秦得周书阴符，伏而读之，期年以出揣摩。"裴骃曰："鬼谷子有揣摩篇。"王劭曰："揣情、摩意，是鬼谷之二章名。"服虔曰："抵音纸，巇音羲。谓罪败而复抨弹之，苏秦书有此法。"颜师古曰："巇与戏同音，戏亦险也。鬼谷子有抵戏篇也。"是诸家皆以鬼谷子为即苏秦书，而服虔为汉经师大儒，其言尤可信也。惟鬼谷子曰："周时有豪士居鬼谷，号为鬼谷先生，苏秦、张仪往见之，择日而学。"故史记苏秦张仪传皆本此说，则宜鬼谷子自鬼谷子，苏秦书自苏秦书，不相同也。然说苑引鬼谷子曰："人之不善，而能矫之者难矣。"或本苏秦述其师说，故刘向别录原题鬼谷子。班志本七略，从其核实，题名苏子，未可知也。隋志鬼谷子三卷，乐注。新唐志二卷，苏秦撰；又三卷，乐台注。乐台曰："苏秦欲神秘其道，故假名鬼谷。"其言或别有本。今书自捭阖至符言十二篇，尚有佚篇，司马迁称"圣人不朽，时变自守。虚者时之常也，因者君之纲也"。索隐谓"其词出鬼谷"。今本无之，盖在佚篇中矣。（上海古籍出版社一九八七年版）

陈清泉诸子百家考：鬼谷子者亦乌有、子虚等假设的称呼，非实有其人。然其人纵令假设的，而其书古奥，决非后世所假托。予尝窃疑鬼谷子之背景为苏秦，又察苏秦之行事与心术，认为有与鬼谷子内容一致契合之处。

史记苏秦传云："师事东齐，习于鬼谷先生。"又张仪传云："尝与苏秦共事鬼谷先生而学术。"似鬼谷子非假设的称呼，实有其人者。而鬼谷先生为何人，为何国之人，史记概不说明，只隋书经籍志注谓鬼谷子，周之世隐于鬼谷。通志艺文略注云："鬼谷先生，楚人也，生于周世，隐于鬼谷。"试就鬼谷考之。按史记诸注，徐广音义谓颍川阳城有鬼谷，盖是其人之居处，因以为号。司马贞索隐曰："鬼谷，地名也，扶风池阳与颍川阳城皆有鬼谷墟。盖是其人之居所，因以为号。"张守节正义曰："鬼谷在洛州阳城县北五里。"然究因居鬼谷，故号其人曰鬼谷子乎？抑因鬼谷子居之之故，称其地曰鬼谷乎？尚未明了。日本伊势人高葛坡说明鬼谷之字义曰："鬼者，归也；谷者，穷也；居穷而不屈，义也。鬼谷本非地名，似为其人之书名。"要之鬼谷子既为苏秦、张仪所师事，则亦一世之人杰。太史公宜为其人立传，记载其族姓名字，兼论及其著书。然史记无一言为鬼谷子叙述，可谓奇异。故予以鬼谷子为苏秦之偶像，而主张苏秦即鬼谷子之正体。

鬼谷子三卷，有疑为后人假托者。汉书艺文志之纵横家著录苏秦、张仪以下凡十二家百七篇，而不及鬼谷子。然晋、宋、齐、梁之际有鬼谷子之书。晋有皇甫谧、乐壹之注，梁有陶弘景注。刘勰文心雕龙论鬼谷子曰："唇吻策勋。"又曰："鬼谷眇眇，每环奥义，情辨而泽。"然既有其书，其书又为何时何人所作，是不可以不推究。晋郭璞登楼赋曰："揖首阳之二老，招鬼谷之隐士。"又游仙诗曰："青溪千余仞，中有一道士。借问是阿谁？云是鬼谷子。"郭璞似视鬼谷子与伯夷、叔齐同，为历史上之人物。然诗人言语，往往趋于感情，不顾事实。郭璞亦不遑察鬼谷子为假设的，殆因修辞计，引鬼谷之隐士，以对首阳之二老耳。至鬼谷隐士之正体是否苏秦，则不顾也。予所以以鬼谷子之正体归于苏秦者，因鬼谷先生之传记，概不见于史记。鬼谷子三卷之内容，又与苏秦之行事心术有一致之处也。试翻苏秦传，苏秦出游数岁，大困归家，兄弟妻嫂，皆窃笑之。苏秦乃闭室不出，伏读周书阴符，期年揣摩成，所以他日历说六国而成合纵，终能佩六国相印也。试翻鬼谷子三卷，通篇文字，皆说翕张阖辟之术，智谋术数，殆如睹苏秦其人。揣、摩、阴符七篇，亦载在卷末，皆与苏秦传符合。则苏秦与鬼谷子决非别人。鬼谷子三卷，可断言为苏秦所撰著。故晋乐壹鬼谷子注曰"苏秦欲神秘其道，故假名鬼谷"，欧阳修赞同之。唐书艺文志谓鬼谷子二卷，为苏秦之书，皆先得我心者也。

鬼谷子既为苏秦之书，何故不见于汉志，而著录于隋志及唐志，不得无疑。汉志纵横家有苏子三十一篇，而无鬼谷子。仅隋志及唐志之纵横家有鬼谷子三卷，而无苏子。鬼谷子三卷，或即苏子三十一篇之残缺者乎？明杨慎谓汉志有鬼区三篇，即鬼谷子，亦臆断之说耳。

鬼谷子之内容，柳宗元评曰："险盭峭薄，妄言乱世。"宋濂诽其书曰："皆捭阖、钩箝、揣摩之术，用于家则家亡，用于国则国偾，用于天下则天下失，学士大夫宜唾去而不道。"皆极言此书之余弊者也。现今社会之情势，纵横家遍于天下，捭阖、飞箝化为常态，予非如柳、宋二家惧鬼谷之余弊者，然高似孙称鬼谷子为一代之雄，以其书赅括易之阖辟，老子之翕张，及金匮、韬、略之阴谋诡秘，予则不能首肯也。（商务印书馆民国二十二年三月印行）

朱星元战国纵横家研究:(一)纵横巨子,实推苏秦、张仪,鬼谷子是他们的先生;且他又著了一部鬼谷子书,专讲游说纵横之术,所以鬼谷子实为纵横家的宗祖。但是说到他的身世,却没有正确的传状,所以很难考定:鬼谷子究竟为何代人氏?究为何人?就是他的真姓名——这许多问题,固不易解决;甚至现在有人疑鬼谷子或无其人,这又更成问题了。我且把古籍所载,和鬼谷子身世有关系的,略抄一二,以作参考:

1. 史记苏秦列传:苏秦东师事于齐,而习之于鬼谷先生。

2. 又张仪列传:"始尝与苏秦俱事鬼谷先生学术。"

3. 徐广音义:"颍川阳城,有鬼谷,盖是其人所居,因以为号。"

4. 司马贞索隐:"鬼谷,地名也;扶风池阳、颍川阳城,并有鬼谷墟,盖是其人所居,因为号。"

5. 杨子法言:"苏秦学乎鬼谷术。"

6. 王充论衡答佞篇:"苏秦、张仪纵横,习之鬼谷先生,掘地为坑曰:'下说令我泣出,则耐分人君之地。'苏秦下说,鬼谷先生泣下沾襟。"

7. 又明雩篇:"苏秦、张仪悲说坑中,鬼谷先生泣下沾襟。"

8. 应劭风俗通义:"鬼谷先生,六国时纵横家。"

9. 王嘉拾遗记:"苏秦、张仪二人,递剪发以相活,或佣力写书,行遇圣人之文,无以题记,则以墨书于掌中及股里,夜还析竹写之。二人假食于路,剥树皮为囊,以盛天下良书,每息大树之下,假息而寐。有一先生问曰:'子何勤苦若是?'而仪、秦共与言论曰:'子是何人?'答曰:'吾死生于山谷,世论谓余归谷子也。'秦、仪后游学,复逢归谷子,乃请其学术,则教以于世俗之辩。乃探胸中韦帙三卷,书言辅时之事,故仪、秦学之以终身也。古史考云:'仪、秦受术鬼谷先生,归之声与鬼相乱故也。'"

10. 梁元帝金楼子："秦始皇闻鬼谷先生言，因遣徐福入海，求金菜玉蔬。"

11. 文选注："鬼谷子序：'周时有豪士隐于鬼谷者，自号鬼谷子，言其自远也。然鬼谷之名，隐者通号也。'"

12. 隋书经籍志注："鬼谷子，周之世，隐于鬼谷。"

13. 太平御览礼仪部鬼谷子："周有豪士，居鬼谷，号为鬼谷先生。苏秦、张仪往见之，先生曰：'吾将为二子陈言至道，子其斋戒，择日而学！'后仪、秦斋戒而往。"

14. 晁公武读书志："尹知章叙：'仪、秦复往见，先生乃正席而坐，严颜而言，告二子以全身之道。'"

15. 郑樵通志艺文略注："鬼谷先生，楚人也，生于周世，隐于鬼谷。"

观上所举，我们可以知道鬼谷子其人者，一定是有的；他是苏秦、张仪的先生，他是隐士或豪士，他是纵横家，隐于鬼谷，或归谷。这许多多是以上几条参考给予我们的答案。但是内中文选注鬼谷子序一节，他说："鬼谷之名，隐者通号也。"从这句看来，鬼谷子这人，有些游移模糊了。所以金楼子上说："秦始皇闻鬼谷先生言，因遣徐福入海，求金菜玉蔬。"这时，鬼谷子不见得还活在人间吧！因为时间已远了；那是这鬼谷先生想真是隐者的通号了。我们再看郭璞的登楼赋中有二句道："揖首阳之二老，招鬼谷之隐士。"又游仙诗中也会提及鬼谷二字，如："青溪千余仞，中有一道士。借问此谁何？云是鬼谷子。"这两个鬼谷子，一定不是指这纵横家的鬼谷子，苏秦、张仪的先生，一定是一个普通的隐士。因为鬼与归之声相乱，故鬼谷先生，即归谷而隐的先生。如此，则鬼谷子或鬼谷先生，确是一个普通隐士之称。虽然，鬼谷子、鬼谷先生虽是隐者的通号，然而史记所称授术与苏、张的纵横家的鬼谷子，仍有其人在，不过不露姓氏,人就也视之为隐者罢了。

(二)第二步研究鬼谷子的著作。鬼谷子虽有其人在,然而现在还传行的一部鬼谷子三卷,是否是这鬼谷子——苏秦、张仪的先生——所作?这实在是一个大问题。按汉书艺文志纵横家有苏子三十一篇,张子十篇,而独无鬼谷子。柳子厚云:“汉时刘向、班固录书,无鬼谷子,鬼谷子后出。”可见鬼谷子一书有些模糊。鬼谷子既是苏、张的先生,何以班固只知苏子、张子,而不知鬼谷子的著作呢?直到隋志,方有鬼谷子书三卷发现,这实是一个疑点。

按新旧唐书,多主鬼谷子三卷,为苏秦撰。但既是苏秦撰,又何为要托名鬼谷呢?史记苏秦列传索隐:乐壹注鬼谷子书云:“苏秦欲神秘其道,故假名鬼谷。”这也不可信;苏秦既托名鬼谷,何以班固独录苏子三十一篇,而不录鬼谷子呢?况且苏秦既自著书——苏子三十一篇,可知彼并不要神秘其道,则又何必更托名鬼谷呢?

有的又以为史记苏秦传上有“简练以为揣摩”之语,鬼谷子书上,恰巧有揣、摩二篇,于是就附会鬼谷子书是苏秦作了。但按史记虞卿传称虞氏春秋亦有揣摩篇,可见揣摩二字,是当时游者的通语而已,不足为据。

有的又以为是后人所伪造。但按阮元的考证,证明鬼谷子中多韵语,且多古声训字之义,必非后人所能依托的。他说:“鬼谷子中多韵语。又其抵巇篇曰:‘巇者,罅也。’读巇如呼,合古声训字之义,非后人所能依托。”且古籍中引鬼谷子语者颇多,如谓后人所伪,则古籍中何以早有鬼谷子语呢?如:说苑善说篇:“人之不善,而能矫之者难矣!说之不行,言之不从者,其辨之不明也。既明而不行者,持之不固也;既固而不行者,未中其心之所善也。辨之明之,持之固之,又中其人之所善,其言神而珍,白而分,能入于人之心。如此而说不行者,天下未尝闻也。”史记太史公自序:“故曰:‘圣人不朽,时变自守。’虚者,道之常也;因者,君之纲也。”索隐曰:“此出鬼谷子。迁引之,以成其章,故称‘故曰’也。”然则非后人所能伪造,是很明了的了。我们再按胡应麟和姚明辉两人的说数,或者可以得到一些归宿。

胡应麟说:“汉志有苏秦三十一篇,张仪十篇,必东汉人本二书之言,荟萃为此,而托于鬼谷。”

姚明辉说:“鬼谷子书,汉志不录,盖后人取秦书为之。”

依据了这两人之言,才可以勉强讲通。班固汉志所以没有鬼谷子书,实在因为没有这部书。到东汉,本苏子书,改成了鬼谷子书。所以晋有皇甫谧、乐壹注,梁有陶弘景注、刘勰之评,(文心雕龙:“鬼谷眇眇,每环奥义,情辨而泽。”)于是隋志才有鬼谷子,而苏子书也同时亡了。那是史记、说苑所引,或是直接出于苏子书的,而所引语,有不见于今书的,可知已被东汉人删去了。史记索隐是唐司马贞做的,那时鬼谷子书已有了,所以他这样说。总之,这书是鬼谷作,或苏子作,要不外是纵横家的宗范。我想都不会否认的吧!

(三)鬼谷子一书,久不显于世,中又经许多的编删,传到现在,不无散乱失真,所以有的说三卷,有的二卷,有的一卷。如:

隋书经籍志:纵横家鬼谷子三卷。鬼谷子三卷(乐壹注)。

旧唐书经籍志:鬼谷子二卷(苏秦撰),又三卷(乐台注),又三卷(尹知章注)。

新唐书艺文志:鬼谷子二卷(苏秦撰),又三卷(乐注),又三卷(尹注)。

中兴书目:鬼谷子三卷。

宋史艺文志:鬼谷子三卷。

郑樵通志艺文略:鬼谷子三卷,又三卷(乐注),又三卷(尹注),

又三卷（梁陶弘景注）。

马端临通考经籍志：鬼谷子三卷。

四库全书目录子部：鬼谷子一卷（旧本题鬼谷子撰）。

至于篇章之数，也有异同。按晁公武读书志："鬼谷子三卷，鬼谷先生撰。苏秦、张仪师之，受纵横之事。叙（尹知章叙）谓：此书即授仪、秦者，捭阖之术十三章。"

可知旧本有十三章。又四库全书目录：鬼谷子一卷，下注："原本十四篇，今佚其二。旧有乐壹等四家注，今并不传。"

观此，又有十四篇。所谓佚其二，或转丸、胠箧。若对江都秦氏重刊陶弘景注本，则除上卷捭阖、反应（太平御览作反覆）、内揵、抵巇，中卷飞箝、忤合、揣篇、摩篇、权篇、谋篇、决篇、符言十二篇外，尚余下卷本经阴符七术、持枢、中经三篇。若合上卷中卷下卷十二篇，则又有十五篇了。如再加上佚文二篇，那就有十七篇了。如果将下卷并作一篇，那就成十三章。总之，从符言以下，篇章很是混乱错散，必有错误；或为后之术数家妄造的，亦未可知。

鬼谷子的本子，有子汇本、十二子本、绵渺阁本、清江都秦氏重刊陶弘景注本、卢文弨以述古旧抄补道藏本、陶弘景注三卷江都秦氏刊本。（参陈钟凡氏诸子通宜）

（四）鬼谷子虽是纵横家之祖，但后世对于他总没有好的批评。攻击最剧烈的，要算柳子厚。他说："元冀好读古书，然甚贤鬼谷子，为其指要几千言。鬼谷子要为无取。汉时，刘向、班固录书无鬼谷子。鬼谷子后出，而险盭峭薄，恐其妄言乱世难信，学者宜其不道，而世之言纵横者，时葆其书。尤者晚乃益出七术，怪谬异甚，不可考校。其言益奇，而道益陿，使人狙狂失守，而易于陷坠。幸矣，人之葆之者少。今玄子又文之以指要。呜呼，其为好术也过矣！"柳氏嫉恶鬼谷子是一部害人的书，但暗里仍说他是很奇的，

(可惜元冀的指要几千言,现在不得见了)乃卢文弨竟说他不值一钱。他说:“鬼谷子,小人之书也。凡其捭阖钩箝之术,只可施于暗君耳!其意欲探厥意指之所向,从而巧变其说,以要结之,使得亲悦于我,胶固而不可离,千古奸邪之愚弄其主者,莫不如是,彼岂特教之而后知,学之而后能哉?其用术一一与此书闇合,未必皆见此书也。吾甚惜其方寸之间,神明之舍,惟诡谲变诈之是务,而终不免于穷,亦何苦而为此耳!其术亦有至浅至陋,而断不能转移人者,如遭淫酒色者,为之术音乐之可悦,谓足以移其所好;夫闻正乐,则惟恐卧,必将以靡靡之乐,庶或动之。靡靡之乐,适足以助其情欲耳!其术不更疏乎?”

鬼谷子虽给人攻击,但也有称扬他的。如高似孙云:“鬼谷子书,其智谋,其数术,其变谲,其辞谈,盖出于战国诸人之表。夫一辟一阖,易之神也;一翕一张,老氏之几也;鬼谷之术,往往有得于阖辟翕张之外,神而明之,益至于自放溃裂而不可御。予尝观诸阴符矣,穷天之用,贼人之私,而阴谋诡秘,有金匮、韬、略之所不可该者,而鬼谷尽得而泄之,其亦一代之雄乎!”

总而言之,鬼谷子自有其一部分价值在。毁斥他的,于他不能减损;颂扬他的,于他也不能提高。假使我们读战国一代的历史,当时的变化,风云的局势,是谁在中指挥着?那是鬼谷子的力量和价值,已很明显的给我们一个估计了!(东方学术社民国二十四年五月版)

钱穆先秦诸子系年:又考汉志纵横家苏子三十一篇。沈钦韩曰:“今见于史记、国策,灼然为苏秦者八篇,其短章不与。秦死后,苏代、苏厉等并有论说。国策通谓之苏子,又误为苏秦。此三十一篇,容有代、厉并入。”今按:秦语见史记、国策者均后人伪造,并多与代、厉相混，此盖由后世策士附托，亦未必出代、厉之手也。沈氏谓汉志三十一篇有代、厉，盖信。而不知其犹有伪，是辨之犹未尽也。又史记苏秦传："于是得周书阴符，伏而读之，期年，以出揣摩。"今按：秦时是否有周书阴符已可疑，此亦后之策士所饰说以神其事者。然史明谓读阴符以资揣摩，若使鬼谷真有揣摩书，秦直治其师传可矣，何烦觅阴符乎！索隐引江邃曰"揣人主之情，摩而近之"，是为揣摩正解。而集解裴骃案："鬼谷子有揣摩篇"，又索隐引王劭曰："揣情、摩意，是鬼谷之二章名，非为一篇也。"今汉志亦无鬼谷子，疑后之伪鬼谷书者，本史记而成揣摩之篇，非史记袭鬼谷而缀揣摩之字也。而秦策则云："得太公阴符之谋，伏而诵之，简练以为揣摩。读书欲睡，引锥自刺其股，血流至足。曰：安有说人主，不能出其金玉锦绣取卿相之尊者乎？期年，揣摩成。曰：此真可以说当世之君矣。"高诱注："简，汰也。练，濯。濯治（疑当作汰）阴符中奇异之谋，以为揣摩。揣，定也；摩，合也。定诸侯，使雠其术，以成六国之从也。"则高氏亦不以揣摩为篇名。而云"期年揣摩成"，殊觉不辞。上已云"安有说人主不能取卿相之尊"，下复云"此真可以说当世之君"，亦嫌语沓。疑"期年揣摩成"一语，或后人增入，遂若以揣摩为苏子书篇名矣。又按虞卿传，卿著书上采春秋，下观近世，曰节、义、称、号、揣、摩、政、谋，凡八篇，以刺讥国家得失，世传之曰虞氏春秋。以揣摩名篇，实始见于此。其所载殆多策士游说之辞，即如韩非说难，亦揣摩之术耳。此皆在揣摩之风大盛之后，后之策士上饰苏秦以为揣摩之祖，而又神之以鬼谷，然亦不谓鬼谷、苏秦有揣摩之书也。又汉书杜业传赞："业因势而抵陒。"服虔曰："抵音纸，陒音羲。谓罪败而复抨击之，苏秦书有此法。"颜师古曰："今鬼谷子有抵戏篇。"（戏陒同音）然服虔仅云苏秦书有抵陒之法，法者术也，谓其书有此术，非即谓其书有此篇。此亦后之伪鬼谷书者，因服语而造为此篇，非服氏见鬼谷有此篇，而引为此注也。又说苑善说篇引鬼谷子曰云云，此由汉前有苏秦、张仪学于鬼谷子之说，故当时必有造为鬼谷子言论行事以传世者。（按史记苏秦传：苏秦东师事于齐，而习之于鬼谷先生。徐广曰：颍川阳城有鬼谷，盖是其人所居，因为号。裴骃曰：风俗通义：鬼谷先生，六国时纵横家。此或可确有其人，或亦策士伪饰。要之其书既伪，其人又无他事迹言行可考，则置之不论不议之列可也）或说苑所引语，即在汉志苏子三十一篇或张子十篇中，或出别书，亦不能据此即谓刘向实曾见鬼谷书。余疑汉志苏子三十一篇，当如沈氏说，即今传史记、国策所载苏氏兄弟之辞，而鬼谷子则犹为东汉后晚出伪书，不得谓今鬼谷子即出汉志苏子三十一篇，故复为之附辨焉。（据史记索隐引鬼谷子语同庄子胠箧篇，而鬼谷亡篇有胠箧，此必袭之庄书，而后人去之。此亦证鬼谷书不尽在张子、苏子二书中也）（商务印书馆二〇〇一年版）

张心澂伪书通考：鬼谷子，一卷，疑伪。周楚鬼谷子撰。裴骃曰："鬼谷子有揣摩篇。"（史记集解）

王劭曰："揣情、摩意，是鬼谷之二章名。"（史记索隐引）

梁七录有苏秦书，乐壹注云："秦欲神秘其道，故假名鬼谷。"（张守节史记正义引）

隋书经籍志纵横家载鬼谷子三卷，注曰："皇甫谧注。鬼谷子，周世隐于鬼谷。"又载鬼谷子三卷，乐壹注。

长孙无忌序曰："鬼谷子，楚人也。周世隐于鬼谷。梁有陶弘景注三卷，又有乐壹注三卷。"

柳宗元曰："元冀好读古书，然甚贤鬼谷子，为其指要几千言。鬼谷子要为无取，汉时，刘向、班固录书无鬼谷子。鬼谷子后出，而险盭峭薄，恐其妄言乱世难信，学者宜其不道，而世之言纵横者，时葆其书。尤者晚乃益出七术，怪谬异甚，不可考校。其言益奇，而

道益惬，使人狙狂失守，而易于陷坠。幸矣，人之葆之者少。今元子又文之以指要。呜呼，其为好术也过矣！”（唐柳先生集）

新唐书艺文志有鬼谷子二卷，苏秦撰。又三卷，乐台注。

中兴书目曰：周时高士，无乡里族姓名字，以其所隐，自号鬼谷先生。苏秦、张仪事之，授以捭阖至符言等十有二篇，及转丸、本经、持枢、中经等篇。（玉海引）

晁公武曰：鬼谷先生撰。按史记战国时隐居颍川阳城之鬼谷，因以自号。长于养性治身，苏秦、张仪师之。叙谓此书即授二子者，言捭阖之术凡十三章。本经、持枢、中经三篇，梁陶弘景注。隋志以为苏秦书，唐志以为尹知章注，未知孰是。（郡斋读书志）

宋濂曰：鬼谷子三卷，鬼谷子撰。一名玄微子。鬼谷子，无姓名里居，战国时隐颍川阳城之鬼谷，故以为号。或曰王诩（或云王翊）者，妄也。长于养性治身，苏秦、张仪师之，受捭阖之术十三章，又受转圆、胠箧及本经、持枢、中经三篇。转圆、胠箧今亡。梁陶弘景注。刘向、班固录书无鬼谷子，隋志始有之，列于纵横家。唐志以为苏秦之书。（诸子辩）

胡应麟曰：鬼谷，纵横之书也。余读之，浅而陋矣！即仪、秦之师，其术宜不至猥下如是。柳宗元谓刘氏七略所无，盖后世伪为之者，学者宜其不道，而高似孙辈辄取而尊信之，近世之耽好之者，又往往而是也。甚矣！邪说之易于入人也。宋景濂氏曰："鬼谷所言捭阖钩箝揣摩等术，皆小夫蛇鼠之智，家用之则家亡，国用之则国偾，天下用之则失天下。其中虽有'知性寡累'等语，亦庸言耳，学士大夫所宜唾去，而宋人爱且慕之何也？"其论甚卓，足破千古之讹。杨用修云：汉书艺文志"鬼容区三篇"，注即鬼臾区也。郊祀志"黄帝得宝鼎冕候，问于鬼臾区"云云，注"即鬼容区，"容""臾"声相近"。今案鬼谷即鬼容者，字相似而误也。高似孙子略便谓艺文志无鬼谷子，何其轻于立论乎？案鬼臾区，黄帝之臣。汉艺文志兵阴阳家有鬼容区三篇，与风后、力牧连类。说者谓即鬼臾区，以“臾”、“容”声相近，是矣。而杨以为鬼谷，则“区”字安顿何所乎？此其可笑，正与“方城”作“万城”切对，漫笔之以当解颐。（案意林注鬼谷者，谓无其人，犹无是公云尔。斯说得之）鬼谷子，汉志绝无其书，文体亦不类战国。晋皇甫谧序传之。案汉志纵横家有苏秦三十一篇，张仪十篇，隋经籍志已亡；盖东汉人本二书之言，会萃附益为此，或即谧手所成，而托名鬼谷，若“子虚”“亡是”云耳。隋志占气家又有鬼谷一卷，今不传。（又关尹传亦称鬼谷，见隋志）（四部正讹）

姚际恒曰：汉志无。隋志始有，列于纵横家。唐志以为苏秦之书。按史记苏秦传云：“东事师于齐，而习之于鬼谷先生。”索隐曰：“乐壹注鬼谷子书云，秦欲神秘其道，故假名鬼谷。”然则其人本无考，况其书乎！是六朝所托无疑。晁子止、高似孙皆信之，过矣。杨升菴谓汉志有鬼谷区三篇，即鬼谷子，然无考，即有之，亦非今所传也。（古今伪书考）

四库提要曰：隋志称皇甫谧注，则为魏晋以来书，固无疑耳。说苑引鬼谷子有“人之不善而能矫之者，难矣”一语，今本不载。又惠洪冷斋夜话引鬼谷子曰：“崖蜜，樱桃也。”今本亦不载，疑非其旧。然今本已佚其转丸、胠箧二篇，惟存捭阖至符言十二篇。刘向所引或在佚篇之内。至惠洪所引，据王直方诗话，乃金楼子之文，惠洪误以为鬼谷子耳，均不足以致疑也。

顾实曰：汉书杜周传注服虔曰：“抵音纸，陒音羲，谓罪败而复采弹之，苏秦书有此法。”颜师古曰：“陒与戏同，音戏，亦险也。鬼谷子有抵戏篇也。”据此，则鬼谷子十四篇本当在汉志之苏子三十一篇中。盖苏子为总名，而鬼谷子其别目也。秦策记苏秦得太公阴符之谋，伏而诵之，简练以为揣摩，期年揣摩成。鬼谷子正有揣摩篇、阴符篇,明是苏秦自道其所得,而为重要之部分。故后世苏子书亡,而鬼谷子犹以别行而存也。(重考古今伪书考,商务印书馆一九三九年版)

蒋伯潜诸子通考:汉志兵阴阳家有鬼容区,颜注曰:"即鬼臾区也。"王应麟考证曰:"史记封禅书有鬼臾区,号大鸿。'容'、'臾'音近。杨用修以为即鬼谷。"如杨氏说,则鬼谷之"谷",非山谷之谷,其字作"谷",音裕,欲、浴、容等字皆从"谷"声,是鬼谷乃鬼容或鬼臾之音转,非地名矣。不特此也,鬼谷子之姓名年代,亦纷歧而悠谬。据仙传拾遗,鬼谷子姓王名利(利一作诩),晋平公时人。晋平公在春秋时,去苏、张甚远。宁波府志谓鬼谷子姓王名诩,西周时人,则去苏、张更远矣。录异记又谓鬼谷子姓王氏,自轩辕历商、周,随老君西游流沙。周末复号,居汉滨鬼谷,弟子百余人,唯苏、张不慕神仙,从学纵横之术云云,更为无稽之谈矣。汉志纵横家有苏子、张子,无鬼谷子。隋志、唐志始有鬼谷子,唐志径注曰苏秦撰。乐台(意林及王应麟汉志考证均引作乐壹。此从新、旧唐志及通志)注曰:"苏秦欲神秘其说,假名鬼谷。"胡应麟笔丛曰:"东汉人荟萃苏子、张子以成此书,而记于鬼谷。"按汉书杜周传注引服虔曰:"苏秦书有抵戏之法。"颜师古曰:"鬼谷子有抵戏篇。"苏、张一生奔走游说,忙于弋取富贵,必无暇著书,无意著书。苏子、张子亦后人所捃摭荟萃而成,好事者又托之鬼谷尔,故所谓"鬼谷子"者,实并无其人也。(浙江古籍出版社一九八五年版)

黄杰鬼谷子四种提要:鬼谷子,三卷十三篇,周鬼谷子撰。汉志不著录,隋志列纵横家。世传之陶弘景、皇甫谧、乐壹、尹知章等注本,较通行。其文古朴简奥,奇变诡伟,当非汉以后书。今特选刊四种,合为一帙。四部备要作战国时人王诩作,非,系据宁波府志之误。明胡应麟少室山房笔丛谓:“隋志有苏秦三十一篇,张仪十篇,东汉人荟萃二书之言为此,而托于鬼谷。”录异记则谓为古之真仙,苏秦、张仪曾从之学纵横术。惟均无确史可证。

鬼谷子事迹,虽不见正史,然当为古之隐君子,世称其为纵横家之祖。中兴书目云:“周时高士,无乡里族姓名字,以其所隐,自号鬼谷先生,苏秦、张仪师之,授以捭阖至符言等十有二篇,及转丸、本经、持枢、中经等经。”汉书艺文志:“鬼容区三篇。”注:“即鬼臾区也。”郊祀志:“黄帝得宝鼎冕候,问于鬼臾区”云。辞源释鬼臾区为黄帝臣名,司占星之官。容、臾声相近,容、谷字相似。兵家阴阳家、术数家、占验家等,皆有鬼谷子其人,博学多闻,才慧超绝,知周万物,虑尽无涯;观周之衰,遂隐鬼谷,以地名漫托之也。亦犹老子号曰老聃,得关尹而传,黄石之书,赖子房为授,隐邃如神人,入山惟恐不深,难能为世俗道也!周秦高士之行表,类多如此。

战国策、史记所载苏秦、张仪事迹,以秦国与齐、楚、燕、赵、韩、魏互为合纵连横,各逞其捭阖阴谋之诡计,国与国间兴衰隆替,而关系于布衣策士之言,采用以为决策,岂各国人主皆属暗愚,股肱如云,谋臣如雨,均不足为献可替否者,是之商、韩法制,教战修政,四公子宾从结士,以辅其国,其皆无所作为,是则苏、张之师于鬼谷,而鬼谷之道,抑亦高矣!秦策记苏秦得太公阴符之谋,伏而诵之,简练以为揣摩,期年揣摩成,而鬼谷子篇中有揣、摩二篇,正为苏秦所得之处。汉志苏子三十一篇亡,而鬼谷子此三卷廿一篇仍在,苏秦之学,出于鬼谷,宗旨正同,谓为鬼谷自著,或经苏秦辑述表张,自无不可也。周秦诸子均非一人所撰,论语、孟子亦皆门弟子多人所辑,此可直视为纵横家一家之言。其源亦通于儒、道、兵、阴阳、法家,是鬼谷子之道性闳通,别以捭阖为鸣,亦有足传者。

儒家以天地立心,为生民立命,为往圣继绝学,为万世开太平。

春秋之义不外严夷夏防，立忠奸辨。夏之于夷，忠之于奸，首鼠已分两途，各异其趣，必欲夷之降于夏，奸之屈于忠，斯即为立心、立命、继绝学、开太平之春秋大法，果也！夷已降矣，奸已屈矣，四海一家，结邻相望，生老以相往来，则何者为忠，何者为夏，亦徒称为时代之名词，无从为防，无从为辨矣！斯则阴阳已无消长之机，天地亦无开阖之运，是曰生生，亦言寂灭，是则儒学外王，终非究竟，必期济以因革，此仲尼为圣之时，循乎天道人事之靡穷，而为制用。

先王礼乐，后王政刑，世之度量衡权，究以何者为其准的，从燕适越，郢亦非中，圣之不论不议不辩，自别有广论广议广辩在焉。知也有涯，物类难齐，所谓孝慈、民利、盗贼，皆依乎世所谓圣者智者之角度而观之，自是其是，必以人者而谓为非，其谓非者，终必逞其无穷之广论广议广辩之词，哓哓不休，永无宁日。揆之情势，转不若绝弃圣智之道，还其遂初，是其所谓平者。四时之序，日月经行，而终始无相悖者，出乎自然，必法乎自然，是鬼谷子之捭阖因应，亦基于天道而为表里发明，亦圣哲为心，期天下生民之治，平之至平，斯无间言矣！

唐柳宗元谓："其言益奇而道益狭，使人狙狂失守，易于陷坠。"明宋濂谓："鬼谷所言捭阖、钩箝、揣摩等术，皆小人蛇鼠之智，家用之则家亡，国用之则国偾，天下用之则失天下。"儒家正伦敦品，卫道之士以此为言，无足怪者。惟孔子圣者，究不世出，孔子殁后二千余年，漫漫长夜，孟、荀性善恶之为辩，程、朱、陆、王，继有道问学尊德性之为辩；仲尼性与天道既不可得而闻，则唯有文章之如春秋、诗、书、礼、乐而已！博而寡要，劳而少功，史已讥之。此后世之儒流，不流入名法以作致身，则必求诸计然货殖以留退步，秉忠信，行笃敬，亦唯一己之私而已。阴阳言忌，使人有所畏；法家务忍，使人有所惧；道释仙佛果报，深植人心，皈依者如潮如海。至若历代帝王开创之局，亦莫不倚安攘捭阖，以为其斩鲸逐鹿之利器。孔子之诛少正卯，以其行僻而坚，心逆而险，言伪而辩，记丑而博，顺非而饰，五者盗窃不与。春秋大法之严夷夏防，立忠奸辨，则必待名法纵横之能捭阖、钩箝，忍毅果行，以期其致用。用之于小人蛇鼠，亦必审其习性，诱饵谋之，大憞巨逆，则必遏其乱源，除其滋蔓，其谓殊途同归，一致百虑。春秋孔子言之者，与鬼谷所以倡而行之者，则皆可为法焉。不然，张仪以其术促嬴秦而定汉室一尊，一疆圉、开郡县，书同文、车同轨，相因而不容废者，推源其始，则鬼谷王诩，其功盖亦大矣！

板筑、渭渔，见于前史；鬼谷、黄石，以开秦、汉之业，皆以隐君子，学际天人，爵禄不与，为帝王师。是书用于创业垂统，实为帝王之学，亦帝王师之学也！今值新战国时代，权谋术略，纵横捭阖之学，实不可废，故特表而出之。本书注者陶弘景，南北朝时之秣陵人，字通明，读书破万卷，工草隶，善琴棋，精道术，明阴阳、五行、地理、医药。齐高帝时，拜左卫殿中将军。入梁，隐句曲山，号华阳真人。梁武帝时，礼聘不出，朝廷大事，辄就谘询，有"山中宰相"之称。道誉甚隆，举世无两。梁史有纪述，乃道门中圣真之士也。先生卒，谥贞白先生。尝注本草经，造有浑天仪，其著作有帝代年历、真诰、真灵位业图等书，行于世。（鬼谷子四种，中国子学名著集成编印基金会印行）

余嘉锡古书通例：鬼谷子编入苏子。汉志纵横家有苏子三十一篇，注云"名秦"，而无鬼谷子，世皆以为伪书。柳宗元辩鬼谷子曰："汉时刘向、班固录书，无鬼谷子。鬼谷子后出，而险盭峭薄，恐其妄言乱世，难信。"（见柳集卷四）疑鬼谷者以此为最早。明胡应麟四部正讹（卷中）因诋为浅陋，谓"即仪、秦之师，宜不至猥下如是"。

又云："鬼谷子文体不类战国。晋皇甫谧序传之。案汉志纵横家有苏秦三十一篇，张仪十篇，隋经籍志已亡；盖东汉人本二书之言，会萃附益为此，或即谧手所成，而托名鬼谷，若'子虚''亡是'云耳。"（少室山房笔丛卷三十一）四库提要（卷一百十七）谓"其言颇为近理，然亦终无确证"。今案史记苏秦传云："苏秦东师事于齐（时天下之学在齐鲁），而习之于鬼谷先生。"索隐曰："乐台（正义作乐台）注鬼谷子云：'苏秦欲神秘其道，故假名鬼谷。'"正义云："七录有苏秦书，鬼谷子有阴符七篇，有揣及摩二篇。战国策云：'得太公阴符之谋，伏而诵之，简练以为揣摩，期年揣摩成。'按鬼谷子乃苏秦书明矣。"（今殿本史记正义无此条，此据玉海卷三十五引）汉书杜周传赞云："业乘危而抵陒。"（案谓杜业。）注："服虔曰：'抵音坻，陒音羲，谓罪败而复抨击之，苏秦书有此法。'师古曰：'一说陒读与戏同，鬼谷有抵戏篇也。'"详师古之意，盖证明服虔所引之苏秦书即鬼谷子也。马总意林卷二云："鬼谷子五卷，总按其序云：'周世有豪士隐者居鬼谷，自号鬼谷先生，无乡里族姓名字。'注云：'此苏秦作书记之也。鬼之言远，有司马相如假无是公云尔。'"（按此当是乐台注）新旧唐志皆有鬼谷子二卷，注云"苏秦"。司马贞、张守节、颜师古、马总皆唐人，旧唐志本之唐毋煚古今书录，是唐人自柳宗元外，皆以为鬼谷子即苏子也。张守节言七录有苏秦书，今隋志有鬼谷子，而苏秦书不著录。考隋志之例，凡阮孝绪七录有而隋目录无者，辄注曰梁有某书，亡。今于纵横家，不注梁有苏秦书，盖因阮孝绪以鬼谷子为苏秦撰也。乐台鬼谷子注，见于隋志，当是隋以前人。台谓苏秦名鬼谷，是南北朝人，亦以为鬼谷子即苏子也。文选吴都赋刘逵注云："鬼谷先生书有抵巇篇。"按左思三都赋成，刘逵、张载作注，皇甫谧作序，使鬼谷子为谧所伪撰，逵与之同时，安肯遽引其书？是胡应麟谓成于谧手之说，不足据矣。刘向说苑善说篇引鬼谷子曰："人之不善，而能矫之者，难矣。说之不行，言之不从者，其辩之不固也；既固而不行者，未中其心之所善也。辩之，明之，持之，固之，又中其人之所善，其言神而珍，白而分，能入于人之心，如此而说不行者，天下未尝有也。”（今鬼谷子无此文，按内揵篇陶弘景注云：“揵者，持之令固也。言上下之交，必内情相得，然后结固而不离。”正用辨之、明之、持之、固之之意，知此是内揵篇佚文。汉书艺文志考证及四库提要，仅以“人之不善而能矫之者难矣”一句为鬼谷子语，非是）是西汉时已有鬼谷子。胡应麟谓为东汉人会粹附益之说，又不足据矣。刘向既引用其语，则不能谓为未见其书，何以七略不著于录？盖鬼谷子为苏秦手著，其战国策中合纵说六国之词，不在此书之中，向合而编之，为苏子三十二篇，（或是秦、汉间为纵横说者所编。）故鬼谷子不别著录也。（此为拙著四库提要辨证之说，后见顾实汉书艺文志讲疏，亦持此论，惟不及余说之详）（上海古籍出版社一九八五年版）

黄云眉古今伪书考补正：鬼谷当属假托之名。然自司马迁有苏秦习于鬼谷先生之言，而汉人已盛传其人。扬雄法言渊骞篇曰：“或问仪、秦学乎鬼谷术，而习乎纵横言，安中国者各十余年，是夫？曰：诈人也，圣人恶诸！”王充论衡明雩篇曰：“苏秦、张仪悲说坑中，鬼谷先生泣下沾襟。”（即答佞篇意）郭璞登楼赋曰：“揖首阳之二老，招鬼谷之隐士。”又游仙诗曰：“青溪千余仞，中有一道士。借问此何谁？云是鬼谷子。”文选注鬼谷子序曰：“周时有豪士隐于鬼谷者，自号鬼谷子，言其自远也。”则鬼谷子有其人矣。

史记苏秦列传裴骃集解徐广曰：“颍川阳城有鬼谷，盖是其人所居，因为号。”司马贞索隐曰：“鬼谷，地名也。扶风池阳、颍川阳城并有鬼谷墟，盖是其人所居，因为号。”王应麟玉海引张守节正义曰：“鬼谷，谷名，在雒州阳城县北五里。”则鬼谷有其地矣。

刘向说苑善说篇引鬼谷子曰：“人之不善而能矫之者，难矣。”

汉书杜周传："业因势而抵陒。"颜师古曰："抵，击也。陒，毁也。陒音诡，一说陒，读与戏同。鬼谷有抵戏篇也。"文选蜀都赋"剧谈戏论"注："鬼谷先生书有抵戏篇。"史记田世家索隐引鬼谷子云："田成子杀齐君十二代而有齐国。"（庄子胠箧篇文与此同）苏秦传集解："鬼谷子有揣摩篇也。"索隐引王劭云："揣情、摩意是鬼谷之二章名，非为一篇也。"太史公自序："故曰'圣人不朽，时变是守'。"索隐："此出鬼谷子，迁引之以成其章，故称故曰也。"则鬼谷子有其书矣。

然要之皆由司马迁之言而来，前此未有称鬼谷者，窃谓苏秦当时以一贫士，借三寸舌，致势位富厚，不有所托，不足以取重立异，故诡称师事鬼谷以欺人耳。不然，岂有如此韬光匿采不识姓名之高士（高士之称，见中兴书目），肯以捭阖钩箝揣摩之术，教人取富厚祸败乎？史记所纪，得诸传闻，本不足据。自后人纷纷实之以地，赘之以书，而后所谓鬼谷先生者，遂若确其有人，而为谈纵横短长术者之所宗矣。古史上假托之名，渐演渐变，往往形成一极有权威之人，此例正多，不仅一鬼谷然也。若其书之伪托，则揣、摩两篇即其铁证。战国策载苏秦得太公阴符之谋，伏而诵之，简练以为揣摩，期年揣摩成。史记载苏秦得周书阴符，伏而读之，期年以出揣摩，曰："此可以说当世之君矣。"玩其语气，不过谓苏秦伏读阴符，以期年之功，成揣摩之术，而出以说当世之君耳。成者，成是术也；出者，出是术也，非谓成是书而出是书也。今鬼谷子乃有揣、摩之篇，其不可信一也。就令揣、摩系书名，则此书乃由苏秦用苦功读太公之阴符而来，非习之于鬼谷，何以揣、摩之篇，乃在鬼谷之书？其不可信二也。若谓苏秦所读之阴符即今鬼谷中之阴符，则阴符可属鬼谷，揣、摩应属苏秦，今鬼谷子既有阴符，又有揣、摩，其不可信三也。揣摩二字，其含义何若，虽难确定，然大率当连读，不当分读。

高诱曰："揣，定也。摩，合也。定诸侯使雠其术以成六国之从也。"江邃曰："揣人主之情，摩而近之。"果如二说，则连为一篇可耳。今鬼谷子乃分为揣篇、摩篇，既状一"揣"字，又状一"摩"字，义相属而辞不相涉，分之不患其拘耶！若如王劭所云："揣为揣情，摩为摩意。"（太平御览亦称揣情、摩意篇）则情之与意，相混既易，揣之与摩，相去更近，分之不嫌其复耶！其不可信四也。陈三立亦以揣摩篇疑鬼谷子为伪书（读鬼谷子）而未尽其辞；今畅言之，使知其书之伪，即此两字加以研诘，便足令伪托者无可逃遁，不俟烦引博援也。

王应麟谓："乐壹有苏秦假名鬼谷之语，而鬼谷子有阴符七术及揣、摩二篇，合之秦策所记，则鬼谷子乃苏秦书明矣。"（见汉书艺文志考证）不知此书之有阴符及揣、摩篇，正以暗射秦策也。杜周传服虔注抵隐曰："抵音低，隐音羲，谓罪败而复抨弹之。苏秦书有此法。"与师古注不同。顾实据之，遂谓"鬼谷子，十四篇，本在汉志之苏子三十一篇中，盖苏子为总名，而鬼谷子其别目也"（重考古今伪书考）。不知此书之有抵巇篇，正以暗射服说也。胡应麟曰："鬼谷子，汉志绝无其书，文体亦不类战国，晋皇甫谧序传之。案汉志纵横家有苏秦三十一篇，张仪十篇。隋经籍志已亡，盖东汉人本二书之言，荟萃附益为此，或即谧手所成，而托名鬼谷，若子虚、亡是云尔。"此说虽未见其必然，然谓鬼谷子即苏子，毋宁谓为鬼谷子盗苏子以成书耳。苏子书久亡，鬼谷子乃后人伪托，自后人以鬼谷子为苏子，而苏子与苏子，又生无端之纠葛。严可均曰："近有为鬼谷子篇目考者，据御览等书所引苏子三条，谓其文与鬼谷子不类，盖不知道家之苏子乃苏彦，非苏秦也。"（铁桥漫稿苏子叙）黄以周曰："意林载苏淳语曰：'兰以芳致烧，膏以肥见热，翠以羽殃身，蚌以珠碎腹。'北堂书钞、太平御览并引之。困学纪闻以为苏秦语固误；后人以为彦语，亦未是。"（子叙苏子叙）以苏淳误苏彦，以苏彦误苏秦，以苏秦误鬼谷子,其病皆由于不知鬼谷子之伪。而近人金天翮曰:"鬼谷书无言纵横者。纵横家乃其弟子苏、张所立,以游士而丧其名,并以其师为天下诟。鬼谷子高蹈,未尝蕲用于世,其术未必仅传诸苏、张,易世而为道家宗,其所以摄阴阳之钥而法龟龙也,可不谓智乎哉!"(读鬼谷子)噫!其与宋濂所谓"小夫蛇鼠之智"者何远耶!盖尤为不善读书者之说已。(齐鲁书社一九八〇年版)

王籧常诸子新传:鬼谷子者,无乡族里姓名字。或曰姓王名詡,或曰齐人,或曰楚人,皆不可信。隐居颍川阳城之鬼谷,因以自号。六国时纵衡家。长于养性保身。尝游于齐,苏秦、张仪往见之。鬼谷子曰:"吾将为二子陈言至道。"仪、秦斋戒而往,授以捭阖,下至符言等十有二篇,又转圆、本经、持枢、中经等篇,亦以告仪、秦者也。已学,鬼谷子掘地为坑曰:"下,说令我泣,出则耐分人主之地矣。"秦、仪悲说坑中,鬼谷子泣下沾襟。秦、仪遂立功名。后复往见,鬼谷子乃正席而坐,严颜而言,告二子以全身之道。然秦连六国纵亲,乃被反间而死。仪振暴其短,以扶其说,成其衡道。来鹄曰:"鬼谷子教人诡给激讦揣测憸滑之术,六国时得之者,惟仪、秦而已。如捭阖、飞箝,实今之常态,是知渐漓之后,不读鬼谷子书者,其行事皆若自合符契也。昔仓颉造字,鬼为之哭,不知鬼谷子作是书,鬼复何为邪?"可谓慨乎言之,不独为鬼谷子发矣。

王籧常曰:鬼谷子不见于七略与汉书艺文志及七录,隋书经籍志始著之,世遂疑其伪托,或竟疑苏秦欲神秘其道以假名声。然秦说多见战国策,与此绝不类。且六国时尊师说,安有以子虚、乌有以自重者?且使秦妄言,张仪亦同其妄言而不揭其谬乎?必不然矣。国策言秦发书得太公阴符之谋,简练以为揣摩,期年揣摩成。正谓以师术治太公书而成,何得言其自为揣摩篇乎?至刘向说苑善说篇已引鬼谷子,其权谋篇亦熔会其说,则非不见其书。其所不录者,当出于其子歆。歆妄人,七略成其手,当时或已传书由秦记,遂合于苏秦书,故书存而名亡乎!(录自中国思想家传记汇诠,复旦大学出版社一九九三年版)

梁嘉彬鬼谷子考:近人考论鬼谷子著作年代,每据明胡应麟少室山房笔丛之说,以为:鬼谷子一书,在前汉书艺文志不见著录,至隋书经籍志乃有鬼谷子三卷,唐书经籍志直谓鬼谷子为苏秦所撰,又隋书经籍志有苏秦三十一篇、张仪十篇,故可推定所谓鬼谷子三卷必乃东汉人荟粹苏秦、张仪二书之言为之,而托于鬼谷而已。清姚际恒则更以鬼谷子为六朝人之伪作也。此为近人论史喜用"以后志核前书"法之一例,用心谨慎,未可厚非;其影响所及,固亦有得有失,其甚者且适足以妨害史学之正常发展矣。

嘉彬谨案:胡应麟之说误也。核查前汉书艺文志已有苏子三十一篇,苏秦撰;张子十篇,张仪撰,为纵横家,非自隋书经籍志始有苏秦三十一篇、张仪十篇也。其误一。隋书以鬼谷子列于纵横家,唐书混苏秦之书与鬼谷子为一谈,大抵系由于误以苏秦所撰鬼谷子传为鬼谷子原书所致。核查鬼谷子原书,内容实为阴阳学说,而非纵横学说。胡应麟岂未读鬼谷子而盲从隋书、唐书经籍志?其误二。核查前汉书艺文志,阴阳家实有鬼容区三篇,小字注云:"图一卷,黄帝臣依托。师古(唐颜师古)曰:即鬼臾区也。"彬谓鬼容区(鬼臾区)三篇实即鬼谷子三卷也,胡应麟特未细加查考耳!其误三。是胡氏有此三误,遂导后人于迷津也。

嘉彬谨考:鬼谷子实即鬼容区(鬼臾区)也。查前汉书郊祀志云(史记封禅书略同):入海求蓬莱者,言蓬莱不远,而不能至者,殆不见其气。上(汉武帝)乃遣望气佐候其气云。其秋,上雍且郊,或曰,五帝,泰一之佐也,宜立泰一而上亲郊之。上疑未定。齐人公孙卿曰:"今年得宝鼎,其冬辛巳朔旦冬至与黄帝时等(师古曰:等,同也),卿等有札书曰:黄帝得宝鼎冕候(史记封禅书'冕候'作'宛朐'),问于鬼臾区。臾区对曰:'黄帝得宝鼎神策,是岁己酉朔旦冬至,得天之纪,终而后始。'于是黄帝迎日推策。后率二十岁复朔旦冬至,凡二十推三百八十年,黄帝仙登于天。卿因所忠(人名)欲奏之,所忠视其书不经,疑其妄言,谢曰:宝鼎事已决意矣,尚何以为?卿因嬖人奏之,上大悦。……"

是鬼臾区之事出自汉武帝时齐方士公孙卿之"札书",其伪托五德终始之说于黄帝,以鬼臾区为黄帝臣,确乃阴阳家之惯技,显而易见。复查唐杜光庭录异记云:"鬼谷先生(即鬼谷子)者,古之真仙也。姓王氏,自轩辕(黄帝)之代,历于商周,随老君(老子)西至流沙,周末复归,居汉滨鬼谷山,弟子百余人,惟苏秦、张仪不慕神仙,从学纵横之术。……"是鬼谷子之事亦出自阴阳学家,与鬼臾区皆托始于黄帝,年代合,学说同矣。又历查我国神仙家著作如海内十洲记、名山拾遗记、仙传拾遗诸书,皆记鬼谷长寿不老,海内十洲记且记秦始皇遣使问事于鬼谷,乃命徐福入海,其说荒诞,自不足信。史记苏秦列传、张仪列传皆谓苏秦、张仪并师事鬼谷,是鬼谷者为周末之仙学者欤?其合一也。

查史记苏秦列传云:"苏秦者,东周雒阳人也,东事师于齐,而习之于鬼谷先生。……出游数岁,大困而归。……于是得周书阴符,伏而读之,期年以出揣摩(彬案:鬼谷子内有揣篇、摩篇及本经阴符,曰:此可说当世之君矣。)……"张仪列传云:"张仪者,魏人也,始尝与苏秦俱事鬼谷先生学术,苏秦自以为不及张仪。"史记索隐云:"鬼谷,地名也,扶风池阳、颍川阳城并有鬼谷墟,盖是其人所居,因为号。"彬案:所谓鬼谷墟实即鬼臾区或鬼容区之同音异写耳。其人其教，以所居地为号，其学或世代相传，自太公阴符荟粹而来，故苏秦得此而读之。据康熙字典释“谷”字云：“谷——唐韵、集韵、韵会、正韵并古禄切，音谷。广韵：养也。老子道德经：谷神不死。又尔雅释天：东风谓之谷风。……又广韵：余蜀切。集韵、韵会：俞玉切。并音欲，义与说文、尔雅同。……音韵五书：山谷之谷，虽有‘谷’‘欲’二音，其实‘欲’乃正音。易‘井谷’，陆德明一音浴；书‘暘谷’，一音欲；左传‘南谷中’，一音欲；史记樊哙传‘横谷’，正义：音欲；货殖传‘谷量牛马’，索隐：音欲；苦县老子铭书‘谷神’作‘欲神’，是也。转平声则音臾，上声则音与，去声则音裕，今人读谷为谷，而加山作峪，乃音裕，非。”释“臾”字云：“臾——唐韵、集韵并求位切，音匮，同蕢。说文：草器也。引论语荷臾而过孔氏之门。广韵：羊朱切；集韵、韵会：容朱切；正韵：云居切。并音余。又集韵、韵会并勇主切，音庾；正韵：尹竦切，音勇，纵臾与怂恿之恿通。韵补：叶俞戍切，音裕。”释“容”字云：“容——古文宏。广韵、集韵、韵会并余封切，音融。说文：盛也，从宀从谷。徐铉曰：屋与谷皆所以盛受也。增韵：受也，包函也。……又集韵：尹竦切，与怂恿之恿同，劝也。又正字通：余垄切，音涌。”此可见“谷”、“臾”、“容”三字音韵涵义皆正相通矣。古者寄音字(同音异写字)不知凡几，胡应麟等未加查考，故谓鬼谷之书在汉书艺文志不见著录耳。至于“区”、“墟”皆指所居地而言。“区”字颜师古注云：“区谓居止之所也。”集韵、韵会并祛尤切，音丘，域也。“墟”字说文：大丘也。又广雅释诂云：“按古籍所称姚墟、陶墟、殷墟、夏后氏之墟，皆以所居之地为名。”是鬼谷子所居地，鬼谷墟实即鬼臾区或鬼容区矣，复因所居地(所设教地)为著作篇名。前汉书艺文志所载阴阳家鬼谷区三篇实即后人所称鬼谷子三卷，于理甚明。其合二也。

查清钦定古今图书集成以尹喜(关尹子)与鬼谷子并列于神仙

部列传内。(宋张君房云笈七籤并可参)查史记老庄申韩列传云:“老子修道德,其学以自隐无名为务,居周久之,见周之衰,乃遂去至关,关令尹喜曰:子将隐矣,强为我著书。于是老子乃著书上下篇,言道德之意五千余言而去,莫知其所终。”西汉刘向列仙传云:“关令尹喜者,周大夫也。善内学星宿,服精华,隐德行仁,时人莫知。老子西游,喜先见其气,知真人当过,候物色而迹之,果得老子。老子亦知其奇,为著书。与老子俱之流沙之西,服具胜实,莫知其所终;亦著书九篇,名关尹子。”而前汉书艺文志亦云:“关尹子九篇,名喜,为关吏,老子过关,喜去吏而从之。”彬查尹喜有长寿不老神说,与鬼谷子同。(云笈七籤谓“昔周康王闻尹先生有神仙大度,乃拜为大夫,次昭王时,大夫遇老君,遂得道”。是谓尹喜生当西周;史记以尹喜遇老子于函谷关事在周之衰,属诸孔子问礼于老聃后,是谓尹喜生当东周。神秘莫测,自隐无名,是神仙学家之特征也)尹喜有随老子西至流沙传说,与鬼谷子亦同(参考上引录异记)。“喜”、“鬼”音韵通,尹喜所守为函谷关,何尹喜与鬼谷巧合如此?其事大可疑也。复查隋书经籍志云:“关令内传一卷,鬼谷先生撰。”旧唐书经籍志云:“关令尹喜传,鬼谷先生撰,四皓注。”仙传拾遗云:“鬼谷先生,晋平公时(东周灵王、景王时,当西元前第六世纪),隐居鬼谷,因为其号。先生姓王名利,亦居清溪山中,苏秦、张仪(并西元前第四世纪时人)从之学纵横之术,二子欲驰骛诸侯之国,以智诈相倾夺,不可化以至道。”又宁波府志云:“周鬼谷子姓王名诩,西周人,受道于老君,入云气山采药服之,颜如童,居清溪之鬼谷,因以为号。尝游鄞(案即宁波),太白山南水濂洞有祠,倚山临水,幽深闃寂,人迹罕到,真神仙之宅也。晋郭璞有诗云:‘清溪千余仞,中有一道士,云生梁栋间,风吹牕牖里。借问此何谁?云是鬼谷子。’祠存阳堂乡。”可见鬼谷子与关尹子甚有关系也。神仙家中人之生时居处神秘莫测,其学以自隐无名为务,其或互为形影者欤?抑关尹子、鬼谷子并受学于老子,而苏(秦)、张

(仪)二子又受学于鬼谷子也？余观鬼谷子既撰关尹子传，则苏秦撰鬼谷子传，亦有可能者，然则隋书、唐书经籍志误以苏秦所撰鬼谷子传为鬼谷子原书，因以贻误后人，亦有由来矣。(仙传拾遗有述鬼谷与苏秦、张仪道虽不同，而交甚厚事)鬼谷子之书非可列于纵横家者，特苏秦之纵横术脱胎于此，应无疑义。此其合三也。虽然，神仙家中人之秘，余安能而窥之？黄帝、老子、篯铿(彭祖)、鬼谷子、安期生、徐福(徐市)诸先生之幻、之真、之游、之居、之现、之隐、之容、之德，余又安得而考之？先存其疑，以俟后学者之教。余兹篇之意为鬼谷子之书已见于史记(封禅书并苏秦张仪列传)，已见于汉书(艺文志并郊祀志)，当为战国阴阳学说之书，无他言也！(《大陆杂志》第十卷四期)

赵铁寒鬼谷子考辨：

一、版本流传考

旧说鬼谷子不见于汉志(按此说非是，汉志鬼容区即鬼谷子。其说详本文第七节)，隋书经籍志忽出，列纵横家，有皇甫谧注及乐壹注两种不同本，同为三卷。在隋志成书之略早，长孙无忌序鬼谷子，语其源流，又出一梁陶弘景注三卷本。至新、旧唐志，则以鬼谷子为苏秦撰，又于乐注外，别出一尹知章注本。云："鬼谷子二卷，苏秦。乐壹注鬼谷子三卷。尹知章注鬼谷子三卷。"是此书至五代已有皇甫谧注、乐壹注、陶注、尹注四种不同版本，故郑夹漈作通志艺文略遂备载之。乐壹者，仅知为唐初鲁郡人，无甚可考。皇甫谧注鬼谷子不见于本传，亦不见于历代著录(按胡应麟四部正讹云："皇甫谧序传之。"即以皇甫曾序而非注，与隋志不同，惜不知所据)。尹知章注则有新、旧唐书本传为证，且有"颇行于世"之语。其后中兴书目及晁氏读书志、书录解题，皆就其所见称陶注本，不及乐、尹各家。而注者姓名，元代以下，其书入于道藏，脱出学人研究范围，间有别行之本(如钱氏绛云楼所收陶注本，即烬余以遗其族孙钱遵王，收入述古堂书目者；又如孙氏祠堂收藏有明绵眇阁本、明十二子本、明刻子汇本、明吴勉学本等)，亦不为世重，沉沦三百余年，至清乾隆间，孙星衍始自华阴华岳庙所藏道藏中录出，其同年进士江都秦恩复加以雠校，于乾隆五十四年刊行，是即今日行世之四部备要本也。另有涵芬楼景印正统道藏本，涵芬楼借无锡孙氏藏石研斋刊景印本，及据景印正统道藏本缩印之四部丛刊本，以正统道藏本雠备要本，间有讹夺，自应以道藏本为正。备要本不知所据，以涵芬楼借景之无锡孙氏本核之，两本完全相同，疑备要本所自来，亦出于孙氏藏石研斋也。

二、今本一二两卷即汉志之苏子辨

向来论此书者，纷纭十余家，其言大别为六类：由道德立场，详为"险盭峭薄，妄言乱世"(柳宗元鬼谷子辨)，"家用之则家亡，国用之则国偾"(宋濂诸子辨)，柳宗元、来鹄、刘泾、宋濂等属之；泛论为战国游说阴谋之书，由揣摩钩箝之语，索其篇章名义者，吕东莱、叶石林、王应麟、阮元等属之；考证其由来，而枝叶片段，未能全中肯綮者，晁公武、陈振孙、钱遵王、秦恩复等属之；断定其书伪，而立言笼统无根者，胡应麟、姚际恒、梁任公等属之；以其书"因时适变、权事制宜，有足取者"(欧阳修鬼谷子序，见钱东垣崇文书目辑释引)，"有隽异豪伟之气，其智谋、数术、变谲、辞谈，出于战国诸人之表"(高似孙子略)，欧阳修、高似孙属之；以其书与汉志鬼容区及苏子三十一篇有连类之关系，而未能剖析入微，使人心服者，杨用修、顾实属之。今按此书三卷，应区分两部言之：第一部分即今本上中两卷，其中杂伪；真者即苏秦之残篇，伪者又经东汉以后人所窜乱。第二部分即今本之下卷，亦即柳宗元所谓"七术晚出，怪谬益甚"者，盖出陶弘景所伪撰伪注，甚至当时并不附于一二卷之后者。……

阮氏(即阮孝绪)所录之纵横书二种，虽因七录早佚，自唐以来，无复见其名目，但苏秦书必在二种之内，则可于史记正义得之，张守节之言曰："梁七录有苏秦书，乐壹注云：'秦欲神秘其道，故托名鬼谷。'"考之索隐则曰："乐壹注鬼谷子书云：'苏秦欲神秘其道，故假名鬼谷。'"可知乐壹之言本注鬼谷子之按语，张守节于其上冠"梁七录有苏秦书"，则除不信鬼谷先生著书外，更暗示吾人隋以下之鬼谷子，即梁七录苏秦书所蜕变。此七字为千载下吾人知其关连曲折之重大线索，弥足珍贵。新、旧唐志所以有二卷本鬼谷子题曰苏秦撰，以及顾实以为鬼谷子为苏子之一部分，疑皆由此线索而来。……

又苏子之书，自唐以来，各家著录所不见，而后汉书王符传注章怀引苏子曰："人生一世，若朝露之托于桐叶耳，其与几何！"太平御览引苏秦曰："天子坐九重之内，树塞其门，旅以翳明，衡以隐听，鸾以抑驰。"又曰："兰以芳自烧，膏以肥自焫，翠以羽殃身，蚌以珠致破。"此三则必非苏子之言，辞气备弱，其一也；章怀所引者，颓废枯槁，道家之言，决非苏子凌厉雄杰思想中所应有，其二也；"九重"形容天子所居，初见于楚辞九辩，其时代虽与苏子相当，但为楚人迷离想象之词，非质朴不离人事、出生于洛阳、代表北方生活色彩之苏子所能道，其三也；自隋至太平御览之成书将四百年，各家未见苏秦书，而御览忽引之，其为伪造或不悟其伪间接误录于他书，殆可定论。

三、今本一二两卷部分为后人所窜乱辨

今本一二两卷中，为后人所窜乱者，约二之一，非特玩其文辞有泾渭不同之别，抑且另有故实，可为真伪之佐证，左列数端，是其荦荦大者：内揵篇有云："若蚨母从其子也。"按青蚨还钱之说，出淮南万毕术，御览卷九五〇引其文曰："青蚨还钱：青蚨一名鱼，或曰蒲。以其子母各等置瓮中，埋东行阴垣下，三日后开之，即相从。

以母血涂八十一钱，亦以子血涂八十一钱，以其钱更互市，置子用母，置母用子，钱皆自选也。”万毕术者，方伎数术之书，为儒者所不道，是否即汉志淮南子外篇三十三篇之一，大成问题。以下晋干宝搜神记，唐陈藏器本草拾遗，皆沿袭其说，惟万毕术来历不明，即无法断言此说出现之时代，幸有说文，可作此说之下限。说文虫部“蚨”，许氏曰：“青蚨，水虫，可还钱。”由此可知，许叔重时，“青蚨还钱”已成流传之通说，故采以解字。吾人姑认万毕术属于淮南外篇，则此说之起，最早不过西汉初年。可证此语为汉人或更其以后之人所窜入，苏子之世，固无此说也。后世有据鬼谷子以说青蚨还钱者，如段氏说文解字注、阮氏经籍纂诂等，此皆误以鬼谷子此语为先秦之旧，不足凭信。

又反应篇有云：“如螣蛇之所指。”考螣蛇之名，最先昉自荀子，劝学篇云：“螣蛇无足而飞。”此“螣”通“腾”，状其飞腾，无他神秘。至说文解字说“螣”，始曰：“神蛇也。”郭璞注尔雅，乃因许氏神蛇之说扩而充之曰：“蛇似龙者也，名螣。一名螣蛇。能与云雾而游其中也。”六朝道士占算之说，乃以青龙、白虎、朱雀、玄武、螣蛇、勾陈为六神，螣蛇所指，祸福不差。苏子之世，占卜吉凶，惟龟与蓍，螣蛇所指云云，与苏子风马牛之不相及也。

又反应篇云：“若磁石之取针。”又谋篇云：“故郑人之取玉也，载司南之车，为其不惑也。”兹分述之：慈石引铁之理，最先见于吕氏春秋精通篇，曰：“慈石召铁，或引之也。”其下又见于西汉初年成书之淮南子说山训篇。其应用则水经渭水注，有阿房宫以磁石为门，有怀刃入门者，则胁之以示神之记载。阿房宫作于吕氏春秋成书之后十余年，磁石引铁之物理，甫见记载，秦人有无以磁石为门之能力，不无疑问。两汉之世，磁石应用，记载殊疏，惟王充论衡有“磁石引针”之语，足证前举“若磁石之取针”袭之王充，为东汉中叶以后人所窜入无疑。

司南车之记载，莫先于韩非子，但仅名司南，无车字，其言曰："故先王立司南，以端朝夕。"司南下加车字，殆始于三国。三国志魏书杜夔传裴松之注，及其后不久成书之崔豹古今注均有之。至南朝时司南车或指南车已成通名，故宋书礼乐志述其源流制作使用颇详。苏秦书而有此，足证其为魏晋以下人所窜乱，非苏秦之旧文。

余如今本权篇曰："故介虫之捍也，必以坚厚；螫虫之动也，必以毒螫。"此出淮南子说山训，淮南原文云："介虫之动以固，贞虫之动以毒螫。"又如忤合篇之"伊尹五就汤，五就桀"，出于孟子。摩篇之"抱薪救火"，出于战国策，皆非苏子所应道，固一望而知者也。

四、今本一二两卷篇目及其佚文异文考

古籍中间有引鬼谷子文，而为今本所无或彼此不同者，凡史记太史公自序、说苑、宋书礼志、史记索隐、意林、太平御览、子略等，七家数百言。其中史记、说苑、宋书，成书皆在隋书以前，其时鬼谷子与苏秦书各自分行，尚未混为一书，则其所称鬼谷子者，即鬼容区，与今本鬼谷子无干，此处可以不论。若史记索隐以下，则鬼、苏二书混为一谈。司马贞、马总去隋志未远，可能得见鬼容区之片段残文，若李昉、高似孙等，则生隋志数百年后，所见究为鬼容区佚文，抑今本鬼谷子之遗简，或两者兼而有之，不易遽加论定，以下仅就文体与辞旨略加比较剖析言之。

史记田齐世家索隐引鬼谷子曰："田成子杀齐君十二代而有齐国。"按此节取庄子胠箧篇文句而成，即古注所谓以庄子胠箧充亡失之转丸、胠乱二篇者，今本已据古注删去，甚是。又意林引鬼谷子曰："人动我静，人言我听。"又曰："能固能去，在我而问。知性则寡累，知命则不忧。"又曰："以德养民，犹草木之得时。以仁化人，犹天生草木，以雨润泽之。”其中“人动我静，人言我听”及“知性则寡累，知命则不忧”等四语，又见于高似孙子略引。按此数语除前二句仿佛苏秦外，中四句儒道杂糅，当出南朝人手。末四句纯儒家言，苏子所不道，且文气卑弱无力，绝无先秦气概，今本并无之，实所应尔。

御览治道部引鬼谷子曰：“事圣君，有听从，无谏诤；事中君，有谏诤，无谄谀；事暴君，有补削，无矫拂。”又游说部引量权篇曰：“言有通者，从其所长；言有塞者，避其所短。”又引揣情篇曰：“说王公君长，则审情以说，避所短，从所长。”右所云云，今本并无之。前段言臣事君之理，文辞观念，似皆出于汉人，不可信。中末两段，游说之道，与本文第二节所引者相近，可能为苏子之佚文。

至其异文见于宋书礼志、文选李善注、意林、御览等书，其中御览所见最多，并有注亦与今本不同，文繁不能备引，下举一例，借见一斑。御览卷四六二游说部引鬼谷子量权篇曰：“与智者言，依于博；与拙者言，依于辩；与辩者言，依于要。此其说也。”其下又引此段注云：“人辞说条理通达，即叙述从其长者，以昭其德；人言壅滞，即避其短，称宣其善，以显其言行；说之枢机，事物之志也。”今本权篇文曰：“故与智者言，依于博；与博者言，依于辩；与辩者言，依于要。与贵者言，依于势；与富者言，依于高；与贫者言，依于利；与贱者言，依于谦；与勇者言，依于敢；与过者言，依于锐。此其述也，而人常反之。”今本此段之注，亦与御览完全不同，注曰：“此量宜发言之术也，不达者反之，则逆理而不免成于害也。”依右例证明，可知宋初李昉诸人所见者，与今本大有出入，自明正统道藏以下，鬼谷子文字，始趋于划一，如今行世各本，无论为四部备要、丛刊，或涵芬楼景印孙氏藏石研斋本，纵有歧异，止在一二字之间，大体无甚参差也。

五、今本第三卷为陶弘景伪托考

梁书处士陶弘景传，一则曰："性好著述，尚奇异。"再则曰："明阴阳、五行、风角、星算、山川地理、方国、产物、医术、本草。"弘景自为本草序云："隐居先生以吐纳余暇，颇游意方伎。"（见陶隐居集）其学驳杂不纯如此，其思想括易、老、庄、佛而有之，此元嘉玄学成立以来，南朝自然风气，弘景"年十岁，得葛洪神仙传，昼夜研寻，便有养生之志"。又"从东阳孙游岳受符图经法。遍历名山，寻访仙药"，"善辟谷导引之法"，"年逾八十……曾梦佛授其菩萨提记名为胜力菩萨，乃诣鄮县阿育王塔，自誓受五大戒"（以上并见梁书本传）。其思想所中邪恶之毒害，较他人尤为执迷难拔，而在南史中，竟名重一时，萧齐草创之初，"朝仪故事，多取决焉"。可知鬼神荒唐，只是弘景生活之一面，非其全豹，此又可于其从子陶翊所作本起录后附载著作名目中不乏经史之书得之。

弘景著作，本传中仅叙其梦记一种，不及其他。据其从子翊所撰"华阳隐居先生本起录"末附弘景所著书目，有三礼序、尚书毛诗序、三国志赞述、古今州郡记、帝王年历、梦记、真诰、学苑及老子注、抱朴子注、占算、星历、医药、辟谷、吐纳等书凡四十二种都一百六十九卷（见云笈七籤卷一〇七）。梁、陈易代，泰半散佚，隋志所录，流传至今者，惟有真诰、刀剑录、洞玄灵宝真灵位业图共三种。另有明张溥所辑陶隐居集（收入汉魏百三名家集），寥寥四宗而止。前三者四库全书曾著录。真诰所述，托名许迈、杨羲手记与群仙问答语，人鬼交接之方式，极似今日迷信左道者之扶乩，满纸真人天尊，令人发噱。至真灵位业图，则为弘景代拟群仙洞府之等级座次表，详书数百真仙仙衔姓名，分等列坐。其中最可注意者，为第四等座中左位第十三人，赫然为鬼谷先生，其地位在"正一真人三天法师张讳道陵"及庄子之下（张四等座左位第一席，庄子第三等座右位第二十八席),大在张良、赤松子、东方朔、墨子之上(张良四左二十六席,赤松子四左三十一席,东方朔四左四十七席、墨子四左五十二席),弘景于此书自序中言,仙亦有等级千亿,不能不精委条领。可见上举序列之安排,与其在陶氏心目中之地位,重轻相当。鬼谷先生虽屈居七等中之第四等,但能正座于"太清太上老君"(四等中位)之左第十三位,下视张良、墨翟之瞠乎其后者,亦足以自豪矣。

若右列荒诞之书,后人多疑为南朝无知黄冠道士之言,不信其出于弘景之手,而证以真灵位业图陶之自序,是又不然,其序有曰:"仙亦有等级千亿,若不精委条领、略识宗源者,犹如野夫出朝廷,见朱衣必令史;句骊入中国,呼一切为参军。岂解士庶之贵贱,辨爵号之异同乎?"此中"野夫出朝廷,见朱衣必令史;句骊入中国,呼一切为参军"两语,非隋唐以下人所能道,加以句法清丽,类其为人,似弘景所作者不诬。

今本卷三,包括本经、持枢、中经三部分。本经部分全名为"本经阴符七篇",一曰盛神法五龙,二曰养志法灵龟,三曰实意法螣蛇,四曰分威法伏熊,五曰散势法鸷鸟,六曰转圆法猛兽,七曰损兑法灵蓍。以下曰持枢、曰中经。其言皆道士吐纳修炼之方,开明五气九窍十二舍之义,阴阳动变之理,天地开辟真人与天为一之道。与阴阳符录杂糅之道士言,初无二致,与真诰、真灵位业图一气沆瀣,与前二卷文笔辞意、气韵神态,无一相同,非特不出于苏季,抑且不类为一书,其为他人所伪托,了无疑义。

柳宗元曰:"晚乃益出七术,怪谬益甚,不可考校。其言益奇,而道益狭。"其"晚"字颇值注意,柳所谓晚出,有两种可能,一则知为后人依托之言,但不能指其主名,故含糊言之,一则比较文辞,以其首尾不类,疑为晚出。前者与本文观点一致,可谓千年前柳已发其覆,纵属后者,亦为判别泾渭之首,予吾人以莫大之启示。

弘景曾注鬼谷子，不见于隋志，惟长孙无忌鬼谷子序有之。隋书成于贞观十年，与长孙同时，而彼此取舍不同如此。据旧唐书令狐德棻传，隋书先经颜师古撰述，后成于魏征。颜师古世代书香，藏书甚富，吾人有理由认隋书经籍志创自颜氏，惜令狐德棻传语焉不详，无法得知其授受经过耳。果如上述，则颜氏文史名家既详书本之源流，态度趋于慎重，故止取皇甫与乐壹两本，而不著陶弘景注，似对长孙所取陶注本有所怀疑，故置而不论。颜氏所疑何在，固不得而知，据笔者浅见，则所谓陶注者，实即弘景所伪撰之今本第三卷，陶氏自撰自注，其事正同于张湛之伪托列子也。

按陶栩本起录所附弘景著作名目，曾注"老子内外集注四卷。抱朴子注二十卷"，无鬼谷子，然此并不足以证明陶无此作，本起录之末有言曰："又有图像杂记甚多，未得一二尽知尽见也。"此言诚然，如真灵位业图及刀剑录，均不在名目中，而如前所述，位业图不伪，至刀剑录出于弘景，尤为千年来学林所公认，陶栩著作目遗漏不全，已可概见。因此吾人不为陶栩不言注鬼谷子——实为伪作今本第三卷——动摇弘景伪托之信念也。

吾人甚至可疑直至五代，仍有不附弘景伪托第三卷之鬼谷子本。此可由旧唐志见之，旧志作："鬼谷子二卷，苏秦。乐壹注鬼谷子三卷。尹知章注鬼谷子三卷。"开首之鬼谷子二卷，疑即不附伪托之本也。

六、今本非陶弘景注辨

陶注鬼谷子之曲折已略见上述，隋志既持不同之见解，新、旧唐志亦并不录陶注本（旧唐志出于五代赵莹、张昭远、贾纬、赵熙等手，无陶注本。欧阳公新唐志于此书全袭旧志之说），甚至王尧臣等修崇文总目亦仅列其书，而不著其注者。迨宋南渡之后，图籍残缺，郑夹漈作通志，以为崇文总目文繁无用，不取其说，别为经籍志，乃以陶注与皇甫、乐、尹各家并立。至中兴书目更进而舍皇甫、乐、尹三家，惟取陶氏，曰："一本始末皆东晋陶弘景注。"盖其所见之本，以第三卷之陶注括及全书，其误正与长孙无忌同。余如晁氏读书志、陈氏书录解题、钱氏读书敏求记，皆祖陶注之旧说，别无新义。明代道藏以外别行本，如"中央图书馆"所藏嘉靖三十四年蓝格钞本，亦题陶注，此本经卢雅雨手校并跋，因只见目录，未见原书，不知卢氏云何也。

明正统道藏本有注而削去注者名氏，嘉靖刻道藏未见，其本既在正统后，想或与正统本相同。以其已削去注者名氏也，故下殆乾隆间，又经孙星衍自道藏中录出时，究竟其注谁属，颇费酌量，最后仍定为陶注，今四部备要本前有原刻者秦恩复序其所以云："今藏本，不著撰者名氏，渊如据注中有'元亮曰'，元亮为陶潜字，弘景引其言，故去姓称字，断为陶注。"按此虽不失为推求注者之一法，要非绝对可靠，其一，古籍传写，讹脱至易，焉知"元亮曰"之上不曾脱一"陶"字？其二，陶渊明浔阳人，弘景秣陵人，自古载籍，无二人同宗之说，南朝阀阅观念至深，不能随意攀援瓜葛，岂可据后代之陋习，遽认"元亮曰"与后世之"家元亮曰"同义？称同宗者曰家某人，虽不详其起源，但二陶时代无此风气，则可断言。况秦刻本于同书之中，即另有两处于原注下加秦氏附注曰："别本引称'陶弘景曰'。"既然有别本于某注中明白标出"陶弘景曰"，则未标之注，自不属于弘景，其理甚明，梁任公有言："书中引述某人语，则必非某人作。若是某人作的，必无某某曰之词。"(见古书真伪及其年代卷一)此辨伪之通例，亦为四部备要本非陶注之有力证明，扩而充之，今行世本，凡与备要本其注同者，皆非弘景，此殆今日较近真实之结论。

又钱遵王读书敏求记亦有陶注之反证。钱氏之言曰："陶弘景注鬼谷子三卷……其转丸、胠箧(按"箧"应作"乱")今亡。贞白曰：

‘或云即本经、中经是也。’”钱氏所举之“贞白曰”，与秦恩复所见别本之“陶弘景曰”同例，自属他人注鬼谷子所引之陶弘景语，与开首所谓“陶弘景注”者自相抵触，不但不足证其为陶注，适足反证其非陶注。且遵王所记者，即述古堂书目所收之本，亦即其族祖牧斋所遗留者。钱牧斋在绛云楼书目中书曰：“鬼谷子三卷，苏秦。陶弘景注鬼谷子三卷。”先云“鬼谷子三卷，苏秦”者，完全仿新旧唐志例，同受史记正义引乐壹曰“秦欲神秘其道，故假名鬼谷”之影响。牧斋不明其书分合之由，故两存之，似是两本又未明言为两本。惟新旧唐志题苏秦者作二卷，其乐注、尹注则皆作三卷。钱牧斋仍题苏秦而作三卷者，盖不知二卷为未杂七术以下之旧本，故从其所见之实际径作三卷。降至钱遵王在述古堂书目中所记，既不考此书之历史，又不解牧斋所以模棱之故，乃径云：“鬼谷子陶弘景注六卷。”竟合绛云楼之苏秦本与陶注本为一，作六卷，鲁莽如是，吾人颇疑其于此二本内容有无分别？异同何在？既未寓目，亦未究心。此在常人固无足怪，但非吾人所望于目录学家者也。

如上所云，今本既非陶注，究为谁何？此问题现可假定答曰：“尹知章注。”按尹注本南宋晁公武、元王应麟皆曾见之。王应麟汉书艺文志考证引晁氏读书志曰：“鬼谷子三卷……鬼谷长于养性治身，苏秦、张仪师之，受纵横之事。尹知章叙谓此书即授秦、仪者。”今本读书志夺“尹知章”三字，仅作“叙谓”，无意中失一尹本流传之线索，可惜之至。又王应麟困学纪闻卷十一则云：“尹知章序鬼谷子曰：苏秦、张仪往事之，受捭阖之术十有二章，复受转丸、胠箧（转丸、胠箧今亡）二章。然秦、仪用之，裁得温言酒食货财之赐。秦也仪也，知道未足行，复往见，具言：‘所受于师，行之，少有口吻之验耳；未有倾河填海移山之力，岂可更至要，使弟子深见其阃奥乎？’先生曰：‘为子陈言至道！’斋戒择日而往见。先生乃正席而坐，严颜而言，告二子以全身之道。”此序未知其真假，如尹注本果有此序，似为尹知章以道家立场设辞为鬼谷先生文饰者，想象之言，恐无根据。且就此文言之，亦似首尾不全，今既不得尹注本核之，难窥其全豹，同时亦不能断言今本之非陶注者即尹注，不胜遗憾之至。日前偶见台湾大学图书馆藏日人久保天髓遗书，收有日本皆川愿所刻汉文本鬼谷子，赫然题曰“尹知章注”，其注与今行陶注完全相同，似可作今本即尹注本之证，颇惜其书惟皆川愿一序，空泛无归，至以不详其源流为恨耳。

七、汉志鬼容区即鬼谷子考

汉志兵阴阳家有鬼容区三篇，图一卷，班氏注云：“黄帝臣依托。”师古曰：“即鬼臾区也。”又汉书郊祀志曰：“黄帝得宝鼎冕候，问于鬼臾区。”师古曰：“艺文志云鬼容区，而此志作臾区，臾、容声相近，盖一也。”杨用修云：“今案鬼谷即鬼容者，又字相似而误也。高似孙子略便谓艺文志无鬼谷子，何其轻于立论乎？”胡应麟四部正讹驳杨氏之说曰：“案鬼臾区，黄帝之臣。汉艺文志兵阴阳家有鬼容区三篇，与风后、力牧连类。说者谓即鬼臾区，以‘臾’、‘容’声相近是矣。而杨以为鬼谷，则‘区’字安顿何所乎？此其可笑，正与‘方城’作‘万城’切对，漫笔之，以当解颐。”末两语，迹近刻薄，胡氏意甚自得，顾不知“区”者即“子”，杨用修不陋（就此端而言，至昔人有评杨氏之学僻陋芜杂者，另当别论），而适见胡氏所见不广也。以下请举“谷”、“子”二字，一一论之。

按谷正音“浴”，不仅如杨用修所云“鬼谷即鬼容者，字相似而误”已也，如老子“谷神”，陆氏释文曰：“谷，河上本作浴。”洪氏隶释著录后汉陈相、边韶建老子碑，其铭引“谷神”亦作“浴神”，与陆德明所谓河上本同。又鲜卑族之吐谷浑，金壶字汇作吐浴浑。顾亭林音学五书更详论之曰：“山谷之谷，虽有‘谷’、‘欲’二音，其实

'欲'乃正音。易:'井谷。'陆德明:'一音浴。'书:'旸谷。''一音欲。'大传:'南谷中。''一音欲。'史记樊哙传:'横谷。'正义:'音欲。'货殖传:'谷量牛马。'索隐:'音欲。'苦县老子铭书谷神作浴神是也。转平声则音'臾',上声则音'与',去声则音'裕'。今人读谷为'谷',而加山作'峪',乃音'裕'非。"容字正韵音"涌",与怂恿之"恿"同。而臾字正韵音"勇",又与怂恿之"恿"相通,可知郊祀志之鬼臾区实即艺文志之鬼容区,其字无论作"容"作"臾"作"谷",皆一声之转而已。

再言区字。按古音"区"、"丘"同音通用,古例甚多,杨用修丹铅杂录曰:"区本音'祛',又音'钩'。乐记:'草木茂区盟达。'音'瓯'。左:'豆区钟釜。'注:'区,四豆也。'人姓,王莽传:'中郎区博。'音'邱'。曲礼:'不讳嫌名。'注:'若宇与寓,邱与区。'按'宇'、'寓'今读不别,'邱'、'区'今读则异。然寻古语,其声亦同。陆机诗:'普厥邱宇。'又晋宫阁名,所载若'于邱'。则知古'邱'、'区'音义俱同。"又如释名:"九丘,丘,区也。"陈琳大荒赋:"过不死之灵域兮,仍羽人之丹丘;惟民生之每每兮,伫盘桓以踌躇。"以"丘"与"躇"为韵。又曲礼不讳嫌名注,颜师古曰:"古语丘区二字音不别。""区"、"丘"即为一字,故唐王士元伪亢仓子书鬼容区即作鬼容邱。丘古韵读如"欺",与"子"字、"之"字同在颐部。诗卫风氓:"送子涉淇,至于顿丘。匪我愆期,子无良媒。将子无怒,秋以为期。"以"丘"、"媒"、"期"三字成韵。又诗小雅巷伯:"杨园之道,猗于顿丘。寺人孟子,作为此诗。凡百君子,敬而听之!"以"丘"、"诗"、"之"三字成韵。又战国策齐策记田单攻狄,三月不下,齐小儿谣曰:"大冠若箕,修剑拄颐。攻狄不能下,垒枯骨成丘。"以"箕"、"颐"、"下"(按"下"古音同"虞")、"丘"四字成韵。"丘"与"之"既可为韵,则与"子"亦可为韵。叠韵字与双声字之可通用者同。综合上述，可得一结论曰："鬼容区即鬼谷子。"杨用修之言不谬，胡应麟破之以为"区"字无处安顿者，反不足取也。

吾人所知者止此。易言之，虽知古有鬼谷子，因其书已佚，并不知其内容何若也。魏晋以前古籍，间有片段撷引古本鬼谷子者，试引而申论之。史记太史公自序曰："故曰：'圣人不朽，时变是守。'"索隐曰："此出鬼谷子，迁引之，以成其章，故称'故曰'也。"小司马此言，不知其根据，转录他书？或当时苏秦书虽已冒鬼谷子之名，而古本鬼谷子仍有逸文零简可见？无法确定。又说苑善说篇引鬼谷子曰："人之不善，而能矫之者难矣。"说苑本汉以前古书，刘向所校录，其书杂记古事，各为起迄，或出于众手，不肇自一人，疑说苑之名，亦刘向所加。罗根泽曰："说苑序录又言：'更以造新事，十万言以上，凡二十篇，七百八十四章，号曰新苑。'考今说苑亦二十篇，汉志向所存序书有说苑无新苑。向本传言：'采传记行事，著新苑、说苑凡五十篇。'则自汉志所载，以至今行世之说苑，盖即刘向增补之新苑。"（见古史辨第四册新序说苑列女传不作始于刘向考）宋黄震黄氏日钞又曰："方南丰编集时官书仅五卷，后于士大夫间得十五卷以足之，则后世之残断错误，非必皆刘向本文耳。"说苑既如此累积而成，则所引鬼谷子之语，已不能断其时代与真伪。又沈约宋书礼志引鬼谷子曰："郑人取玉，必载司南，为其不惑也。"按此三语见今本鬼谷子卷二谋篇，文辞稍异，作："故郑人之取玉也，载司南之车，为其不惑也。"如本文第二节所述，今本鬼谷子第一、二两卷为苏秦纵横家言，沈约所引者，与苏秦书不类，虽保留至今，吾人颇疑为后人据宋书所窜入，不能谓其即苏子书之一鳞也。又文心雕龙论说篇曾见转丸、飞箝篇名，已见前论，刘勰虽生于隋志之前百年，但玩其辞义，旨在苏秦书，与古本鬼谷子无涉，彦和之言曰："暨战国争雄，辩士云踊，纵横参谋，长短角势；转丸骋其巧辞，飞箝伏其精术。一人之辩，重于九鼎之宝；三寸之舌，强于百万之师。”不特刘勰之言无关于鬼容区，即太史公自序——吾人姑认司马贞说成立——说苑、宋书所引者亦似与鬼容区不伦。鬼容区者，兵阴阳家也，其言纵不全同于苏、张，亦必不离兵争阴阳之轨范，以此衡量，则三家所言，仅宋书司南之用较近兵家声口，其他二家，皆有未合。“圣人不朽，时变是守”似道家语，至“人之不善而能矫之者，难矣”则儒家之言，与谈兵之理，渺不相及矣。

八、鬼谷子有无其人辨

此为本文价值最弱之一环，盖先秦诸子著书，本无题名习惯，今日吾人所见某书某人著者，或出后人追题，或出后人附会，严格追求，先秦书，吾人至今不知其著者究为谁何者不在少数，正不独鬼谷子为然，特以本文既以涉及鬼谷子各方面为言，而此又为聚讼纷纭之问题，不便略而不赞一词而已。史记苏秦列传写鬼谷先生无姓名爵里，第云：“东师事于齐，而习之于鬼谷先生。”张仪传较此尤简，仅曰：“始尝与苏秦俱事鬼谷先生学术。”有关鬼谷子之原始资料，如此而止。依常理言，就此资料深入探索，当首先注意“东师事于齐”之“齐”字，而不幸竟不如此！在史记成书五百余年后，裴骃于所撰史记集解中忽引徐广曰：“颍川阳城有鬼谷，盖是其人所居。”此乃强纳鬼谷子于鬼谷其地者，文义甚明，徐广生史记以下且四百年，于此并无自信，故自设疑词曰“盖”，依常理言，后人如欲追寻，自应舍此另求发展，不幸又不如此！千古以来，望徐广而学步，虽鬼谷之所在，忽东忽西，飘摇不定，而必纳鬼谷子于随时发现之鬼谷，则与徐广初无二致。

唐以来完全抄袭徐广颍川阳城说者五家，计李吉甫元和郡县志、晁公武郡斋读书志、陈振孙书录解题、王应麟玉海、钱遵王读书敏求记。其最为荒唐者，为司马贞史记索隐，乃云：“鬼谷，地名也。

扶风池阳、颍川阳城并有鬼谷墟，盖是其人所居，因为号。”如是，鬼谷子之所居，乃有东西相距千里之二处。鬼谷如居池阳，不知苏秦传“东师事于齐，而习之于鬼谷先生”之齐字如何安顿？顾事之离奇，更有甚于此者，晋郭璞作游仙诗，有句云：“青溪千余仞，中有一道士。云生梁栋间，风从窗户里。借问此谁何？云是鬼谷子。”游仙诗本属遣兴寓言之类，郭璞忽用鬼谷入诗，自是随手拈来者，不能凿求认为鬼谷子即居于青溪。若然，则郭璞又于其所作登百尺楼赋中云：“揖首阳之二老，招鬼谷之隐士。”（见郭弘农集，明张溥辑，收入百三名家集）亦可据此谓鬼谷子曾居百尺楼矣。事之可笑，宁有逾此。而后世凡地名有青溪者，必附有鬼谷，而又坚持即鬼谷子隐居之处，如宁波府志、湖北安远县志、湖南大庸县志、陕西韩城县志，莫不就所有之青溪水名附会为鬼谷子居处。其尤为曲折者，如乐史太平寰宇记叙在今陕西三原耀县间之清水谷，曰：“清水谷，一名鬼谷。昔苏秦、张仪师事鬼谷先生学，即此谷也。”竟以清水谷迂曲而作青溪，其不惮烦如此。推原祸首，在于庾仲雍之荆州记，其言曰：“临沮县（按即今湖北当阳县）有青溪山，山东有泉，泉侧有道士精舍。郭景纯尝作临沮县（按郭璞作临沮县，不见于本传，各家著作亦不载，不知庾仲雍何据），故游仙诗嗟青溪之美。”（见文选李注引荆州记）后世纷纭，盖皆由此线索所引申也。此外又有笼统言隐于鬼谷而不指实其处者，如文选李善注、隋书经籍志注、御览礼仪部引、通志艺文略等四家。其最为含蓄得体者为中兴书目，仅曰：“周时高士，无乡里族姓名字，以其所隐，自号鬼谷先生。”如此老实，方符儒家“君子于其所不知，盖阙如也”之精神。但此标准不能扩大应用于荒诞无知之道士，如拾遗记（按梁萧绮作，假托符秦道士王嘉）、录异记、仙传拾遗（以上二书并唐末道士杜光庭作），凌空造作鬼谷子乡里姓名，尤以仙传拾遗所记为详（见太平广记引），成为名符其实之“杜撰”，安足以

语“阙疑”之大义也哉！(《大陆杂志》第十四卷五、六期)

嵇哲先秦诸子学：鬼谷子者，周时高士，无乡里族姓名字，以其隐居颍川阳城之鬼谷，因以为号焉。史记苏秦列传集解引徐广曰：“颍川阳城有鬼谷，盖是其人所居，因以为号。”索隐曰：“鬼谷，地名也。扶风池阳、颍川阳城并有鬼谷墟，盖是其人所居，因以为号。”鬼谷子曰：“周有豪士居鬼谷，号为鬼谷先生。苏秦、张仪往见之，择日而学。”风俗通曰：“鬼谷先生，六国时纵横家也。”据上所云，则鬼谷子确有其人，以其所居之地名为号也。

今存有鬼谷子著书二卷。由其所说，则道乃作成天地巧妙不可思议之神灵；天地间一切现象，皆由此神灵而成，故悉为一定之法则所支配。知此道者，咸为心之作用；心之发在口，志意、喜欲、思虑、智谋等，由口出入。故有术者，不得不先详其敌之状势；说人主者，不得不详人主之心，此之谓揣。一切事物，均有连络，推一端能知他端，此之谓摩。应于摩时而来者谓之符。要之，从天地之理，察动静变化，贯自己之意志，乃纵横家之主眼也。

揣、摩、符者，鬼谷子之篇名也。鬼谷子既有其书，又有其说，似真有其人者也。然后世有信其人者，亦有疑其人者；有信其书者，亦有疑其书者。窃以鬼谷子之姓名年代，后人所述，既纷歧而又悠谬，实不足以置信也。鬼谷子之姓名年代，仙传拾遗以为“鬼谷子姓王名利(利一作詡)，晋平公时人”。晋平公在春秋时，去苏、张甚远。宁波府志谓：“鬼谷子姓王名诩，西周时人。”则去苏秦更远矣。录异记又谓：“鬼谷子姓王氏，自轩辕历周、商，随老君西游流沙。周末复号，居汉滨鬼谷，弟子百余人也，惟苏、张不慕神仙，从学纵横之术。”神秘其说，尤为无稽之谈，则其人其事，实若子虚、亡是之类也。其人既为子虚，则其书必为伪托，然后世亦有信其书者。四库提要曰:“隋志称皇甫谧注,则为魏晋以来书固无疑耳。说苑引鬼谷子有‘人之不善而能矫之者,难矣’之语,今本不载,疑非其旧。然今本已佚其转丸、胠箧二篇,惟存捭阖至符言十二篇。刘向所引,或在佚篇之内。至惠洪所引,据王直方诗话乃金楼子之文,惠洪误以为鬼谷耳,均不足致疑也。”此四库提要不以鬼谷子为伪作,而以为古有其书,今其书虽亡佚二篇,而皇甫谧注固无疑也。查鬼谷子,汉志既未著录,文体亦不类战国。汉志仅有苏子、张子,而无鬼谷子。或为东汉人本苏、张二书之言,荟萃附益而托名鬼谷,神秘其说也。四库提要虽以其言近理,然亦终无确证。是故鬼谷子其人其书之有无,终莫能定,置之勿论可也。(乾斋书屋一九六六年版)

任继愈道藏提要:鬼谷子,三卷。史记苏秦传称秦学于鬼谷先生。然鬼谷子不见汉书艺文志。隋书经籍志著录鬼谷子三卷,有皇甫谧及乐壹两家注。乐壹注鬼谷子云:“苏秦欲神秘其道,故假名鬼谷。”(史记苏秦列传索隐引)两唐志著录鬼谷子二卷,并题“苏秦撰”。考汉书艺文志纵横家有“苏子三十一篇,名秦”。战国策秦策言苏秦“得太公阴符之谋,伏而称之,简练以为揣摩,期年揣摩成”。今鬼谷子有揣、摩、权、谋、符言、本经阴符等篇。汉书杜周传赞“因势而抵陒”,服虔注:“抵音纸,陒音羲,谓罪败而复抨弹之,苏秦书有此法。”“抵陒”亦作“抵戏”。今鬼谷子有抵戏篇。服虔,后汉经师,两相互证,可见今之鬼谷子于汉时盖在苏子三十一篇之中。鬼谷子今残存廿一篇,较之汉志三十一篇,佚亡已多。故说苑善说篇引“鬼谷子曰:人之不善而能矫之者,难矣”,不见今本,当在佚文中。是书有晋皇甫谧、乐壹、梁陶弘景、唐尹知章注,可见汉、魏、六朝、隋、唐历代流传不绝。郡斋读书志称“陆龟蒙诗谓鬼谷先生名诩，不详所从出”。考杜光庭仙传拾遗即以鬼谷先生姓王名诩，或为陆龟蒙所本，然光庭之说，实杜撰也。

今本鬼谷子上中两卷为捭阖至符言十二篇，下卷为本经阴符七篇及持枢、中经二篇。其余篇目可考者尚有转丸、胠箧二篇。四库提要谓“其文之奇变诡伟，要非后世所能为也”。道藏本鬼谷子虽为古本，但讹脱颇多。卢文弨据钱遵王述古堂转钞宋本鬼谷子校，其内揵篇道藏本之正文及注脱四百余字（见抱经堂集卷十鬼谷子跋），即其一例。（中国社会科学出版社一九九一年版）

刘建国鬼谷子伪书辨证：现存鬼谷子，鬼谷子撰。

鬼谷子，战国时楚国人。有人认为他无乡里族姓名字，隐居颍川阳城之鬼谷，故以为号。有人认为“秦欲神秘其道，故假名鬼谷”，确实姓名无考。他长于养生持身和纵横捭阖之术。据史记张仪列传记载，“张仪者，魏人也。始尝与苏秦俱事鬼谷先生学术”。史记苏秦列传亦称“苏秦者，东周洛阳人也。东事师于齐，而习之于鬼谷先生”。可见鬼谷子曾是张仪、苏秦的老师。张仪卒于前三一〇年，苏秦约生于前三四〇年，卒于前二八四年，约五十多岁，由此推之，鬼谷子当比张仪大二十岁，则生于前三八〇年。在鬼谷时其为前三六〇—前二八〇年之间，晚于庄子三十岁，所以庄子没有提到鬼谷子。史记苏秦列传所称“东事师于齐，而习之于鬼谷先生”，当是前三〇〇年第一次之齐前夕的事情，而张仪前三一〇年死去，二人学于鬼谷子则在前三一〇年之前。这即是说，当时确有鬼谷子其人，也有张仪、苏秦师之之事，亦撰有鬼谷子一书。

鬼谷子的真伪问题，也是历来众说纷纭的问题。有人认为是真书，有人认为是伪书，有的认为鬼谷子撰，有的认为苏秦撰，有的认为鬼谷子是鬼容区或是苏子中的一部分等等。认为是真书者有晁公武、高似孙、四库全书总目的作者等。就是姚际恒在古今伪书考一书中所说："晁子止、高似孙皆信之，过矣。"而多数人认为是伪书，其中有唐柳宗元，明胡应麟、杨修，清姚际恒，现代的张心澂等。

最早提出对鬼谷子质疑的是唐柳宗元。他在辩鬼谷子一文中说："元冀好读古书，然甚贤鬼谷子，为其指要几千言。鬼谷子要为无取，汉时，刘向、班固录书无鬼谷子。鬼谷子后出，而险盭峭薄，恐其妄言乱世，难信，学者宜其不道。而世之言纵横者，时葆其书。尤者晚乃益出七术，怪谬异甚，不可考校。其言益奇，而道益狭，使人狙狂失守，而易于陷坠。幸矣，人之葆之者少。今元子又文之以指要。呜呼，其为好术也过矣！"这里可以看出，柳宗元还只是提出"难信"的质疑，而没有提出伪造的问题。可是到明代的胡应麟在其四部正讹一书中说："鬼谷，纵横之书也。余读之，浅而陋矣！即仪、秦之师，其术宜不至猥下如是。柳宗元谓刘氏七略所无，盖后世伪为之者，学者宜其不道，而高似孙辈辄取而尊信之，近世之耽好之者，又往往而是也。甚矣！邪说之易于入人也。宋景濂氏曰：'鬼谷所言捭阖、钩箝、揣摩等术，皆小夫蛇鼠之智，家用之则家亡，国用之则国偾，天下用之则失天下。其中虽有'知性寡累'等语，亦庸言耳。学士大夫所宜唾去，而宋人爱且慕之何也？'其论甚卓，足破千古之讹。……鬼谷子，汉志绝无其书，文体亦不类战国。晋皇甫谧序传之。案汉志纵横家有苏秦三十一篇，张仪十篇，隋书经籍志已亡。盖东汉人本二书之言，荟萃附益为此；或即谧手所成而托名鬼谷，若子虚、亡是云耳。"在这段话中，为了说明鬼谷子是伪书，则把柳宗元的原文妄加窜改，在柳文"学者宜其不道"之前加上去"盖后世伪为之者"一句，实际这是一种作伪证的表现。清姚际恒在其古今伪书考一书中说："汉志无。隋志始有，列于纵横家。唐志以为苏秦之书。按史记苏秦传云：'东事师于齐，而习之于鬼谷先生。’索隐曰乐壹(台)注鬼谷子书云:‘秦欲神秘其道,故假名鬼谷。’然则其人本无考,况其书乎!是六朝所托无疑。晁子止、高似孙皆信之,过矣。”四库全书总目作者:“隋志称皇甫谧注,则为魏晋以来书固无疑耳。说苑引鬼谷子有‘人之不善而能矫之者,难矣’一语,今本不载。又惠洪冷斋夜话引鬼谷子曰:‘崖蜜,樱桃也。’今本亦不载,疑非其旧。”张心澂在其伪书通考中认为:“鬼谷子一卷,疑伪。”辞海作者认为:“鬼谷子……书名。旧题周楚鬼谷子撰,实系后人伪托。共三卷。汉书艺文志不载此书。隋书经籍志始著录三卷,列纵横家,注称:‘皇甫谧注。鬼谷子,周世隐于鬼谷。’又列鬼谷子三卷,乐壹(台)注。今本系南朝梁陶弘景注,内容多述‘知性寡累’和揣摩、捭阖等术”。

综合疑古派疑鬼谷子为伪书的理由不外以下几点:

第一,认为汉书艺文志没有著录,而隋书经籍志开始著录,所以为六朝人伪托的赝品。第二,认为“鬼谷所言捭阖、钩箝、揣摩等术,皆小夫蛇鼠之智,是妄言乱世之言”,所以为伪托的赝品。第三,认为文体亦不类战国。第四,认为刘向在说苑和惠洪在冷斋夜话中各引鬼谷子的一句话不在今本之中。至于是何人作伪,他们大致提出多六朝之人作伪,或皇甫谧作伪。

我们对所谓鬼谷子为伪书的理由,逐条予以辨证之。

第一,关于汉书艺文志没著录鬼谷子一书的问题。这并不奇怪,因为班固也不是天下所有书都能见到的,其中也包括司马迁、刘向等人也不是所有的古书都能见到的。比如马王堆汉墓出土的帛书中的战国纵横家书就是司马迁、刘向、班固所没见到的,而在地下埋藏一千二百余年才出现。经考证,子华子、於陵子等书,汉书艺文志皆未著录,但确是由汉流传至今的真书。

第二,关于鬼谷子是“小夫蛇鼠之智”或“妄言乱世”的问题。

这是纯儒家传流的门户之见。这一点从荀子到柳宗元直到苏轼、朱熹、宋濂、胡应麟皆是如此。荀况在其荀子臣道中把苏秦列为善于献媚的态臣，吕不韦把齐用苏秦说成必亡，刘向说苑尊贤把齐用苏秦、秦用赵高说成天下知其亡，苏轼把庄子中的渔父、说剑、盗跖、让王四篇说成是伪书，则是因为"其诋孔子者"。所以，柳宗元之"妄言乱世，难信，学者宜其不道"和宋濂之"皆小夫蛇鼠之智，家用之则家亡，国用之则国偾，天下用之则失天下"，纯是荀况、吕不韦、刘向否定苏秦的言论的翻版，不足为怪。

第三，关于文体亦不类战国的问题。更是没有根据。我们认为鬼谷子文体恰是战国时之文体，详见后说。

第四，关于刘向说苑引鬼谷子一句话和惠洪在冷斋夜话的引文，今本不载的问题。我们完全同意清代汪中和四库全书总目作者的意见。汪氏在经义知新记中说："说苑善说篇引鬼谷子，然则鬼谷子非伪书也。"为什么我们同意汪中的意见呢？就是说说苑善说篇确实有"鬼谷子曰：'人之不善而能矫之者，难矣'"。这句话，虽然不在今本鬼谷子中，然今本已佚其转丸、胠箧二篇，刘向所引或在佚篇之内，不能以不在今存十二篇之内就证是伪书。至于惠洪引"鬼谷子曰：'崖密，樱桃也'"，四库全书总目作者早已指出是引自王直方的诗话，非引自鬼谷子一书，因而也不是伪书之证。

我们认为鬼谷子非伪书是真书也是有根据的。其为真书的外证，有以下几点：

第一，汉代的刘向引鬼谷子之文及其人物的排列次序可证其为真书。为了说明问题，我们不妨将其大段引录如下：

孙卿曰："夫谈说之术，齐庄以立之，端诚以处之，坚强以持之，譬称以谕之，分别以明之，欢忻愤满以送之，宝之珍之，贵之神之，如是则说常无不行矣。夫是之谓能贵其所贵。"传曰："惟君子为能贵其所贵也。”诗云:“无易由言,无曰苟矣。”鬼谷子曰:“人之不善而能矫之者,难矣。说之不行、言之不从者,其辩之不明也。既明而不行者,持之不固也。既固而不行者,未中其心之所善也。辩之、明之、持之、固之,又中其人之所善,其言神而珍,白而分,能入于人之心,如此而说不行者,天下未尝闻也。此之谓善说。”子贡曰:“出言陈辞,身之得失,国之安危也。”诗云:“辞之绎矣,民之莫矣。夫辞者人之所以自通也。”主父偃曰:“人而无辞,安所用之!昔子产修其辞,而赵武致其敬;王孙满明其言,而楚庄以慙(惭);苏秦行其说,而六国以安;蒯通陈其说,而身以得全。夫辞者乃所以尊君重身安国全性者也。故辞不可不修,而说不可不善。”

在这段话中,引鬼谷子的话是按书名排在传、诗之后的,而且引鬼谷子之言之后又述说了纵横家汉代主父偃、鬼谷子学生苏秦等来证善说之意。可见刘向是见过鬼谷子一书的,也了解鬼谷子一书的善说内容的。至于不见于今本,当在所佚之转丸或胠箧篇中,无可非议。

第二,在隋书经籍志著录鬼谷子之前,就有鬼谷子一书流传于民间。南朝刘宋裴骃的史记集解就记载:“鬼谷子有揣摩篇也。”唐司马贞的史记索隐引晋王劭的话有:“揣情、摩意是鬼谷之二章名。”

第三,自隋书经籍志以后,历代诸志均有著录。隋书经籍志纵横家著录鬼谷子三卷,注曰:“皇甫谧注。鬼谷子,周世隐于鬼谷。”又鬼谷子三卷,乐壹注。旧唐书经籍志纵横家著录鬼谷子二卷,误认苏秦撰,又三卷误认为乐台撰,又三卷尹知章注。新唐书艺文志著录同,改乐壹撰为乐台注。宋史艺文志著录鬼谷子三卷。玉海称“中兴书目三卷,周时高士,无乡里族姓名字,以其所隐,自号鬼谷先生。苏秦、张仪事之,授以捭阖至符言等十有二篇,及转丸、本经、持枢、中经等篇。亦以告仪、秦者也”。清四库全书总目著录称:“今本已佚其转丸、胠箧二篇,惟存捭阖至符言十二篇。”

第四,自汉代以来就有多种版本流传于世。汉刘向所见之鬼谷子是一种版本,晋王劭和南朝裴骃所见之版本,皇甫谧注本,梁有陶弘景注本,唐有乐台注本、尹知章注本,其后宋、明均有刻本,清代有四库全书本和百子全书无注本等等。并且所记载的也不同,晁公武郡斋读书志称苏秦、张仪师之。叙谓此书即授二子者,言捭阖之术凡十三章,本经、持枢、中经三篇。而宋濂在诸子辨中称:“苏秦、张仪师之,授捭阖之术十三章,又授转圆、胠箧及本经、持枢、中经三篇,转圆、胠箧今已亡。”四库全书总目作者称:“然今本已佚其转丸、持枢二篇,惟存捭阖至符言十二篇。”然而百子全书的鬼谷子中除捭阖至符言十二篇外,尚有本经阴符七篇。上述说明,不但注本不同,其中各本的篇数亦有异,宋濂和四库全书总目所说的佚失的转圆或转丸篇并未佚失,在今百子全书本的本经阴符七篇之中,只有胠箧不见而佚失。这说明鬼谷子一书自传授予张仪、苏秦之后,一直没有间断地流传于世至今,所以今本非伪书。

鬼谷子是真书,还有其内证可验。

第一,鬼谷子一书是战国时代的产物。鬼谷子一书的内容不外是两个方面:一是纵横之说,一是养性治身之说,而纵横之说是其书的中心内容。从其捭阖开始至其符言为止的十二篇,皆是言如何进行纵横之说的,就是他在鬼谷子捭阖中说的“此天地阴阳之道,而说人之法也”,在忤合中所说的“乃可以纵,乃可以横”。鬼谷子的学说,没有战国时期各国交战之历史,是不会产生的。这种学说是后人造不出来的,因为理论都是时代的产物。

第二,鬼谷子的篇题是按当时以行文中的首句、中句或尾句的某两字定篇的。如捭阖篇题是据行文中“捭阖者,天地之道”而定的，反应篇题是据行文中的“反而求之，其应必出”中“反应”二字定名的，内揵篇题是据行文中“事皆内揵”一句中之“内揵”二字定名的，飞箝是由“飞而箝之”定名的，忤合是由“忤合之地”定名的，揣篇是由“揣诸侯之情”的“揣”字而定名的，摩篇是由句首“摩之符也”的“摩”字定名的，谋篇是由句首“为人凡谋有道”的“谋”字定名的，决篇是由首句“为人凡决物”的“决”字而定的。如此等等，不一而足。这一点和战国时期其他一些著作定篇名的方式完全相同，而与汉以后的文章篇名以作者按中心思想概括篇名是不同的，由此可证鬼谷子是真书。

第三，鬼谷子纵横说的理论为苏秦、张仪所实践。我们认为鬼谷子授捭阖之术十二篇当有其事，而苏秦之所以能之齐取得齐湣王的信任，是与其师授之说分不开的。从苏秦给燕王的信中完全可以看出。苏秦被扣留于赵时曾给燕王写信，告之恐赵足欲说丹与得君李兑，韩为不信任苏秦不让他去齐国的分析，以及让燕王派使臣到赵国召他出赵的分析和计谋，能摆脱赵的控制，都是按鬼谷子的“说法”行事的。（见战国纵横家书的苏秦自赵献书燕王章）

第四，鬼谷子一书的用辞是战国中期的用语。如“内揵”一辞，与其稍前的庄子就用过。庄子庚桑楚说：“夫外韄者不可繁而捉，将内揵；内韄者不可缪而捉，将外揵。”可见同一时代的人用同样的概念，其书为真。在符言中有五官，是指战国时的五种官职，即礼记曲礼中所说的：“天子之五官，曰司徒、司马、司空、司士、司寇，典司五众。”至于“至人”的概念也几乎与庄子说的“至人”完全相同。

第五，鬼谷子一书中有继承名法思想家邓析的言论。他在内揵中引用了邓析子的无厚中的“故远而亲者，志相应也。近而疏者，志不合也。就而不用者，策不得也。去而反求者，无违行也。近而不御者，心相乖也。远而相思者，合其谋也”的思想。在摩篇中又吸收了邓子转辞中的“夫谋莫难于必听,事实难于必成”的思想。在权篇中又吸收了邓子转辞中的“夫人情发言欲胜,举事欲成,故明者不以其短疾人之长,不以其拙病人之工”的思想。在符言中也吸收了邓子转辞的“目贵明,耳贵聪,心贵智。以天下之目视,则无不明;以天下之耳听,则无不闻;以天下之智虑,则无不知”的思想。在本经七篇的养志章中还吸收了邓子转辞中的“心欲安静,虑欲深远,心安静则神策生,虑深远则计谋成”的思想。尤其名实关系,鬼谷子也有“循名而为,实安而完,名实相生,反相为情,故曰名当则生于实”的观点,以及他的赏罚观点。这些都是鬼谷子继承名法家邓析的理论,是非常现实、生动的而不是后人所能伪造出来的真品的有力内证之一。

鬼谷子一书的思想并不像前人所说的“小夫蛇鼠之智,家用之则家亡,国用之则国偾,天下用之则失天下”的言论,而其中集中地反映了鬼谷子对人的心理的分析、权谋之术的研究和养性治身的陈述。他的这种理论有的继承以前的文化遗产,也有其创新的见地,用传统儒家文化观来评论其学说的无价值的观点是不正确的。(先秦伪书辨证,陕西人民出版社二〇〇四年版)

附录六

生平资料与有关传说

史记苏秦列传:苏秦者,东周洛阳人也。东事师于齐,而习之于鬼谷先生。(中华书局标点本一九五九年版)

史记张仪列传:张仪者,魏人也。始尝与苏秦俱事鬼谷先生学术。苏秦自以不及张仪。(中华书局标点本一九五九年版)

扬雄法言渊骞:或问:“仪、秦学乎鬼谷术,而习乎纵横言,安中国者各十余年,是夫?”曰:“诈人也,圣人恶诸。”(二十二子,上海古籍出版社一九八六年版)

王充论衡明雩篇:苏秦、张仪悲说坑中,鬼谷先生泣下沾襟。(四部丛刊景印上海涵芬楼藏明通津草堂本)

王充论衡答佞:术则从横,师则鬼谷也。传曰苏秦、张仪从横,习之鬼谷先生。掘地为坑,曰:“下说令我泣出,则耐分人君之地。”

苏秦下说，鬼谷先生泣下沾襟，张仪不若。（四部丛刊景印上海涵芬楼藏明通津草堂本）

王嘉拾遗记：张仪、苏秦二人同志好学，迭剪发而鬻之以相养。或佣力写书，非圣人之言不读。遇见坟典，行途无所题记，以墨书掌及股里，夜还而写之，析竹为简。二人每假食于路，剥树皮编以为书帙，以盛天下良书。尝息大树之下，假息而寐。有一先生问："二子何勤苦也？"仪、秦又问之："子何国人？"答曰："吾生于归谷，亦云鬼谷。"鬼者，归也。又云归者，谷名也。乃请其术，教以干世俗之辩。即探胸内得二卷，说书言辅时之事。古史考云："鬼谷子也。鬼、归相近也。"（中华书局一九八一年版）

刘勰文心雕龙诸子：申、商刀锯以制理，鬼谷唇吻以策勋。又曰：鹖冠绵绵，亟发深言；鬼谷渺渺，每环奥义。（1947 年商务印书馆印行）

萧绎金楼子箴戒：秦始皇闻鬼谷先生言，因遣徐福入海，求玉蔬金菜并一寸椹。（知不足斋本金楼子）

萧绎金楼子志怪：神洲之上有不死草，似菇苗，人已死，此草覆之即活。秦始皇时，大苑中多枉死者，有鸟如乌状，衔此草坠地，以之覆死人，即起坐。始皇遣问北郭鬼谷先生，云东海亶洲上不死之草，生琼田中。秦始皇闻鬼谷先生言，因遣徐福入海，求金菜玉蔬并一寸椹。（知不足斋本金楼子）

乐府诗集卷第五十九：蔡氏五弄。琴历曰："琴曲有蔡氏五弄。"琴集曰："五弄，游春、渌水、幽居、坐愁、秋思，并宫调，蔡邕所作也。”琴书曰：“邕性沉厚，雅好琴道。熹平初，入青溪访鬼谷先生所居，山有五曲，一曲制一弄。山之东曲，常有仙人游，故作游春；南曲有涧，冬夏常渌，故作渌水；中曲即鬼谷先生旧所居也，深邃岑寂，故作幽居；北曲高岩，猨鸟所集，感物愁坐，故作坐愁；西曲灌水吟秋，故作秋思。三年曲成，出示马融，甚异之。”琴议曰：“隋炀帝以嵇氏四弄，蔡氏五弄，通谓之九弄。”今按：近世作者多因题命辞，无复本意云。（乐府诗集，中华书局一九七九年版）

李善文选注：周时有豪士隐于鬼谷者，自号鬼谷子，言其自远也。然鬼谷之名，隐者通号也。（六臣注文选，浙江古籍出版社一九九九年版）

卢照邻幽忧子集：征孔门之礼乐，吞鬼谷之纵横。（四部丛刊景印江安傅氏双鉴楼藏明闽漳张氏刊本）

卢照邻幽忧子集：童子学者，以揣摩志切，皆投鬼谷先生。（四部丛刊景印江安傅氏双鉴楼藏明闽漳张氏刊本）

李吉甫元和郡县志：鬼谷在告城县北，即六国时鬼谷先生所居也。（中华书局校点本一九八三年版）

鬼谷子天髓灵文卷上云：“（鬼谷先生）初以传孙子、庞公。”（道藏本）

杜光庭录异记：鬼谷先生者，古之真仙也。云姓王氏，自轩辕之代，历于商、周，随老君西化流沙，洎周末复还中国，居汉滨鬼谷山。受道弟子百余人，惟张仪、苏秦不慕神仙，好纵横之术。时王纲颓弛，诸侯相征，陵弱暴寡，干戈云扰。二子得志，肆唇吻于战国之中，或遇或否，或屯或泰，以辩谲相高，争名贪禄，无复云林之志。先生遗仪、秦书曰："二君足下，功名显赫，但春到秋不得久茂，日既将尽，时既将老。君不见河边之树乎？仆驭折其枝，波浪激其根，此木非与天下人有仇怨，所居者然也。子不见嵩岱松柏、华霍之树，上叶凌青云，下根通三泉，上有玄狐黑猿，下有豹隐龙潜，千秋万岁，不逢斤斧之患，此木非与天下有骨血，盖所居者然也。今二子好云路之荣，慕长久之功，轻乔松之永延，贵一夕之浮爵。痛焉悲夫二君。"仪、秦答书曰："先生秉德含弘，饥必啖芝英，渴必饮玉浆，德与神灵齐，明与三光同，不忘赐书，戒以贪味。仪以不敏，名闻不昭，入秦匡霸，欲翼时君。刺以河边，喻以深山，虽素空暗，诚衔斯旨。仪等曰：伟哉先生！玄览遐鉴，兴亡皎然。二子不能抑志退身，甘蓼虫之乐，栖竹苇之巢，自掇泯灭，悲夫痛哉！"（续修四库全书景印明崇祯毛氏刻津逮秘书第十一集本）

杜光庭仙传拾遗：鬼谷，晋平公时人。隐居嵩阳鬼谷，因以为号。先生姓王名诩。苏秦、张仪从之学纵横术，智谋相倾夺，不可化以至道。临别去，先生与一只履，化为犬，以引二子即日到秦矣。先生在人间数百岁，后不知所之。（陈葆光三洞群仙录卷四十引，道藏要籍选刊第六册，上海古籍出版社一九八九年版）

乐史太平寰宇记：清水谷，一名鬼谷。苏秦、张仪师事鬼谷先生学，即此谷也。（宋本太平寰宇记，中华书局二〇〇〇年版）

李昉等太平广记神仙：鬼谷先生，晋平公时人，隐居鬼谷，因为其号。先生姓王名利，亦居清溪山中。苏秦、张仪从之学纵横之术，二子欲驰骛诸侯之国，以智诈相倾夺，不可化以至道。夫至道玄微，非下才得造次而传。先生痛其道废绝，数对苏、张涕泣，然终不能痦。苏、张学成别去，先生与一只履，化为犬，北引二子即日到秦矣。先生凝神守一，朴而不露，在人间数百岁，后不知所之。秦皇时，大宛中多枉死者横道，有鸟衔草，覆死人面，遂活。有司上闻，始皇遣使赍草以问先生。先生曰："巨海之中有十洲，曰祖洲、瀛洲、玄洲、炎洲、长洲、元洲、流洲、光生洲、凤麟洲、聚窟洲，此草是祖洲不死草也，生在琼田中，亦名养神芝。其叶似菇，不丛生，一株可活千人耳。"（中华书局修订本一九六一年版）

李昉等太平广记神仙：徐福，字君房，不知何许人也。秦始皇时，大宛中多枉死者横道。数有鸟衔草，覆死人面，皆登时活。有司奏闻始皇，始皇使使者赍其草，以问北郭鬼谷先生。云是东海中祖洲上不死之草，生琼田中。乘楼船入海，寻祖洲不返，后不知所之。（中华书局修订本一九六一年版）

晁公武郡斋读书志引尹知章鬼谷子注叙：张仪、苏秦复往见鬼谷先生，乃正席而坐，严颜而言，告二子以全身之道。（昭德先生郡斋读书志，民国二十六年商务印书馆印行）

洪适盘洲文集：始集孙、吴、穰苴、韬、略之秘，裒为四种兵书。故汉之名将叠出，家擅兵法，要皆四种兵书为之鼻祖也。呜呼，兵不可废法尚矣！贵师其意，无泥其迹，赵括之徒读父书，卒召长平之败；庞涓之浅尝鬼谷，遂致马陵之祸，可不鉴哉！（四部丛刊景印宋刊本）

洪迈容斋续笔：苏秦、张仪同学于鬼谷，而纵横之辩如冰炭水火之不同，盖所以设心者，异耳！（四部丛刊景印宋刊本配北平图书馆藏

宋刊本、常熟瞿氏铁琴铜剑楼藏明弘治活字本）

洪迈容斋四笔：鬼谷子书：鬼谷子与苏秦、张仪书曰：二足下，功名赫赫，但春华至秋，不得久茂。今二子好朝露之荣，忽长久之功；轻乔松之永延，贵亘之浮爵。夫女爱不极席，男欢不毕轮。痛哉夫君！战国策楚江乙谓安陵君曰："以财交者，财尽而交绝；以色交者，华落而爱渝。"是以嬖女不敝席，宠臣不敝轩。吕不韦说华阳夫人曰："以色事人者，色衰而爱弛。"诗氓之序曰："华落色衰，复相弃背。"是诸说大氐皆以色而为喻。士之嗜进而不知自反者，尚监兹哉。（四部丛刊景印宋刊本配北平图书馆藏宋刊本、常熟瞿氏铁琴铜剑楼藏明弘治活字本）

苏秦初与张仪俱事鬼谷先生，十一年，皆通六艺，经营百家之言。鬼谷先生弟子五百余人为之土窟窖，深二丈。先生曰："有能独下说窖中，使我泣出者，则能分人主之地。"久，苏秦下说窖中，鬼谷先生泣下沾衿。次张仪下说窖中，亦泣。先生曰："苏秦词说与张仪一体也。"（太平御览卷第四百六十三，中华书局一九六〇年版，下同）

苏秦师于鬼谷先生，后得周书阴符，读之以揣摩。因说六国以拒秦。为从约并六国，各佩其印。行过洛阳，车骑辎重，诸侯各使送之，甚众，拟于王者。周王闻，恐惧。除道使人郊劳，于是散千金以赐宗族。（太平御览卷第四百七十）

袁淑真隐传：鬼谷先生，不知何许人也。隐居鬼谷山，因以为称。苏秦、张仪师之，遂立功名。先生遗书勉之曰："二君岂不见河边之树乎？仆御折其枝，风浪荡其根。此木岂与天地有仇怨？所居然也。子见嵩岱之松柏乎？上枝干于青云，下根通于三泉。千

秋万岁不逢斧斤之患。此木岂与天地有骨肉？所居然也。（太平御览卷第五百一十引）

周有豪士，居鬼谷，号为鬼谷先生。苏秦、张仪往见之。先生曰："吾将为二子陈言至道，子其斋戒，择日而学。"后仪、秦斋戒而往。（太平御览卷第五百三十）

春秋后语曰：苏秦事鬼谷子，学终辞归，道乏困行，以燕人蠡卜传说自给，各解臧获之裘。（太平御览卷第七百二十六）

后村先生大全集：亲逢圣主，耻为鬼谷子之揣摩，不揆贱臣。（四部丛刊景印上海涵芬楼旧钞本）

后村先生大全集：吾爱鬼谷子，青溪无垢氛。囊括经世道，遗身在白云。（四部丛刊景印上海涵芬楼旧钞本）

赵道一历世真仙体道通鉴卷六：鬼谷先生，晋平公时人，姓王名诩，不知何所人。受道于老君，入云气山采药，合服，得道，颜如少童，居青溪之鬼谷，因以为号。苏秦、张仪问道于先生，先生曰："闻道易，修道难。二子世心未冥，可学游说，以适今时之宜，必得相其国矣，必不得相其死矣。若不惧之，当相传。"二子请学之，三年辞去。先生云："二子轻松乔之永寿，贵一旦之浮荣。惜哉。"后复遗其书曰："二君足下，勤劳驷马，功名赫赫，九州稽首，春荣到秋，不得久茂。日数将尽，时讫将老。子不见河边之木乎？仆马折其枝，波浪漱其根。此所居者然也。子不见嵩岱之松柏乎？华霍之梓檀乎？叶干青云，根洞三泉，千秋万岁，无斤斧之患。"元狐疫死者，有鸟如乌，衔草覆其面，遂活。有司上闻，秦始皇遣使赍草以问先生。先生曰:“巨海中有十洲,祖洲有不死之草,生于琼田之中,亦名养神芝。其叶似菇,不丛生,一株可活千人耳。”先生在人间数百岁,后不知所之,或曰鬼谷在嵩高之阳城也。(道藏要籍选刊第六册仙鉴,上海古籍出版社一九八九年版)

王应麟困学纪闻卷十:尹知章序鬼谷子曰:“苏秦、张仪往事之,受捭阖之术十有二章,复受转丸、胠箧(转丸、胠箧今亡)三章。然秦、仪用之,裁得温言酒食货财之赐,秦也仪也,知道未足行,复往见,具言:‘所受于师,行之,少有口吻之验耳;未有倾河填海移山之力,岂可更闻至要,使弟子深见其阃奥乎?’先生曰:‘为子陈言至道!’斋戒,择日而往见。先生乃正席而坐,严颜而言,告二子以全身之道。”(商务印书馆一九五九年版)

张天雨玄品录卷一:鬼谷子,周时隐者,居鬼谷,因以为号。无乡党族姓名字。所著书盖出于战国诸人之表,易、老、阴符所不能该者,而鬼谷尽得而泄之,其亦一代之雄乎!其言有曰:“世无常贵,士无常师。”又曰:“人动我静,人言我听,知性则寡累,知命则不忧。”凡此之类,其为辞亦卓然矣。至若盛神、养志诸篇,所谓“中稽道德之祖,散入神明之颐”者,不亦几乎!郭璞游仙诗云:“青溪千余仞,中有一道士。借问此为谁?云是鬼谷子。”可谓慨想其人也矣。徐广曰:“颍川阳城有鬼谷。”注其书者,皇甫谧、陶隐居、尹知章。(道藏要籍选刊第六册,上海古籍出版社一九八九年版)

戴剡源剡源戴先生文集:吾观古之崆峒、鬼谷之徒,踪迹巉峭,言行诞谲,往往皆是。(四部丛刊景印明万历刊本)

洪北江诗文集：鬼谷子，皇甫谧注，楚人。（四部丛刊景印北江全书本）

谢榛四溟诗话（卷一）：枚乘始作七发，后有傅毅七激、张衡七辩、崔骃七依、马融七广、刘向七略、刘梁七举、崔琦七蠲、桓麟七说、李尤七欸、刘广世七兴、曹子建七启、徐幹七喻、王粲七释、刘邵七华、陆机七征、孔伟七引、湛方生七欢、张协七命、颜延之七绎、竟陵王七要、萧子范七诱。诸公驰骋文词，而欲齐驱枚乘，大抵机括相同，而优劣判矣。赵王枕易曰："七发来自鬼谷子七箝之篇。"（丁福保辑历代诗话续编，中华书局一九八三年版）

天下郡国利病书（陕西上）：地道记云：池阳有巀嶭山，有鬼谷。案史记，鬼谷在颍川阳城，不在池阳。（四部丛刊景印昆山图书馆藏稿本）

嘉庆重修一统志：鬼谷。（在登封县东南。史记：苏秦习于鬼谷先生。徐广曰：阳城县有鬼谷。元和志：在告成县北五里，即六国时鬼谷先生所居也。）（四部丛刊景印清史馆藏进呈写本。）

嘉庆重修一统志：周鬼谷子。（姓王名诩，楚人，尝入云梦山采药，得道。）

嘉庆重修一统志：周鬼谷子墓。（在褒城县西北五十里黄草坪。）

嘉庆重修一统志：鬼谷洞。（在永定县天门山下，石室深邃，下有清流，世传鬼谷子尝游此。）

定盦文集:行人之官之后为纵横鬼谷子氏。(四部丛刊景印同治刊本)

定盦文集:他如韩非、慎到、吴起、孙膑、尹文、尸佼、屈原、吕不韦、燕太子丹、赵公孙龙、尉缭、关尹、鹖冠、鬼谷之伦,虽各分门而别户,亦皆殊途而同归。卓哉!(四部丛刊景印同治刊本)

附录七

鬼谷子韵读

鬼谷子韵读，清江有诰撰，节录鬼谷子之捭阖、反应、内揵、抵巇、忤合、本经阴符六篇中之有韵文字，加以圆圈，并注韵部、音节及四声。在音学十书"先秦韵读"内。

捭阖

或阴或阳，或柔或刚；或开或闭，或驰或张（阳部）。是故圣人一守其门户，审察其所先后（叶音户，侯鱼通韵）。度权量（平声）能，较其伎巧短长（阳部）。

微排其所言而捭反之，以求其实（去声）。贵得其指；阖而捭之，以求其利。或开而示之，或阖而闭之（脂部）。开而示之者，同其情也；阖而闭之者，异其诚也（耕部）。可与不可，审明其计谋，以原其同异。离合有守，先从其志（之部）。即欲捭之贵周，即欲阖之贵密（平声）。周密之贵微，而与道相追（脂部）。

以阳动者，德相生也；以阴静者，形相成也（耕部）。以阳求阴，苞以德也；以阴结阳，施以力也（之部）。阴阳相求，由捭阖（音协）也。此天地阴阳之道，而说人之法也（叶部）。

反应

己反往，彼覆来，言有象比，因而定基。重之袭之，反之覆之，万事不失其辞。圣人所诱愚智，事皆不疑（之部）。

其察言也不失，若磁石之取鍼，舌之取燔骨。其与人也，微其见情也疾（脂部）。

未见形圆以道之，既形方以事（叶士救反）之。进退左右，以是司（叶音漱）之。己不先定，牧人不正（耕部）。事用不巧，是谓忘情失道（幽部）。己审先定以牧人，策而无形容，莫见其门，是谓天神（文真通韵）。

内揵

故远而亲者，有阴德也；近而疏者，志不合也。就而不用者，策不得也；去而反求者，事从中来（音力）。日进前而不御者，施不合也；遥闻声而相思者，合于谋待决事（入声）也（缉之通韵）。

揵而反之，内自得而外不留；说而飞之，若命自来（叶音流，之幽通韵）。己迎而御之，若欲去之，因危与（去声）之（鱼部）。环转因化，莫知所为，退为大仪（歌部）。

抵巇

物有自然，事有合离（叶音黎）。有近而不可见，远而可知（歌支通韵）。近而不可见者，不察其辞也；远而可知者，反往以验来也

(之部)。

巇始有朕,可抵而塞,可抵而却。可抵而息,可抵而匿,可抵而得(之部)。

公侯无道德,则小人谗贼,贤人不用,圣人窜匿,贪利诈伪作,君臣相惑(之部)。土崩瓦解而相伐射,父子离散,乖乱反目。是谓萌芽巇罅(音謼,鱼部)。

忤合

化转环属,各有形势。反覆相求,因事为制。是以圣人居天地之间,立身御世,施教扬声明名也,必因事物之会(祭部)。观天时之宜,因之所多所少(当作所少所多),以此先知之,与之转化(歌部)。

本经阴符七篇

(盛神)道者,天地之始,一其纪也(之部)。物之所造,天之所生,包宏无形化气,先天地而成,莫见其形,莫知其名。谓之神灵(耕部)。故道者,神明之源,一其化端(元部)。是以德养五气(入声),心能得一,乃有其术(脂部)。

(养志)神丧则髣髴,髣髴则参会不一(脂部)。养志之始,务在安己(之部)。己安则志意实坚,志意实坚则威势不分,神明常固守,乃能分之(文真通韵)。

(实意)心安静则神明荣,虑深远则计谋成(耕部)。神明荣则志不可乱,计谋成则功不可间(元部)。

(分威)以实取虚,以有取无。若以镒称铢(叶音蜍,侯鱼通韵)。

故动者必随，唱者必和（歌部）。挠其一指（去声），观其余次（脂部）。

（转圆）以不测之智而通心术，而神道混沌为一（脂部）。以变论万类，说义无穷。智略计谋，各有形容（东中通韵）。或圆或方，或阴或阳（阳部）。或吉或凶，事类不同（东部）。

（损兑）事有适然，物有成败。机危之动，不可不察（掣，去声，祭部）。故圣人以无为待有德。言察辞合于事（入声，之部）。用分威散势之权，以见其兑（徒吠反）。威其机危，乃为之决（去声，祭部）。故善损兑者，譬若决水于千仞之堤，转危石于万仞之溪（支部）。

（清江有诰著音学十书，中华书局一九九三年版）

附录八

鬼谷子校记

鬼谷子校记,陈乃乾撰。序云:明钞鬼谷子,苏州文氏旧藏。乾隆甲寅,严九能以述古堂钞本校过,又经卢召弓覆校。明年徐北溟再校。咸丰丁巳,劳平甫又校。今归江安傅氏缪小珊。尝借校于秦刻本上,佳处甚多。古书流通处既景印秦本,因录其异同为校记付之,俾附印于后。

卷上

(注)圣人(下有之)在天地间; (注)故为众生(下有之)先(下有也); (注)能谓才(劳改材)能; 夫贤不肖智愚勇怯仁义(缪曰:仁义二字疑衍,与贤不肖智愚勇怯不同,注亦未及)有差; (注)股肱各(咸)尽其力; (注)以原其同异(下有也); (注)更求其反(及)也; 富贵尊荣显名(缪曰:两节皆四字句,名下脱二字。如以荣显名誉为句,则富贵尊三字不可解)由此言之(无之); 苞(包)以德也; (注)君臣所以能相求者(事); 常持其网(下有而)驱之; (注)报犹(由古通)合也; 别雄雌(雌雄,注同); 如舌之取燔(蟠,注

同)骨；　圆以道(劳改导)之；　(注)谓臣向(劳改向)晦；(注)即以才(方)职任之；　是谓忘(亡)情失道；　(注)谓以友道结连于君(劳补若)王者之臣；　(注)故(则)能固志于君；(注)待之以决其(无其)事；　(注)则出入自由揵开任意也(句上有用其情三字)；　(注)然后损益时事议论去就也(无也)；　(注)乃(有可以二字)立功建德也；　(注)入贡赋(赋贡)之业；　(注)如此(下有则)天下无邦；　(注)故曰揵而反之(下有也)；　(注)如员(圆)环之转；　(注)可谓全身(下有之)大仪；　(注)因而除(劳改赊)之；　上(劳改士)无明主；　则为之谋(下有此道二字)。

卷中

立势而(无而)制事；　引(别)钩箝之辞；　(注)人或(劳补知)过而从之；　或称财货琦玮(璋)珠玉璧帛采色以事之；(注)谓人能(劳改既)从化；　材能知(劳改智)睿；　(注)夫人之性(劳改情)；　此所以谓测深探(揣)情；　故计国事者(无者)；此谋之大(缪曰:大因注而衍)本也；　(注)故能成事而(劳改亦)无患也；　(注)彼应(符)自著；　如操钩(劳改钓)而临深渊；不费而民不知所以服(句上劳补国)；　(注)皆有所难能(句上劳补三者二字)；　(注)如受(劳改运)石(下有而)投水；　(注)夫谋成(事)必先考合于术数；　(注)自然(劳补易言二字)利辞；　所以关(开)闭情意也；　(注)其不精(劳补不)利；　其偏害(缪改成)者也；　(注)今按全书无此文(乃乾按:孙诒让曰:"按高承事物纪原九引乐壹注鬼谷子曰:'肃慎还,周公恐其迷路,造指南车送之。'则此为乐注文。今本是陶注,故无此文也。")；　(注)后(情)必相疏；　其数行(一)也；　(注)须别(制)事以为法；　是(下有谓)因事而裁之；(注)少则可以(无可以二字)得众；　(注)愚(不智)者猜忌；

(注)惟(无惟)智者可矣；　(注)智(劳补者)独能用之；　(注)教所憎相千里(下有马)也；　(注)诱于仁寿(劳改义)之域也；　(注)既不更(劳改受)其决；　(注)沛然(劳补而)莫之能御；　德之术曰:勿坚而拒之(管子九守作听之术曰勿望而距,勿望而许)；　(注)因求而与(劳改应)；　开闭不善不见原也(乃乾按:开当作关,善上脱开字)；　(注)乃(劳改方)以圣人为大盗之资；　(注)或曰转丸、胠箧(劳补二章二字)

卷下

盛神(下有者)中有五气；　(注)无为而自然者(无者)也；　出于(与)物化；　(注)是四者能不衰(劳补减)；　(注)此明(谓)纵欲者不能养气(无气)志；　必先知其养气(无气)志；　(注)此明(谓)丧神始于志不养也；　(注)则(下有事)多违错；　(注)我有其威(劳改盛)；　待人意虑之交会(下有者)；　(注)精虚(劳改灵)动物谓之威；　无间则不(下有行)散势者；　(注)乃后(劳改复)转圆而从其方；　(注)使风涛潜骇(句上有终字)；　(注)用其心服(章钰曰:服乃眼之误)；　(注)强者(劳改大)为郄；　以他人(下有之)庶；　(注)如是而去之(下有人)；　(注)则(即)以忌讳动之；　(注)然后更理其目(劳改日)前；　终可以(劳改以可)观。